좌파의 재구성과 변혁 전략

오늘날의 마르크스주의 02

좌파의 재구성과 변혁 전략

알렉스 캘리니코스 지음 | 최일붕·이수현 옮김

책갈피

오늘날의 마르크스주의 02

좌파의 재구성과 변혁 전략

지은이 알렉스 캘리니코스
옮긴이 최일붕·이수현
펴낸곳 도서출판 책갈피

초판 발행일 2009년 8월 1일

등록 2000년 2월 21일(제6-0484호)
주소 서울특별시 중구 필동2가 106-6 2층
전화 (02)2265-6354
팩스 (02)2265-6395

ISBN 978-89-7966-064-7 03300
ISBN 978-89-7966-062-6(세트)
값 9,000원

잘못된 책은 바꿔 드립니다.

차례

01 반자본주의 운동과 혁명적 좌파_7
좌파의 탄생 · 9/혁명가들의 과제 · 25/잃어버린 1960년대 : 미국 사회주의노동자당 · 33/미국의 비극 : 국제사회주의자단체 · 39/결론 · 63/주 · 68

02 재편과 혁명적 좌파_75
두 가지 정치적 지진 · 77/유럽의 계급 양극화 · 82/어디에서 비롯한 차이인가? · 84/재편 과정 · 87/어떤 종류의 정당인가? · 90/첫 단계 · 102/주 · 108

03 재결집과 오늘날의 사회주의 좌파_111
유럽의 새로운 좌파들 · 115/정당과 운동 · 117/개혁주의는 끝났는가? · 121/재결집의 양상들 · 130/주 · 143

04 혁명적공산주의자동맹 동지들에게 보내는 편지_147
같은 길을 가기 · 150/정당과 운동 · 154/오늘날의 혁명적 정당 · 165/개혁과 혁명 · 178/주 · 187

05 유럽 급진 좌파와 선거_191
세 가지 모델 · 191/사회주의자동맹, 그리고 노동당 정치의 오랜 쇠퇴 · 201/좌파 재구성 · 206/추악한 동맹? · 209/전략적 방향 · 217/주 · 223

06 오늘날의 혁명 전략_225
전략 논쟁의 재개 · 227/과거의 그림자 · 233/오늘날의 국가와 혁명 · 237/강령과 당 · 247/주 · 257

07 프랑스 반자본주의신당(NPA) 창당에 부쳐_261
새로운 정당 모델? · 264/혁명가들과 급진 좌파 · 275/주 · 285/참고 문헌 · 287

일러두기

1. 인명과 지명 등의 외래어는 최대한 외래어 표기법에 맞춰 표기했다.
2. 옮긴이가 독자의 이해를 돕기 위해 덧붙인 설명은 각주로 처리했다. 또 본문에서 [ ]는 옮긴이가 문맥을 매끄럽게 하기 위해 덧붙인 것이다.
3. 원문에서 이탤릭체로 표시된 부분은 고딕체로 표시했다.
4. 책과 잡지는 ≪ ≫로, 신문과 주간지는 〈 〉로, 논문과 신문 기사 제목은 " "로 표시했다.

01 반자본주의 운동과 혁명적 좌파

'The Anti-Capitalist Movement
and the Revolutionary Left'(2001).
http://www.swp.org.uk/swp_archive_list.php
?issue_id=176

반자본주의 운동과 혁명적 좌파

좌파의 탄생

랠프 네이더가 말했듯이 "시애틀은 분수령이었다." 1999년 11월 말 세계무역기구WTO 각료 회담을 좌초시킨 시위 이래 선진 자본주의 나라들에서는 세계 자본주의를 세계적 병폐의 원인으로 여기는 정치적으로 활동적인 소수가 형성됐다. 새로운 반자본주의 운동을 특정 쟁점이나 불만에 집중하는 운동과 구별 지어 주는 것은 바로 이러한 총체성, 즉 체제 자체가 잘못됐다는 생각이다. 반자본주의 운동의 새로운 점은 [2001년] 1월 20일 조지 W 부시 취임식 항의 시위에 대해 〈워싱턴 포스트〉가 쓴 기사에 잘 나타나 있다.

> 그렇다면 이것이 국제통화기금IMF이나 WTO와 무슨 관계가 있는가? 미국 정치를 좌우하는 기업들을 위해 국제 금융·무역 기

구들이 세계를 수지맞는 곳으로 만들려 한다고 시위대는 말한다. 그런 기구들은 빈곤을 완화하고 통화를 안정시킨다는 미명 아래 그렇게 하지만, 시장경제를 지향하는 해결책은 투자가들의 이익을 가장 중시한다는 것이다.

문제를 이런 식으로 제기한 덕분에 서로 다른 운동들이 공통의 적에 맞서 단결할 수 있게 됐다. 예컨대, 열대우림 보존 운동가들과 혹사 공장 반대 운동가들은 천연자원을 팔아치우는 가난한 나라에 대한 기업 투자를 촉진할 수 있는 무역·개발 정책에 함께 반대하고 있다. 그런 상황에서 활동가들은 세계 자본주의는 불공정하고 비효율적이라고 말한다.[1]

반자본주의 운동은 네 가지 차원, 즉 항의 시위, 정치적 분위기의 광범한 변화, 새로운 정치 환경의 형성, 지적인 변화에서 나타나고 있다.

1. 항의 운동의 새로운 순환 : 1999년 11월 30일 시애틀 시위 이후 국제 자본주의에 반대하는 주요 시위가 계속됐다. 워싱턴(2000년 4월 16일), 미요(2000년 6월 30일), 멜버른(2000년 9월 11일), 프라하(2000년 5월 26일), 서울(2000년 10월 20일), 니스(2000년 12월 6~7일), 워싱턴(2001년 1월 20일), 퀘벡(2001년 4월 20~21일). 게다가 매년 1월 스위스 다보스에서는 세계경제포럼WEF이

열리는데, 2000년과 2001년에는 세계경제포럼 반대 시위도 벌어졌다. 올해[2001년] 있을 새로운 항의 시위의 표적은 6월 14~16일에 스웨덴 예테보리에서 열리는 유럽연합EU 정상회담과 7월 20~22일 제노바에서 열리는 선진 8개국G8 정상회담이다. 이러한 시위들의 성격과 구성은 매우 다양했다. 조직노동자들은 시애틀과 퀘벡 시위에 많이 참가했고, 워싱턴 시위에서는 두 번 다 소수였으며, 미요 시위에서는 다수였고, 프라하 시위에서는 (전혀 참석하지 않은 건 아니었지만) 소수였으며, 서울과 니스에서는 압도 다수였다.

이렇게 다양하긴 하지만, 운동의 규모는 의심의 여지가 없다. 운동의 기세가 꺾였다는 증거도 전혀 없다. 캐나다의 국제사회주의자들IS은 퀘벡 시위에 대해 다음과 같이 쓰고 있다. "퀘벡 시위에 참가한 노동자들이 시애틀 시위에 참가한 노동자들보다 더 많다(시애틀 시위에는 4만~5만 명이 참가했는데, 퀘벡 시위에는 6만 8000명이 참가했다). 직접 행동에 참여한 사람들도 더 많았다(1만 5000~2만 명 대 7000~8000명). 경찰과 부딪히거나 직접 행동에 나선 젊은이들과 함께할 준비가 된 노동조합원들도 훨씬 더 많았다."[2] 금융거래과세시민연합ATTAC의 크리스토프 아기통은 퀘벡 시위를 보며 "1968년 5월 파리의 나날들이 생각났다"고 말했다.[3] 수전 조지는 "베트남 전쟁 이래 활동적 에너지가 그토록 되살아난 적은 없었다" 하고 말했다.[4]

2. 반자본주의 정서 : 그러나 어떤 면에서는 더 광범한 정치적 분위기의 변화가 더 중요하다. 반자본주의 시위의 중요성은 부분적으로는 그것이 실제로 성취한 것에 있다. 그래서 시애틀에 모였던 사람들은 WTO 회담을 실제로 좌초시키는 데 기여했으며, 프라하 시위는 IMF 연례 총회를 중단시키기도 했다. 그러나 반자본주의 시위는 상징적 구실을 하기도 하는데 그 중요성을 결코 과소평가할 수 없다.

미국에서는 최근 몇 년 사이에도 시애틀 시위보다 규모가 더 큰 시위들이 있었다. 시애틀 시위 전에도 자본주의 세계화에 반대하는 시위들이 있었다. 예를 들면, 1998년 7월 영국 버밍엄과 1년 후 독일 쾰른에서 열린 G8 정상회담 때 제3세계 부채 탕감을 요구한 시위들과 1999년 6월 18일 런던에서 일어났던 반자본주의 폭동 같은 것이 그렇다. 그러나 노동자 · 학생 · NGO가 야수의 심장, 즉 '신경제'의 수도[시애틀]에 함께 모였다는 것 때문인지는 몰라도 시애틀 시위는 [반자본주의] 정서를 분명하게 보여 줬다. 전 폴란드 재무장관 그레고르 콜로드코는 《나의 세계화》라는 책에서 시애틀을 "세계의 라돔*"이라고 부르면서 1976년 폴란드 노동자들의 항의 시위와 비교했다. 당시 폴란드의 노동자 시위는 야만적 탄압을 받긴 했지만, 1980~1981년 위대한 연대노

---

* 폴란드 중동부의 도시.

조(솔리다르노시치) 운동의 전조였던 것이다.

이보다는 덜하지만 여전히 인상적인 프라하 시위도 똑같은 상징적 구실을 했다. 비록 그보다 규모가 더 크고 노동자들이 더 많이 참가한 시위들이 있었지만 말이다. 볼리비아의 한 주요 부르주아 신문은 프라하 시위 사진을 실었다. 멕시코 좌파 일간지 〈라 호르나다〉는 2001년 2월 카리브 해의 휴양지 칸쿤에서 벌어진 세계경제포럼 반대 시위가 시애틀·워싱턴·프라하 시위에 고무받은 것이라고 묘사했다. 〈파이낸셜 타임스〉는 다음과 같이 논평했다.

> 전투태세를 갖춘 단체들 — 스위스 다보스에 모이는 데 더 익숙한 — 에게는 뜻밖의 행운이었는데, 그들이 멕시코에서 집회를 연 바로 그때, 복면을 쓴 인디언 반란군이 멕시코시티까지 행진을 시작했다. 2주간 전개된 그 행진은 국제 반자본주의 운동을 매혹시켰다. …… 지금까지 멕시코인들은 시애틀, 다보스, 프라하에서 있었던 반자본주의 전투에서 별로 두각을 나타내지 않았다. …… 그러나 다보스[세계경제포럼]에 반대해 지난달 브라질 포르투알레그레에서 열린 '세계사회포럼WSF'이 성공한 이후로 활동가들은 라틴아메리카 전역에서 관심이 부활했다고 말한다.[5]

시애틀과 프라하는 체제에 대한 집단적 저항이 가능하다는 믿음의 부활을 보여 준다. 전 세계에서 벌어지는 모든 투쟁이 이러한 반자본주의 정서의 표현은 아니라는 점을 이해해야 한다. 예컨대, 알아크사 인티파다는 시온주의 국가의 억압에 대한 분노, 더구나 '평화 협상'이 요르단 강 서안과 가자지구의 대부분을 점령한 이스라엘을 정당화한 것에 대한 팔레스타인인들의 타오르는 분노가 표출된 것이었다. 물론 미국 제국주의라는 형태의 세계 자본주의와 팔레스타인 억압 사이에는 연관이 있지만, 팔레스타인인들이 이스라엘 국가와 싸울 때 체제 자체는 그들의 의식의 중심에 있지 않다. 그러나 투쟁의 직접적 동력이 다른 곳에 있는 경우에조차 반자본주의 운동은 정치적 판단 기준이 되고 있다.

그래서 에드워드 사이드는 다음과 같이 말했다.

그러나 전환점에 도달했고, 여기에서 팔레스타인인들의 인티파다는 중요한 표지다. 왜냐하면 이것은 세티프, 샤프빌, 소웨토◆ 등지에서 주기적으로 일어났던 반식민주의 반란과 같은 종류일 뿐 아니라 탈냉전 시대의 (경제적·정치적) 질서에 대한 일반적 불만의 또 다른 사례이기 때문이다. 그런 불만은 시애틀과 프라하의 사건들에서 나타났다.[6]

◆ 남아프리카공화국의 도시들로, 아파르트헤이트에 반대하는 봉기가 일어났던 곳.

3. 새로운 정치 환경의 형성 : 구체적으로 반자본주의 정서는 어느 정도 조직돼 있는 정치 환경이 출현하는 것으로 나타난다. 새로운 좌파는 이 환경 속에서 형태를 갖추기 시작하고 있다. 이러한 과정은 1995년 [12월 공공 부문] 파업 이래 프랑스에서 시작됐고, 〈르몽드 디플로마티크〉와 금융거래과세시민연합은 신자유주의 반대 운동의 초점이 됐다.[7] 이러한 발의가 유럽 전역에 영향을 미쳤다. 그래서 〈르몽드 디플로마티크〉는 현재 영어, 독일어, 그리스어판이 나오고 있고, 금융거래과세시민연합은 노르웨이, 덴마크, 스웨덴, 스위스에서 새로 생겨났다.

미국에도 반자본주의 의식을 표현하는 수많은 연합체들과 캠페인이 존재한다. 랠프 네이더의 대선 캠페인은 이러한 운동들의 전국적 초점이 됐다. 한 지지자는 네이더에게 투표하는 것이 "더 광범한 운동으로 나아가는 작은 한 걸음이자 나를 시애틀이나 프라하의 항의 시위대와 연결하는 행동"이라고 말했다.[8] 토머스 해리슨은 네이더 선거운동의 주요 정치적 함의를 다음과 같이 요약했다.

"금권정치"와 "과두정치", 이것이 네이더가 사용한 말들이었다. 네이더는 결코 사회주의자가 아니다. 그는 자본주의나 시장경제에도 반대하지 않는다. 그의 미사여구는 미국의 구식 포퓰리즘이나 진보주의와 매우 비슷하다. 그러나 네이더의 캠페인은 계급 지배라는 문제를 끊임없이 부각했다. 1930년대에 걸출한 대통령 후보였던 노먼 토머스가 이런 문제를 제기하며 사람들에게 고민거리를 던져 준 뒤로는 단 한 번도 그런 적이 없었다.[9]

나중에 박빙의 승부로 드러난 선거전에서 민주당에 투표해야 한다는 압력 때문에 네이더의 득표는 결정적 득표율인 5퍼센트 아래로 내려갔지만(5퍼센트는 미래의 도전을 위해 기탁금을 되돌려 받는 데 필요한 조건이다), 그의 출마는 전국적 선거운동을 일으켰다. 녹색당(네이더를 지지한)의 활동가 호위 호킨스는 다음과 같이 썼다.

네이더의 대선 출마를 위해 40개 주와 워싱턴 DC에서 163만 명이 서명했고 …… 전국·주 지역 수준의 캠페인과 녹색당 조직들에는 15만 명의 자원 봉사자들이 데이터베이스에 등록돼 있었다. 2만 5000명의 학생 자원 봉사자들이 수만 명의 새로운 유권자들을 등록시켰다. 출구조사 결과, 만약 네이더가 출마하지 않았다면 기권했을 유권자 약 100만 명이 투표에 참가한 것으로 드러났다.

네이더는 50개 주 모두에서 선거운동을 벌인 유일한 대통령 후보였다. 그의 선거 유세 규모는 어떤 후보보다 더 컸다. 뉴욕 매디슨 스퀘어 가든에서 1만 5000명, 미니애폴리스 타깃 센터에서는 1만 4000명, 보스턴 플리트 센터에서는 1만 2000명, 시카고 파빌리온과 포틀랜드 콜리세움과 워싱턴 MCI 센터에서 각각 1만 명이 모였다.[10]

더 작은 규모지만, 영국의 '사회주의자동맹SA'이나 '저항의 세계화Globalise Resistance'가 주최한 집회들에서는 두 부류의 유권자들이 한데 모였다. 하나는 반세계화 운동에 고무받은 사람들이고 다른 하나는 블레어 정부에 환멸을 느낀 노동당 지지자들이었다. 이것은 서유럽에서 1990년대 후반에 선출된 사회민주주의 정부의 행적 때문에 심화된 개혁주의의 위기가 반자본주의 정서의 주된 요인 가운데 하나라는 점을 잘 보여 준다.

4. 자본주의 비판가들의 재등장 : 지적인 변화의 정도를 가늠하기 위해서는 1989~1991년 스탈린주의 체제의 붕괴 이후를 지배했던 황폐한 장면을 떠올려 봐야 한다. 프랜시스 후쿠야마가 "역사의 종말"을 공언한 것도 그때였다. 후쿠야마는 자유주의적 자본주의가 모든 체제적 대안 가운데서 최종 승리를 거뒀으며 예상치 못한 야만 상태로의 퇴보를 막아 내면서 영원히 지배할 것이라고 선언했다. 좌파 지식인들 가운데 이에 가장 두드러지게 경의를 표했던 사람은 페리 앤더슨으로서 그는 후쿠야마가 십중팔구 옳을 것이라고 인정했다.[11] 최근 다시 ≪뉴 레프트 리뷰≫의 편집자가 된 앤더슨은 시애틀 시위 이후 이 전망을 재확인하면

서, 신자유주의 헤게모니는 지금 전혀 도전받고 있지 않아서 "서방의 지적 세계 안에서는 종교개혁 이래 처음으로 더는 이렇다 할 중요한 반대, 즉 대안 체제에 대한 전망이 존재하지 않는다. 그리고 무력해진 종교 교리를 제외하면 세계 규모에서도 그러하다"고 말했다.[12] 그러나 이번에 그는 즉각 도전을 받았다.[13]

앤더슨의 비관주의는 현재 자본주의를 체계적으로 비판하기 시작한 다양한 인물들과 대조된다. 그 주요 인물들은 월든 벨로, 피에르 부르디외, 수전 조지, 나오미 클라인, 조지 몽비오다. 마르크스주의자들이 이 비판가들의 한계를 알아채는 것은 매우 쉽다. 예컨대, 그들은 적이 세계 자본주의인지 아니면 단지 신자유주의인지에 대해서도 모호하고 다국적기업에 대한 대안으로 흔히 소기업 자본주의를 제시하며 때때로 국제 자본주의 기구들에 맞서 기꺼이 보수적 우파와도 제휴하려 한다.[14]

게다가 반세계화 운동 안에서 이 세력들의 분화 과정이 진행되고 있다. IMF나 세계은행과 "대화"하기 위해 기꺼이 협력하려는 — 예를 들면 이른바 Congos(co-opted non-government organisations), 즉 체제 내화한 NGO들의 — 견해와, 그와 대조적으로, 벨로가 썼듯이 그런 기구들의 "정당성 위기를 심화시키려는" 견해로 말이다.[15] 다보스에서 열리는 기업주들의 연례 모임의 대안으로 2001년 1월 포르투알레그레에서 열린 세계사회포럼에는 개혁주의 의제를 추진하려는 영향력 있는 사람들 — 특히 〈르몽드 디플로마티크〉나 금융거래과세시민연합 지도부와 연관된 — 이 있었다.

수전 조지는 유럽의회의 프랑스 극좌파 의원들이 국제 금융 투기에 대한 토빈세 부과를 지지하는 결의안에 투표하지 않았다고 옳게 비판하면서도, 포르투알레그레에서 다음과 같이 말했다.

> 유감스럽게도 저는 21세기 벽두에 "자본주의의 전복"이 무엇을 의미하는지 모르겠다고 고백해야겠습니다. 아마도 우리는 철학자 폴 비릴리오가 "세계적 사건"이라고 불렀던 것을 목격하게 될 것입니다. 만약 그런 일이 일어난다면 그것은 엄청난 인간적 고통을 수반하게 될 것이 틀림없습니다. 만약 모든 금융시장과 모든 증권거래소가 동시에 붕괴한다면 무수한 사람들이 줄지어 실업수당을 타게 될 것이고, 은행 영업이 중단돼 정부의 예방 능력을 벗어난 재앙이 일어날 것이며, 불안과 범죄가 규범이 되고 우리는 홉스가 말한 만인에 대한 만인의 투쟁 상태에 빠져들게 될 것입니다. 저를 "개혁주의자"라고 불러도 좋지만, 저는 신자유주의적 미래만큼이나 그러한 미래도 바라지 않습니다.[16]

그러나 이런 말을 확고한 개혁주의 견해로 보는 것은 큰 실수일 것이다. 같은 연설에서 수전 조지는 "우리는 친선, 문화, 요리, 연대, 부, 자원을 함께 나누는 것을 지지하는 '친세계화'론자들"

이라며 "반세계화"라는 딱지를 거부했고, 자본의 파괴적 논리를 분명히 알고 있음을 보여 줬다.

> 초국적 기업과 부국들이 우리 모두가 살아야 하는 이 지구의 생명을 파괴할 것이라는 점을 깨닫기만 하면 그들이 자신의 행실을 바꿀 것이라는 생각은 터무니없는 것입니다. 제가 보기에는 설사 그들이 자기 아이들의 미래를 위해 멈추길 원한다 해도 그럴 수 없습니다. 자본주의는 항상 앞으로 굴러가거나 아니면 넘어질 수밖에 없는 유명한 자전거와 같습니다. 그리고 기업들은 벽에 부딪혀 으깨지기 전까지 누가 더 페달을 빨리 밟을 수 있는지를 보기 위해 경쟁하고 있습니다.

다른 곳에서 수전 조지는 1980년대와 1990년대 포스트모더니즘의 전성기 동안 학계의 "문화적 좌파"에서 유행했던 정체성 정치를 맹렬히 공격했다. 무엇보다 "집단들 사이의 적대를 부추기고 …… 인구 감소에 이바지하게" 될 자본주의 전략을 상상하면서 그녀는 다음과 같이 쓰고 있다.

> 이러한 목표들을 위해 고안된 가장 유용한 철학적 도구는 서구에서 "정체성 정치"라고 부르는 것이다. 이상적으로 말하면, 정체성 정치는 모든 개인들이 민족적 · 성적 · 언어적 · 인종적 · 종교

적 하위 집단에 일체감을 가져야 한다는 것이다. 그런 정치는 "인류"의 일부라는 자기규정은 말할 것도 없고, 일국의 국민이나 그 나라 사회 계급 또는 직업 집단의 일원이라는 자기규정을 손상시킨다. 각 개인은 협소하게 정의된 집단의 일원이라는 것을 **우선적으로** 느껴야 하며, 그다음에야 비로소 노동자, 지역사회 구성원, 부모, 자국 시민, 국제적 시민이라는 것을 느껴야 한다는 것이다.[17]

이것은 정체성 정치가 분열 지배라는 자본가의 이익에 꼭 부합한다는 혁명적 마르크스주의자들의 비판보다 오히려 더 신랄한 비판이다.[18] 그러나 반자본주의 이론이 아무리 모호하더라도 지적·정치적 논쟁의 조건을 변화시키는 데 미친 영향력은 부인할 수 없다. 〈비즈니스 위크〉는 "세계 자본주의 : 더 잘 돌아가게 만들 수 있을까?"라는 제목의 특집 기사에서 다음과 같이 주장한다.

지난 몇 년 동안 시애틀, 워싱턴 DC, 프라하에서 목격한 소동들을 무시하는 것은 엄청난 실수일 것이다. 많은 급진적 시위 지도자들은 정치적 초보 상태일지도 모른다. 그러나 그들은 각국 정부, 주류 경제학자들, 기업들로 하여금 세계화를 심사숙고하게 만들었으며 이러한 심사숙고는 최근까지도 무명 싱크 탱크들과 학술 세미나에서 계속되고 있다.[19]

공격받은 국제 자본주의 기구들은 수비 자세를 취하지 않을 수 없었다. 프라하와 포르투알레그레 모두에서 벨로는 세계 자본주의의 대표자들과 논쟁하는 팀을 이끌었다. 프라하에서는 IMF와 세계은행 총재들과 논쟁했으며, 투기성 단기자금 운용의 귀재 조지 소로스와는 두 곳 모두에서 논쟁했다. 이들이 기꺼이 토론했다는 사실은 놀라운 일이었다. 게다가 두 경우 모두 그들은 맹렬한 비판을 받았다. 세계은행 총재 제임스 울펀슨은 "저와 제 동료들은 날마다 직장 나가는 것을 기쁘게 생각합니다" 하고 더듬거려야 했다.

벨로가 위성 TV를 통해 다보스의 기업주들에게 "당신들이 세계를 위해 할 수 있는 가장 좋은 일은 지구를 떠나는 것"라고 말한 후, 〈파이낸셜 타임스〉는 소로스에 대해 다음과 같이 보도했다. "그런 불편한 경험은 간결하게 의사를 전달하는 그의 능력을 일시적으로 마비시킨 것처럼 보였다."[20] 그러나 소로스는 다음과 같이 인정했다. "이러한 항의 운동은 널리 퍼진 어떤 정서와 관계있다. 그들이 이용하는 방법을 수용할 수는 없지만 그런 방법이 효과적인 것은 사실이다. 그들은 혼란을 조성함으로써 전례 없는 관심을 끌 수 있었다."[21] 심지어 블레어를 지지하는 언론인조차 다음과 같이 인정했다. "포르투알레그레는 다보스가 잃어버린 것을 얻었다. 그것은 운동의 뒷받침을 받고 있다는 느낌이었다."[22]

물론 기업주들을 말로 물리치는 것은 그들에게서 지구에 대한 지배력을 뺏어 오는 것과는 다르다. 그럼에도 우리가 보고 있는 것은 점점 더 영향력을 미치는 지식인들의 출현인데, 이들은 자신이 세계 자본주의에 반대하는 정치투쟁에 관여하고 있다고 생각한다. 부르디외의 최근 저작들은 반자본주의적 초점을 점점 더 날카롭게 드러내고 있다. 그래서 그는 ([공저자] 로익 와캉과 함께) 다음과 같이 쓰고 있다.

> 선진 경제들의 장기간 발전을 경험적으로 분석해 보면 …… "세계화"가 자본주의의 새로운 국면이 아니며 금융시장에 대한 각국 정부의 종속을 정당화하기 위한 "미사여구"일 뿐이라는 점을 알 수 있다. [언론 등에서] 끊임없이 되풀이하는 것과 달리, 탈공업화와 불평등 증대와 복지 감축은 대외 무역의 불가피한 결과가 아니라 자본 소유자들에게 유리한 계급 세력 관계 변화를 반영하는 국내 정치상의 결정들로 말미암은 것이다.[23]

이러한 급진화는 대학에만 국한되지 않는다. 보리스 카갈리츠키는 프라하 시위에 관한 보도에서 다음과 같이 썼다. "월든 벨로는 10월*의 레닌 같다. 시애틀 시위 이래 그는 학자에서 진정한

---

* 1917년 10월 러시아 혁명을 말한다.

지도자로 변신했다."²⁴ 사실, 벨로가 제2의 레닌이 되려면 좀 더 나아가야 한다. 그러나 그가 지금 하고 있는 것이 세미나 발제문이나 읽는 학자가 아니라 계획된 정치적 개입을 하는 활동가 구실임에는 의심의 여지가 없다. 이것은 피에르 부르디외의 경우에도 들어맞는다. 그는 1995년 파업 뒤에 '행동해야 하는 이유들'이라는 소규모 정치조직을 결성했고, '사회운동 삼부회' 결성을 위한 전 유럽적 발의를 막후에서 추진했다. 1999년 12월 시카고에서 한 연설에서 그는 시애틀 시위가 "학문에 철저히 개입하고 국제주의에 완전히 헌신하는 새로운 비정부기구 정치투쟁 전략"을 발전시킬 수 있는 "모범적" 사건이라고 환영했다.²⁵

이것이 의미하는 바는 국제 규모에서 새로운 좌파가 탄생했다는 것이다. '저항의 세계화' 대회가 끝난 뒤 조지 몽비오는 다음과 같이 썼다.

> 결국 그런 일이 일어나고 있다. 대서양 양쪽 연안의 신자유주의자들이 보편적 승리를 주장한 바로 그 순간 혼합된 급진적 반대운동이 나타나기 시작하고 있다. 그 운동은 혼동돼 있고 모순돼 있으며 우리가 전에 한 번도 본 적이 없는 것 같다. 그러나 14년간의 캠페인 동안 처음으로 나는 무언가 멈출 수 없는 것을 목격하고 있다는 느낌이 든다.²⁶

혁명가들의 과제

1968년에도 유행했던 말처럼 이것은 시작일 뿐이다. 반자본주의 정서는 국제적으로 널리 퍼져 나갔다. 반자본주의 정서가 운동으로 발전하는 양상은 매우 다양하다. 미국과 프랑스에서 가장 앞서 가고 있고, 다른 지역은 훨씬 더 미흡하다. 궁극적 승리는 시애틀에서 잠시 일어났던 일 ― 조직노동자들과 반세계화 활동가들이 함께 모인 것 ― 이 지속적 운동이 되는지에 달려 있을 것이다. 그리고 애초에 신자유주의 정책들과 다국적기업들에 반대하는 것으로 정의된 산만한 이데올로기인 반자본주의는 논리적으로 훨씬 덜 모순된 사회주의 의식으로 발전해야 할 것이다. 이 모든 것은 혁명적 마르크스주의자들에게는 기본이다. 이것이 1960년대 이후 좌파에게 가장 커다란 기회라는 것도 사실이다.

그럼에도 반자본주의 운동은 혁명적 좌파에게 엄청난 도전이다. 그 둘은 같지 않다. 몽비오가 말했듯이, 반자본주의 운동은 "혼합돼 있고 …… 혼동돼 있고 …… 모순돼 있"다. 매우 이질적인 활동가 집단 ― 외채 탕감을 요구하는 기독교 활동가들, 환경주의자들, 보호무역주의자들, 동물 권리 보호주의자들, 1960년대의 생존자들, 거리의 아나키스트 투사들, 존경받는 NGO 회원들, 다양한 제3세계 연대 운동 지지자들, 소수 노동조합원들과 사회주의자들 ― 속에서 생겨난 반자본주의 운동은 모든 종류의 이데올로기 자원을 활용하고 상이한 단체들의 엄청난 다양성을 포용하고 있다. 이와 대조적으로, 혁명적 좌파는 1980년대의 패배에서 살아남은 마르크스주의 조직들을 포함하고 있다. 이 조직들 가운데 국제적 규모의 지지자들을 확보하고 있는 가장 중요한 조직은 국제사회주의경향IST과 제4인터내셔널FI 통합서기국이다.[27]

반자본주의 운동과 혁명적 좌파가 통합하는 것이 필연은 아니다. 이런 일이 일어나려면 혁명가들이 스스로 변해야 할 것이다. 그들은 우파 사상들이 우세하고 따라서 마르크스주의 사상과 조직을 적대적 정치 환경으로부터 보호하는 게 절실했던 1980년대와 1990년대 초에 발전시킨 습관들을 떨쳐 버려야 할 것이다. 새로운 활동 방식이 필요하다. 특히 볼셰비키와 초기(1918~ 1923년) 공산주의인터내셔널이 발전시킨 공동전선을 체계적으로 이용하는 것이 새로운 정치 지형과 연관을 맺는 데 절대로 중요하다.

영국 사회주의노동자당SWP은 1999년 발칸 전쟁 기간에 실천 경험을 통해 어느 정도 뜻밖에 이를 발견했다. 당시 반전운동의 특징은 1991년 걸프전보다 훨씬 더 높은 수준의 단결과 공통 목표를 공유하고 있었다는 점이다. 좌파의 단결은 런던사회주의자동맹LSA에서 더 높은 수준에 도달했는데, 런던사회주의자동맹은 2000년 5월 런던 광역 의회 선거에 후보들을 출마시켰다. 런던사회주의자동맹은 극좌파에서 전통적인 노동당 좌파까지 다양한 스펙트럼 속에서 단결을 향한 광범한 열망을 끌어낼 수 있었다.

2001년 2월 '저항의 세계화'가 주최한 집회가 성공할 수 있었던 결정적 요인은 집회를 준비하는 과정과 집회 자체에 되도록 다양한 정치적 견해가 반영되도록 노력한 덕분이었다.[28]

체계적 공동전선 활동으로의 방향 전환은 혁명가들이 반자본주의 운동과 연관을 맺기 위해 필요한 광범한 변화 가운데 단지 중요한 한 부분일 뿐이다. 이러한 변화는 운동의 특성과 관심사에 민감하게 반응하고 운동이 집중하는 쟁점이나 문헌에 익숙해지며 기꺼이 대화하려는 태도를 발전시켰다. 프라하와 니스 시위, '저항의 세계화' 집회 등에서 활동한 경험은 이들 공동전선에 참여한 사람들이 마르크스주의 주장에 매우 개방적이라는 것을 거듭 보여 줬다. 물론 그런 주장이 그들의 관심사를 적절하게 다루고 일방적으로 설교하지 않을 경우에 말이다. 이 모든 것은 지난 20년 동안 혁명적 사회주의자들의 고립 때문에 광범하게 나타난 종파주의 경향과 단절하는 것이 중요함을 뜻한다. 그러나 혁명가들이 반드시 전환할 것이라는 보장은 결코 없다. 사회주의 운동의 역사는 객관적 상황이 급격하게 바뀔 때마다 혁명적 조직 안에서 위기가 생겨난다는 것을 거듭거듭 보여 줬다. 심지어 조직이 새로운 환경에 적응하려 할 때마다 그 자신의 보수주의에 걸려 넘어지곤 했다. 특정 활동 방식이 성공했다고 판명되면 그런 방식이 조직 안에서 굳어지는 경향이 있다. 그러면, 본래 특정 상황에 대처하기 위해 개발된 전술이 원칙의 문제로 여겨지게 된다. 새로운 환경에 맞게 조직을 변화시키다 보면 저항에 부딪히게 되는데, 그런 저항은 과거에 성공했던 사고방식이 만들어 낸 관성을 반영한다.

볼셰비키의 경험을 회고하면서 트로츠키는 1924년에 다음과 같이 썼다.

> 대체로 당의 정책이 중대하게 바뀔 때마다 당내에서는 그런 전환의 전조나 결과로서 위기가 생겨난다. 이렇게 되는 이유는 당 발전의 각 시기마다 그 나름의 특징이 있으며 특정한 관행이나 활동 방식이 필요하기 때문이다. 전술 전환은 이런 특정 관행과 활동 방식을 어느 정도 버리는 것을 뜻한다. 바로 이것이 당내 분파와 위기가 발생하게 되는 직접적이고 즉각적인 원인이다. 1917년 7월 레닌은 다음과 같이 썼다. "그런 일이 너무 자주 발생해서, 역사적 격변기에는 심지어 진보적 정당조차도 새로운 상황에 적응하지 못한 채, 과거엔 옳았지만 지금은 더는 아무 의미도 없는 슬로건을 반복하는 때가 있다. 역사적 격변이 '급작스러운' 것만큼이나 그런 슬로건도 '급작스럽게' 의미를 상실한다." 따라서 그 전환이 너무 급격하고 갑작스럽거나, 앞선 시기에 당의 지도적 기구들에서 관성적 요소들이 너무 많이 축적되면, 수십 년 동안 준비해 온 결정적인 최고의 순간에 당은 그 지도력을 제대로 발휘할 수 없게 될 것이다. 그렇게 되면 당은 위기 때문에 거의 와해되고 운동은 당을 그냥 지나쳐 패배를 향해 나아간다.[29]

레닌은 이러한 위험에 수없이 많이 직면했다. 가장 유명한 것은 1905년 러시아 혁명에 대한 대응에서 그가 벌인 투쟁인데, 토니 클리프가 썼듯이 "당의 문호를 여는 것"이었다. 이것은 투쟁 고양기를 겪으며 급진화한 노동자 대중을 당으로 끌어들이는 것이었다. 그 과정에서 레닌은 "위원회 사람들" — 레닌이 이끌던 직업 혁명가들로서 1905년 이전 엄혹한 탄압의 시기에 꽉 짜여진 중앙집권적 지하조직을 건설했던 사람들 — 의 격렬한 저항에 부딪혔다. 당 문호를 개방하는 투쟁에서 레닌과 가장 가까웠던 동맹자는 알렉산드르 보그다노프였다. 그러나 1905년 혁명이 패배하고 뒤이은 반동기에 보그다노프는 볼셰비키 안에서 초좌익 분파의 지도자로서 새로운 상황에 적응하는 데 필요한 새로운 전술 변화, 예컨대 합법적 정치 활동을 위한 발판으로서 제정 의회(두마)에 야당 국회의원을 내보내는 문제 등에 저항했다. 그들의 협력 관계가 긴밀했는데도 레닌은 보그다노프와 결별하는 것을 망설이지 않았으며 결국 그를 볼셰비키에서 축출했다.[30]

레닌의 "막대 구부리기" 실천은 현재 상황에서 핵심 과제에 거의 지나치다 싶을 만큼 초점을 맞추고 부차적 요인들은 모두 배제하는 것이었다. 이 "막대 구부리기"는 "역사의 급격한 전환"이 강요하는 변화에 저항하는 당내 보수주의를 극복해야 할 필요성에서 나왔다. 클리프는 다음과 같이 썼다.

레닌이 어떤 때는 이 방향으로, 다른 때에는 그 반대 방향으로 "막대 구부리기"를 주장했던 것은 원칙적으로 옳았다. 노동자 운동의 모든 측면들이 똑같이 균등하게 발전한다면 "막대 구부리기"는 운동에 해악을 끼쳤을 것이다. 그러나 실제 삶은 불균등 발전 법칙이 지배한다. 어떤 시점에서는 운동의 어떤 한 측면이 결정적이다. [운동이] 전진하는 데 주된 방해물은 당 간부층의 부족일 수도 있고, 아니면 그와 반대로 당 간부들의 보수주의가 당을 계급의 선진 부분에 뒤처지게 만들 수도 있다. 모든 요소가 완벽하게 조정된다면 "막대를 구부릴" 필요도 없겠지만 그렇게 되면 혁명 정당이나 혁명적 지도부도 필요 없게 될 것이다.[31]

이런 태도를 발전시키지 못한 대가는 종파주의다. 1848년 혁명 패배 뒤 오랜 고립을 경험한 마르크스는 1860년대 초 노동계급 운동이 부활하자 제1인터내셔널을 창건하는 과정에서 지도적 구실을 했다. 그때 마르크스는 그 전에 자기가 맹렬히 비판했던 프루동 추종자들 같은 좌파들과 함께 활동했다. 마르크스는 ≪철학의 빈곤≫(1847년)과, 개인적으로 만족했을 뿐 출판하지 않은 ≪자본론≫ 초고(≪정치경제학 비판 요강≫으로 알려진)에서 프루동의 사상을 철저하게 논박했다. 마르크스는 1840년대 차티스트 운동의 위대한 지도자 중 한 명이었다가 나중에 반동기에 종파주의자로 전락한 브롱테르 오브라이언의 추종자들이 밟은 기괴한 행적을 논하면서 그런 변화를 다음과 같이 묘사했다.

> 인터내셔널은 사회주의적이거나 반쯤 사회주의적인 종파들을 진정한 노동계급 투쟁 조직으로 대체하기 위해 설립됐다. 규약과 창립 연설 원안을 언뜻 보기만 해도 이를 알 수 있다. 다른 한편으로, 역사의 전개 과정이 종파주의를 박살 내지 않았다면 인터내셔널은 유지될 수 없었을 것이다. 사회주의적 종파주의의 발전과 진정한 노동계급 운동의 발전은 언제나 반비례한다. (역사적으로) 노동계급이 독자적인 역사적 운동을 펼칠 만큼 성숙하지 않는 한 종파들은 정당화된다. [노동계급이] 그만큼 성숙하게 되면 그때부터 모든 종파는 본질적으로 반동적이다.[32]

페르디난트 라살이 설립한 독일노동자총연맹ADAV의 지도자 J B 슈바이처에게 쓴 편지에서 마르크스는 "반동기"였던 "15년의 침체를 딛고" 1860년대 초 독일 노동자 운동의 부활을 이룩한 라살을 칭찬했다. 그러나 라살이 반동적인 비스마르크 정권한테서 개혁을 얻어 내려 하고 노동조합의 발전이 아니라 국가의 재정 후원을 받는 협동조합을 주장함으로써 독일노동자총연맹을 종파로 만들어 버렸다고 비판했다.

> 모든 종파는 사실상 종교적입니다. …… 그라살는 프루동과 똑

같은 실수를 했습니다. 그는 계급 운동의 진정한 요소들 사이에서 자기가 선동할 수 있는 현실적 기반을 찾지 않고, 운동이 특정한 교조적 비법에 따라 추구해야 할 노선을 명령하고 싶어 했습니다. …… 종파는 자기 존재의 정당성과 명예를 계급 운동과의 **공통**점이 아니라 [계급] 운동과 자신을 구별 짓는 **특별한** 표지에서 찾습니다.[33]

마르크스는 계속해서 슈바이처도 비판했다.

독일노동자총연맹의 해산은 당신에게 크게 전진할 수 있는 기회와, 필요하다면 다음과 같은 사실을 선언하고 입증할 기회도 줬습니다. 즉, 이제 새로운 발전 단계에 도달했으며, 종파 운동을 계급 운동으로 통합하고 분리를 완전히 그만둘 때가 무르익었다는 것입니다. 종파의 진정한 내용에 대해 말하자면, 과거의 모든 노동계급 종파들이 그랬듯이 종파는 전체 운동을 풍부하게 만드는 요소로서 전체 운동으로 통합될 것입니다.

그러나 당신은 그렇게 하지 않고 오히려 계급 운동이 특정 종파의 운동에 종속돼야 한다고 요구하고 있습니다. 이 때문에 당신의 친구가 아닌 사람들은 당신이 어떻게든 당신 "자신의 노동자 운동"을 보존하려 한다고 결론지었습니다.[34]

잃어버린 1960년대 : 미국 사회주의노동자당

그러나 혁명적 조직이 전환하기 매우 어렵거나 전환에 실패한 것을 보여 준 더 근래 사례들이 있다. 미국 사회주의노동자당은 트로츠키주의 운동이 유아기였던 1930년대와 1940년대에 최초의 트로츠키주의 조직이었다. 제임스 P 캐넌과 그 밖의 다른 미국 사회주의노동자당 지도자들은 트로츠키와 함께 활동했으며, 따라서 그들이 트로츠키의 정치적 후계자를 자처한 것은 어느 정도 옳았다. 내분과 국가 탄압에도 불구하고 미국 사회주의노동자당은 1950년대에 결속할 수 있었다. 1950년대는 미국 혁명가들이 겪어야 했던 가장 어려운 시기 중 하나로서 냉전, 매카시즘, 장기 호황이 겹쳐 고전적 마르크스주의가 완전히 부적절한 것처럼 보였다.

그러나 조직을 보존할 수는 있었지만 그 대가로 조직은 경직되고 말았다. 1950년대 말과 1960년대 초에 미국 사회주의노동자당 지도자였던 팀 울포스는 다음과 같이 회상한다.

사회주의노동자당의 지부 활동은 매우 지루하고 틀에 박힌 것이었다. 각 지부 모임은 지난 모임의 의사록을 낭독하는 것으로 시작됐다. 그다음에 조직자의 보고가 있었는데, 대개는 지부가 수행해야 할 조직상의 여러 임무를 무미건조하게 늘어놓는 것이었다. 그다음에는 재정, 〈밀리턴트〉 [신문] 판매, 포럼 위원회, 다시 추스르기 활동, 기타 활동과 관련된 부차적 보고가 이어졌다. 그 주에 세상에서 일어난 일들은 거의 언급되지 않았고 이론과 정치 노선에 관한 문제들은 2년에 한 번씩 열리는 당대회 준비 기간에만 토론됐다. 이 정당의 비정치적 색조는 정치위원회 최상층에 자리를 잡고 전국의 모든 지부에서 충실하게 표현됐다.[35]

1950년대의 지루한 당 활동에 활기를 불어넣은 분파 투쟁을 묘사한 뒤에 울포스는 다음과 같이 말한다.

나는 이 시기의 미국 사회주의노동자당이 분파 투쟁의 아수라장이 됐다고 암시하고 싶지 않다. 실제로 당 활동은 거의 지루할 만큼 평온했다. 대부분의 분파주의는 비밀스런 성격을 갖고 있었고 지도부와 정치적 차이가 없다고 주장하는 개인들이 서로 싸웠다. 당비는 계속 걷혔고, 〈밀리턴트〉도 항상 팔렸다. 당은 신중하지만 원활하게, 그리고 직업적인 방식으로 운영됐다. 문제는 당이 한 세대의 노동자들과 지식인들을 포함하고 있었다는 것이다. 이들은 1930년대와 제2차세계대전 동안에 가입한 사람들로서 점점 노쇠해지고 지쳐 가고 있었다. 캐넌은 노쇠한 간부층을 붙잡아 두는 일을 막스 샤흐트먼보다 더 잘 했고 대체로 그와 그의 추종자들은 혁명적 신념을 지켰다. 그러나 의지와 활력이 사라졌기 때문에 그들 뒤에 남은 것은 신념뿐이었다.[36]

1960년대 초에 상황이 바뀌기 시작했는데, 특히 몇몇 소규모 좌파 그룹들의 선구적 활동 덕분이었다.[37] 새로 급진화가 일어나기 시작했고, 특히 공민권운동 덕분에 그랬다. 그러나 대규모 대중운동이 시작된 것은 베트남 전쟁 반대 운동, 특히 1964~1965년에 대통령 린든 B 존슨이 미군의 직접 개입을 강화하기로 결정한 것 때문이었다. 베트남 전쟁은 1960년대 말과 1970년대 초에 미국 사회를 깊숙이 분열시켰고 그 장기적 효과는 오늘날에도 미치고 있다. 그로 인해 수많은 사람들이 좌경화했으며 특히 청년들이 그랬고 이들이 대규모 반전 시위에 참가했다. 신좌파의 대학생 전국 조직인 '민주사회를위한학생연합SDS'은 10년 사이에 급성장했다. 모리스 이서먼에 따르면,

> 1961년에 민주사회를위한학생연합은 회비 납부 회원이 약 300명이었는데, 1968년에는 지부가 대략 300개나 됐다. 장부 관리도 엉망이었고 지부 활동가들이 귀찮다며 회비를 전국 사무소에 보내지 않았기 때문에 1960년대 말 민주 사회를 위한 학생 연합의 실제 회원 수가 몇 명이었는지는 알 수 없다. 그러나 당시 약 3만 명에서 10만 명에 달했을 것으로 추정된다. 이것은 1950년대의 기준으로 보면 엄청나게 큰 단체이며 1930년대와 비교해도 그렇다.[38]

미국 사회주의노동자당의 비극은 이러한 급진화가 제공한 기회를 잡지 못했다는 것이다. 사회주의노동자당이 반전운동에 투신하고 일련의 대규모 시위를 주최하는 데서 핵심적 구실을 한 건 칭찬받아 마땅하다. 예를 들면, 사회주의노동자당은 전국평화행동연합NPAC의 주요 동력이었는데, 전국평화행동연합은 최대 규모의 반전 시위 중 하나였던 1971년 4월 24일 워싱턴 시위를 주최했다. 문제는 사회주의노동자당이 합법적 대중 시위라는 단일 전술에 집착했다는 것이다. 1960년대와 1970년대의 당 지도자 피터 카메호는 나중에 다음과 같이 회고했다.

> 단일 쟁점을 둘러싼 평화적·합법적 시위에 집중해야 한다는 것이 근본주의적 종교 교리처럼 돼 버렸다. 그리고 이에 대한 문제 제기도 거의 없었다. 사회주의노동자당 안에서 이런 문제 제기가 있었다면 우리는 이를 맹렬히 비난했을 것이다. 왜냐하면 그것이 중심적 활동이었기 때문이다. 새로운 사람들이 베트남 전쟁 반대 운동으로 모이기 시작했을 때, 사회주의노동자당 당원들은 왜 이 쟁점을 둘러싼 평화적·합법적 시위가 핵심인지 설명하고 그 기반 위에서 사람들을 조직하려 했다.[39]

미국 사회주의노동자당이 합법적 대중 시위라는 특별한 표지를 고수함에 따라 당은 대중적 시민 불복종을 지지하는 강력한 반전운동 세력들에게 매우 적대적인 태도를 보였다. 바로 이 때문에 사회주의노동자당은 전국평화행동연합을 설립해 운동을 분열시켰다. 이보다 더 나쁜 일은 이런 견해 때문에 사회주의노동자당이 정치적 급진화와 연계가 끊겼다는 것이다. 정치적 급진화는 대부분 민주사회를위한학생연합을 중심으로 진행되고 있었는데, 급진화한 사람들 가운데 많은 이들은 비폭력뿐 아니라 폭력적인 직접행동도 요구하고 있었다. 비록 울포스는 미국 사회주의노동자당의 반전 활동을 칭찬하지만 다음과 같은 점도 인정한다.

…… 반전운동에 에너지를 집중하기로 선택하는 과정에서 사회주의노동자당은 민주사회를위한학생연합의 성장을 무시하기로 결정했다. 부분적으로 나는 이러한 무시가 사회주의노동자당이 이 시기를 맞이했을 때 일련의 분열로 심각하게 약화된 상태에서 비롯한 희소한 자원 때문이기도 하며 또한 늙고 지친 간부층의 탈당 때문이라고 생각한다. 1960년대 대부분 시기 동안 사회주의노동자당 당원은 약 400명이었고 1970년대에야 비로소 성장했다. 그러나 대규모 반전 활동을 선택한 것은 당의 정치적 개성 때문이기도 했다. 사회주의노동자당은 대규모 평화 시위를 위해 우파와 함께 활동하는 것이 전혀 불편하다고 생각하지 않았다. 분명히 사회주의노동자당은 자신보다 왼쪽에 있으며 더 자생적이고 때로는 모험적이기까지 한 활동을 선택한 민주사회를위한학생연합 같은

조직에 접근하는 것을 불편하게 생각했다. 사회주의노동자당이 '진보적 노동자'라는 단체의 성장을 무시했던 것과 마찬가지로 그들은 곧 약 3만 명의 느슨한 회원들을 보유하게 된 민주 사회를 위한 학생 연합에 개입하지 않았다. 사회주의노동자당은 민주 사회를 위한 학생 연합으로부터 거의 아무도 가입시키지 못했다.[40]

급진화와 연관 맺으려 하는 진지한 마르크스주의 조직이 없었으므로, 대규모 대중 동원 뒤에도 전쟁이 중단되지 않아서 곧 사기가 떨어지곤 하는 순환 과정을 활동가들이 겪기가 더 쉬워졌다. 이에 좌절한 전쟁 반대자들은 대중행동을 대체할 다른 활동 형태들을 추구했다. 즉, 전쟁에 반대하는 일부 민주당 후보의 선거운동이나 테러 행동으로 기운 것이다.[41] 급진화의 조직상의 표현은 주로 다양한 마오쩌둥주의 그룹의 급성장이었는데, 그들은 당시 상황에 필요한 정치를 전혀 제공할 수 없었다(1970년대에 일부 마오쩌둥주의 종파의 '공장노동자화' 전략에 따라 몇 년간 철강 공장이나 자동차 공장에서 노동자로 일한 적이 있는 사람들이 오늘날 교수로 미국의 여기저기 대학에 흩어져 있다). 더 나빴던 것은 미국 국가에 맞서 부질없이 재앙적 무장투쟁을 추구했던 웨더멘이나 다른 그룹들이었는데, 이들은 결국 어떤 목표도 이루지 못한 채 끝나거나 때때로 수십 년을 경찰에 쫓기며 보내야 했다. 강력한 미국 좌파의 기초를 놓을 수도 있었던 한 세대가 완전히 소모된 것이다.

미국의 비극 : 국제사회주의자단체

미국 사회주의노동자당이 실패한 근원은 제4인터내셔널의 다른 나라 지부와 마찬가지로 제2차세계대전 종전 후 잘못된 정책을 취한 것으로 거슬러 올라갈 수 있다. 그때는 소련을 "퇴보한 노동자 국가"로 분석한 트로츠키의 이론이 신성한 도그마로 변해 있었다. 국제사회주의경향은 바로 이런 위기의 순간에 생겨났으며, 특히 토니 클리프가 트로츠키를 비판하면서 국가자본주의 이론을 발전시키는 과정에서 생겨났다. 그 덕분에 우리는 노동계급의 자기 해방이라는 고전 마르크스주의의 사회주의 개념을 보존할 수 있었으며, 정설 트로츠키주의자들의 강령 만능주의적 공상이 아니라 프롤레타리아의 현실에 기초한 당 건설 방식을 발전시킬 수 있었다.[42]

그러나 종파주의가 꼭 정설 트로츠키주의만의 산물인 것은 아니다. 형식적으로 올바른 이론적 분석만으로는 종파주의에 대한 면역력을 가질 수 없다. 새로운 반자본주의 정서가 제기한 도전은 전통적 노선을 뛰어넘는 방식으로 극좌파를 양극화시켰다. 정설 트로츠키주의자들은 이에 대응하는 과정에서 분열했다. 아마도 가장 종파적인 대응은 프랑스의 주요 트로츠키주의 조직인 '노동자투쟁당LO'(뤼트 우브리에르)의 반응이었을 것이다. 그들은 이런 대응의 전형을 보여 준다. 노동자투쟁당은 1999년 11월 30

일 시애틀 시위에 연대해 프랑스에서 벌어진 전국 규모의 시위가 좌파 국가주의자들과 우파인 드골 파의 연합이라고 평가절하하면서 그 시위에 참가하지 않았다. 그리고 WTO 반대 운동 전체를 다음과 같이 비난했다.

> 오늘날 자본주의 국가의 후원 아래 진행되는 경제의 국제화는 엄연한 사실이다. 썩어 빠진 보호무역주의 사상과 국가주의의 이름으로 여기에 반대하려 한다면 공공연하게 반동적인 목표를 향해 표류할 위험이 있다. 더욱이, 시애틀에서 제3세계 국가주의자들뿐 아니라 미국 자동차노조의 지도자들 — 후자는 1980년대에 일본 차를 소유한 미국인들에게 보복 조처를 취하는 짓도 서슴지 않았다 — 도 이런 지형 위에서 한데 뭉쳤다는 것은 우연이 아니다. 왜냐하면 그들은 모두 국제화에 반대하는 것이 민중의 이익과 자국 부르주아지의 이익이 수렴하도록 만드는 것이라고 생각했기 때문이다.[43]

최근에 노동자투쟁당은 프랑스 농민운동 지도자 조제 보베가 유전자 변형 농산물 도입에 반대하는 직접 행동을 주도했다는 이유로 그를 비난했다. 노동자투쟁당은 보베가 대통령 시라크나 우파인 드골파와 사실상 동맹을 맺고 과학적 연구를 방해했다고 주장했다.[44] 프랑스의 다른 주요 트로츠키주의 조직이자 살아남은 가장 중요한 제4인터내셔널 지부인 혁명적공산주의자동맹LCR은 원칙적으로 훨씬 더 긍정적인 태도를 취했다. 혁명적공산주의자동맹의 일부 회원들은 금융거래과세시민연합에서 두드러진 구실을 하고 있다. 정설 트로츠키주의자 출신의 활동가들은 분명하게 사회주의적인 분석에 기초한 견해를 제시하려 애쓴다. 그들은 "반자본주의 운동이 생산·통신·교환 수단의 소유 형태라는 문제를 금기시"해서는 안 된다고 주장하면서 사회적 소유라는 쟁점을 다시 의제로 부각시켰다.[45] 그러나 혁명적공산주의자동맹은 프라하 시위나 — 훨씬 더 수치스럽게도 — 니스 시위에 제대로 대중을 동원하지 않았다.

안타깝게도, 반자본주의 운동의 성장은 국제사회주의경향조차도 분열시켰다. 이것은 미국 국제사회주의자단체ISO의 사례를 보면 잘 알 수 있는데, 국제사회주의자단체는 1977년 창립 이래 국제사회주의경향의 미국 자매 조직이었다.[46] 국제사회주의자단체는 매우 불리한 상황에서 등장했다. 당시는 공민권운동, 베트남전쟁, 흑인 게토 봉기 등이 만들어 낸 광범한 정치적 급진화를 동반한 미국 노동자 투쟁의 완만한 상승세가 끝나고 극좌파가 붕괴하고 있을 때였다.[47]

국제사회주의자단체는 이렇게 어려운 상황에서 출범했지만, 미국의 다른 좌파들이 대부분 와해되고 민주당으로 흡수되던 레이건 시기에 공공연한 사회주의 정치에 따라 조직을 건설할 수 있었다. 국제사회주의자단체가 처음으로 커다란 영향력을 발휘한 것은 1991년 걸프전 때였다. 그때 국제사회주의자단체는 전쟁에 반대하는 전국적인 학생들의 연합을 결성하는 과정에서 핵심적 구실을 했다. 그 뒤 국제사회주의자단체는 많은 노동쟁의를 적극 지원했다. 그 중에서 가장 두드러진 것은 1997년 UPS 파업이었다. 국제사회주의자단체는 사형제도폐지운동CEDP을 발전시킨 주요 동력이기도 했다. 1990년대 말에 국제사회주의자단체는 회원이 약 1000명이라고 주장했다. 국제사회주의자단체는 1960년대의 영국 사회주의노동자당보다 정치적·조직적으로 훨씬 더 잘 준비돼 있는 듯했다.

그러나 그들의 경우에도, 오랜 침체기에 발전시킨 방식이 국제사회주의자단체가 시애틀에서 폭발한 운동과 관계 맺지 못하게 만드는 치명적 장애물 노릇을 했다. 이것이 처음으로 드러나기 시작한 것은 1999년 발칸 전쟁 때였다. 그때 국제사회주의자단체 지도부는 영국 사회주의노동자당 중앙위원회와 논쟁을 벌이면서 사회주의노동자당의 반전운동 건설 방식을 비판했다. 국제사회주의자단체 운영위원회는 반전 연합을 건설할 때 나토 NATO 폭격에 반대하는 다른 세력들과 혁명가들의 차이점을 부각하는 것이 혁명가들의 '의무'라고 주장했다. 특히, 유엔을 나토의 대안으로 여기는 착각과 세르비아 민족주의 지지, 코소보 자결권 반대 등의 견해를 비판해야 한다고 주장했다. 그들은 "반전운동

안에서 이런 문제들을 무시한다면 무원칙한 일이 될 것"이라고 결론지었다.⁴⁸ 이런 견해는 국제사회주의자단체가 거의 10년 전의 걸프전 때보다 발칸 전쟁을 반대하는 데서 효과를 훨씬 덜 거둔 — 특히 조직의 본거지가 있는 시카고에서 — 이유를 설명하는 데 도움이 된다.

국제사회주의자단체의 태도는 최대한 광범한 반전운동을 건설하기 위해 노력을 집중했던 유럽의 다른 [국제사회주의경향] 자매 조직들의 태도와 뚜렷하게 대비된다. 이에 자극받은 사회주의노동자당 중앙위원회는 우리의 견해 차이에 대해서 국제사회주의자단체 지도부와 비공개 편지를 주고받았다. 우리는 국제사회주의자단체 지도부에게 다음과 같이 썼다.

> 국제사회주의자단체 지도부는 혁명가들이 공동전선 안에서 우리를 다른 세력들과 구별하게 해 주는 "주장들을 제기"함으로써 자신을 차별화해야 한다는 잘못된 생각을 받아들이고 있다. 우리의 경험을 보면 …… 우리는 운동을 건설하는 과정에서 가장 역동적이고 전투적인 세력이 되는 것을 통해서 우리 자신을 부각하고 새로운 사람들을 우리 쪽으로 끌어들이는 경우가 더 흔하다. 물론 이 과정에서는 논쟁이 벌어지기 마련이지만, 이런 논쟁들은 다른 사람들의 의견에 동의하지 않아야 한다는 모종의 추상적 '의무'에서 비롯하는 것이 아니라 구체적 상황에서 발전하는 것

들이다. 영국에서 반전운동을 건설한 우리의 경험을 보면 분명히 그랬다.[49]

그래서 사회주의노동자당 지도부는 우리 미국 동지들의 태도가 틀렸다고 생각했지만, 머지않아 사건들의 영향을 받아 발칸 전쟁에 반대하는 다른 세력들에 대해 취했던 종파적 태도에서 벗어나기를 바랐다. 그렇지만 우리는 논쟁에 충격받았다. 논쟁의 이 초기 단계에서조차 우리는 마르크스가 정의한 종파적 태도, 즉 "자기 존재의 정당성과 명예를 계급 운동과의 **공통**점이 아니라 [계급] 운동과 자신을 구별 짓는 **특별한 표지**에서 찾는" 태도를 국제사회주의자단체가 보이고 있었다는 것을 알 수 있었다. 혁명적 조직이 불리한 정치 환경에서 살아남으려면 차별화가 필요한 때도 가끔 있다. 국제사회주의자단체와 사회주의노동자당 모두 우파적 사회 분위기와 좌파의 몰락에 대항하기 위한 보호막으로 마르크스주의 전통에서 피난처를 찾았던 1980년대 레이건-대처 시기에는 정말 그랬다. 그러나 계급투쟁의 오랜 침체기가 끝나고 있던 1990년대 후반에 그런 수세적 태도는 더는 필요 없었다.[50]

그런 견해를 취함으로써 치러야 하는 대가는 1999년 11월 말에 시애틀 시위가 폭발했을 때 분명해졌다. 오직 극소수의 국제사회주의자단체 회원들만 시애틀 시위에 참가했다. 시애틀에서 벌어진 여러 시위 중 하나에서 국제사회주의자단체의 지도적 회원인 리 서스타가 경찰에 연행되긴 했지만, 그의 역할(나중에 국제사회주의자단체가 널리 알린)이 국제사회주의자단체가 거의 동원하지 않은 것을 대신할 수는 없었다. 한때 국제사회주의자단체 운영위원회는 이 사실을 기꺼이 시인한 적이 있다.

> 어떤 추상적 기준이 아니라 …… 현재 국제사회주의자단체의 자체 기준과 역량에 비춰 보더라도 시애틀 시위에 참가한 우리 동지들은 소규모였다. 평상시에 우리는 사실상 전국 규모 시위에 훨씬 더 많은 사람들을 동원한다. 우리는 그 시위가 "전환점"이 될 것이라고 생각하든 안 하든 그렇게 한다. …… 우리가 시애틀 시위에 참가한 우리의 규모에 만족했다거나 그 시위에 소극적으로 대응했다는 것은 완전히 틀린 생각이다. 시애틀에서 실제로 벌어진 일을 고려할 때, 어느 누가 거기에 참가하는 것을 원하지 않았겠는가? 그것은 마치 그 유명한 주민세 때문에 벌어진 런던의 트라팔가 광장 폭동과 같은 일이 일어났을 때 적은 수가 참가하는 것과 비슷하다.[51]

국제사회주의자단체는 시애틀 시위에 동원하지 못한 것을 정당화하기 위해 실천적 이유들 — 특히 어지간한 규모를 갖추고 시애틀에서 가장 가까운 국제사회주의자단체 지부는 샌프란시스코 지역에 있었는데, 여기서 시애틀까지 거리가 너무 멀다는 —

을 제시했다. 북아메리카 전역(그리고 어느 정도는 사실상 전 세계)에서 다양한 활동가들의 네트워크들이 동원한 규모를 고려할 때, 국제사회주의자단체의 이런 변명은 신뢰성이 크게 떨어진다.[52] 1999년 11월 중순에 국제사회주의자단체는 조지아 주의 포트베닝 소재 '전 미주 특수 군사학교SOA'*에 항의하는 시위에 동부 연안과 중서부 지방에서 200명을 동원했다. 포트베닝은 뉴욕에서 1590킬로미터, 시카고에서 1330킬로미터 떨어져 있는데, 이는 샌프란시스코에서 시애틀까지 거리 1290킬로미터보다 더 먼 거리다.

진실은 국제사회주의자단체 지도부가 시애틀 시위를 중요시하지 않았다는 것이다(심지어 시애틀 시위 뒤에도 그들은 터무니없게도 "반세계화 운동이 …… 시작된 것은" 시애틀 시위가 아니라 훨씬 덜 알려져 있고 훨씬 소규모인 SOA 반대 시위였다고 주장했다).[53] 그들은 보호무역주의적 노조 지도자들이 시애틀 시위를 주도할 것이라고 예상하면서 훨씬 더 소규모인 시위에 자신들의 노력을 집중하려 했다. 국제사회주의자단체 지도부는 SOA 반대 시위에 더 많은 영향을 끼칠 수 있다고 생각했던 것이다. 국제사회주의자단체의 한 회원은 다음과 같이 썼다.

시애틀 시위의 중추 — 그 사건을 직접적 의미에서 노동계급과

---

* 미국의 대외정책 목적에 부합하는 군사 공작을 위한 특수 군사학교.

관련이 있게 만든 — 는 조직노동자들이었고, 그 세력은 2000년 대선에서 고어 부통령을 당선시키려고 그 쟁점에 관해 말을 얼버무리고 있었다. 반면에, SOA에 항의하는 시위는 분명히 국제사회주의자단체의 규모와 정치가 결정적 영향을 끼칠 수 있는 것이었고 실제로 그랬다.

이 필자는 시애틀 시위가 '반자본주의 전쟁'의 시작이었다는 생각을 다음과 같이 비판했다.

그런 견해는 시애틀 시위에 노동자들을 동원했던 바로 그 노동조합들이 왜 일상적으로 기업들의 억압적 계약에 맞서 싸우는 일을 거의 하지 않는지 설명할 수 없다. 만약 노동계급의 의식이 결정적으로 변화하는 것을 암시하는 [반자본주의] 전쟁이 시작됐다면, 임금 인상을 위해 철강 노동자들과 숙련 금속 노동자들이 더 전투적으로 싸우는 것을 우리는 왜 볼 수 없는가? 그런 전쟁의 산물이자 산파이며, 노동조합들로 하여금 그런 투쟁으로 나아가게 하는 현장 조합원 조직은 어디에 있는가?[54]

이런 주장들은 뿌리 깊은 종파적 사고방식을 보여 주는 증거다. 종파주의는 시위 지도자들의 정치에 따라 그 시위를 판단하고, 의식의 변화를 기계적으로 경제적 계급투쟁의 변화로 환원한다. 그러나 시애틀 시위를 놓친 것이 심각한 실수임에는 틀림없지만, 그렇다고 해서 치명적 실수였던 것은 아니다. 흔히 혁명가들이 객관적 상황 변화에 적응하는 데는 시간이 걸리기 마련이다. 훨씬 더 웅대한 규모의 운동이었지만 1905년 혁명에 볼셰비키당이 응답하기 위해 겪었던 어려움이 그런 사례다. 그런 경험을 기초로 레닌은 다음과 같이 썼다.

> 정당이 스스로 저지른 오류에 대해 어떤 태도를 취하는가 하는 것은 그 정당이 얼마나 진지하며 자신들이 기반을 두고 있는 **계급과 노동 대중**에 대한 의무를 **실천**에서 얼마나 잘 이행하는지를 판단하는 가장 중요하고 가장 확실한 방법 중 하나다. 오류를 솔직히 인정하는 것, 그 원인을 규명하는 것, 그 오류를 저지르게 된 조건을 분석하는 것, 오류를 교정할 방법을 끝까지 찾아내는 것. 바로 이것이 진지한 정당의 특징이다. 진지한 정당이라면 그런 식으로 의무를 이행해야 하고 자신들이 기반을 두고 있는 **계급과 노동 대중**을 교육하고 훈련시켜야 한다.[55]

국제사회주의자단체 지도부가 자기의 오류를 인정하고 조직 내에서 발전해 온 종파적 사고방식에 맞서 싸웠다면, 이후의 사태는 사뭇 달라졌을 것이다. 슬프게도, 그들은 이런 진로를 택하지 않았다. 시애틀 시위가 예고한 소란스러운 해[2000년]가 지나면서 그들은 가다 서다를 반복하는 듯했다. 가끔은 반자본주의 운동을 향해 나아갔지만, 항상 이 초기의 추진력을 수정하면서 종파주의의 은신처로 물러서곤 했다.

미국에서 일어난 두 가지 주요 사건이 국제사회주의자단체 지도부가 변화에 저항하는 것을 보여 줬다. 첫째는 2000년 4월 16일 워싱턴 DC에서 벌어진 IMF·세계은행 회담 반대 시위였다. 처음에 국제사회주의자단체 운영위원회는 4월 16일 시위에 대규모로 동원하려 했다. 그러나 2000년 1월 말 일리노이 주에서 사형 집행 연기 발표가 나자 재빨리 방향을 바꿔 사형제도폐지운동에 초점을 맞췄다.

> 국제사회주의자단체는 이 새로운 운동에 직면해서 사형제도폐지운동에 훨씬 더 우선권을 두는 쪽으로 전국적 초점을 이동시켜야 한다. 이 때문에 불가피하게 4월 16일 워싱턴 DC에서 열리는 IMF·세계은행 반대 시위를 조직하는 일은 다소 축소할 수밖에 없다. 그렇다고 이 일을 중단하자는 것이 아니라 — 버스와 밴을 준비하고 있는 큰 지방과 대학들은 계속 그렇게 해야 한다 — 특히 재원이 빈약한 작은 지부들은 사형제도폐지운동을 조직하는 일을 우선적으로 선택하자는 것이다.[56]

이런 결정에 자극받은 토니 클리프와 나는 국제사회주의자단체 운영위원회에 보내는 일련의 편지들을 써서 양측[국제사회주의자단체와 사회주의노동자당] 지도부의 차이를 공개하기 시작했다.[57] 우리가 개입한 것은 사형 문제의 중요성이나 사형제도 폐지 운동의 필요성을 거부하려는 게 전혀 아니었다. 우리가 우려했던 것은 미국에서 반자본주의 소수가 등장한 사건의 전략적 중요성을 국제사회주의자단체 지도부가 깨닫지 못했다는 것이다. 우리가 보기에, 사형제도폐지운동에 우선권을 부여하는 것은 국제사회주의자단체 지도부가 제어할 수 있는 단일 쟁점 운동을 종파적으로 선호하는 것을 반영하는 듯했다. 그들은 체제 자체에 대한 일반화된 저항으로 발전하고 있는 훨씬 더 다양한 운동에 투신하기를 두려워했다. 그 운동에서 국제사회주의자단체는 자신들의 정치와 조직이 올바르다는 것을 입증하기 위해 스스로 변모해야만 했다. 그들의 태도는 1960년대 반전운동에서 미국 사회주의노동자당이 취했던 태도와 놀랄 만큼 비슷했다.

결국 국제사회주의자단체 지도부는 4월 16일 시위에 회원들을 동원하기는 했다. 아마도 시애틀 시위를 놓친 뒤에 워싱턴 시위도 놓쳤다는 비난을 받지 않기 위해서 그랬을 것이다.[58] 그러나 그들은 그런 시위들이 새로운 반자본주의 소수의 등장을 나타낸다는 사실을 거부하고 오히려 "개혁주의적" 또는 "반기업적" 정서를 나타내는 것이라고 묘사했다. 클리프와 내가 썼듯이, 이런 식의 정식화는 기업의 세계화에 반대하는 운동들에서 "발전하는 의식의 유동성을 과소평가"하는 것이다. 그런 의식은 비록 일관된 혁명적 전망을 표현하는 것은 아닐지라도 단지 체제의 특정 측면들을 개혁하기만 하려는 노력을 훨씬 뛰어넘고 있다.[59]

국제사회주의자단체 지도부가 반자본주의 운동이라고 묘사하기를 거부한 것에 대한 그들의 견해는 아마도 다음 구절에 가장 잘 나타나 있을 것이다.

> 느슨하게 연결된 이 새로운 운동 안에는 반자본주의자를 자처하는 사람들이 있다. 주로 젊은 학생들이며 압도적으로 백인이 많고 대개는 중간계급인 이 소수의 급진화는 적극적으로 변해 가는 훨씬 더 광범한 사람들의 급진화와 똑같은 뿌리에서 발생한 것이다. 이 모든 사람들이 급진화하는 것은 미국과 전 세계에서 계급 관계가 양극화하는 것에 대한 반응이다. 우리는 반자본주의자를 자처하는 소수의 등장이 아주 흥미로운 상황 전개라고 생각하지만, 그것은 여러 가지 상황 전개 중 하나일 뿐이다. 반자본주의자들은 전개되고 있는 운동들의 단초도 아니고, 그런 운동들의 원인도 물론 아니다. …… 우리가 이렇게 구별한다고 해서 그런 급진화의 중요성을 "무시하는" 것은 결코 아니다. 그 반대로 우리의 관점은 어떻게 하면 정치적 분위기를 분명히 하고 다양한 운동들과 관계를 맺을 수 있을지에 집중돼 있다.[60]

이 주장은 차별화를 추구하는 국제사회주의자단체 지도부의 속내를 또다시 드러내고 있다. 그들이 반자본주의 활동가들을 백인, 중간계급, 학생이라며 은연중에 배격하는 것을 보면 1960년대 최악의 종파적 일탈 사례 몇 가지가 생각난다. 예컨대 제리 힐리 파와 피에르 랑베르 파 같은 정설 트로츠키주의자들이 학생운동과 반전운동의 "쁘띠부르주아적" 성격을 이유로 그 운동에 참여하지 않은 것 말이다. 이런 태도는 미국에서 전개되고 있는 급진화에 대한 잘못된 평가에서 분명하게 드러난다. 우리는 다음과 같이 썼다.

> 국제사회주의자단체 지도부는 반자본주의 운동이 많은 운동 중 하나일 뿐, 특별히 중요한 운동이라고 생각하지 않는다. 그 동지들은 체제의 이런저런 특정 측면들이 아니라 체제 전체를 표적으로 삼고 이를 일반화하기 시작한 소수의 등장이 전략적으로 중요하다고 생각하지 않는다. 그 동지들은 이런 소수와 체계적으로 관계를 맺음으로써 질적 도약을 이룰 수 있다. 즉, 사람들을 대거 조직함으로써 다른 조직들을 뛰어넘어 미국 극좌파 내에서 가장 유력한 경향으로 우뚝 설 수 있는 것이다.[61]

2000년에 국제사회주의자단체와 나머지 국제사회주의경향이 벌인 논쟁에서 미국 지도부는 1950년대의 유럽이 "느리게 돌아가는 1930년대 같다"는 클리프의 말에 함축된 분석을 문제 삼기도 했다. 1990년대 초반에 처음 등장한 이 분석은 1930년대의 대격변을 낳은 것과 동일한 요인들 — 경제·정치의 불안정, 계급 양극화, 우경화든 좌경화든 급격한 변화의 가능성 — 이 존재한다는 것을 부각하려는 것이었다. 그렇지만 우리는 매우 조심스럽게 1930년대와 1990년대의 차이도 강조했다. 가장 두드러진 차이는 1990년대의 경제 위기가 1930년대의 대공황보다 훨씬 덜 심각하다는 것(적어도 선진 자본주의 나라들에서)과 부르주아 민주주의가 1·2차 대전 사이 때보다 훨씬 더 확고하다는 것이다.[62]

국제사회주의자단체 지도부는 이런 단서들을 무시하고 우리가 경제 붕괴를 예언했다며 우리의 분석을 우스꽝스럽게 만들었다. 이런 왜곡이 극단에 이른 것은 조엘 가이어(2000년 5월 8일 국제사회주의경향 회합에서 국제사회주의자단체를 대표해 발언한)가 우리를 "자본주의 사상 최대의 수십 년 불황"에 세계가 직면해 있다고 믿는 사람들로 비난한 것이었다. 그런 터무니없는 비난은 국제사회주의자단체 지도부에게 일관된 대안적 분석이 전혀 없다는 사실을 은폐했다. 그들은 "느리게 돌아가는 1930년대"라는 분석에 대한 결정적 반증 사례로 1990년대 미국의 경제 호황을 들었다. 그러나 그들 스스로 미국 경제 호황의 취약한 뿌리와 모순된 성격을 강조했던 것을 보면 그들이 무슨 말을 하는지 정확히 가늠하기가 어려웠다. 그들은 "사회주의노동자당 중앙위원회가 1930년대와의 유사성을 강조하다 보니 마치 경제 위기가 언제나 갑작스런 투쟁의 폭발로 이어지게 마련인 양 말하게 됐다"고 주장했다.[63] 그러나 2000년 말에 미국 경제 호황이 끝나고 있다는 진정한 징조들이 처음으로 나타나자 국제사회주의자단체 지도부는 판자촌과 여타 형태의 궁핍화를 예언하면서 서둘러 파국적 전망으로 옮겨 갔다.[64]

이런 차이들을 시험대에 올려놓은 두 번째 사건은 네이더의 대선 운동이었다. 처음에 머뭇거렸던 국제사회주의자단체 지도부는 선거운동을 건설하는 쪽으로 급격하게 선회했다. 가이어는 지도적 국제사회주의자단체 회원으로서 가장 적극적으로 반자본주의 운동을 평가하는 글을 쓰면서, "새로운 좌파가 등장한 것과 기업에 반대하는 선거운동이 갑자기 분출한 것"을 적극 환영했다.[65] 아마도 국제사회주의자단체는 2000년 7월과 8월 미국 공화당과 민주당 전당대회장 밖에서 벌어진 대규모 항의 시위에 참가하면서 네이더가 현실 운동에 정치적 초점을 제공하고 있다는 사실을 깨달았을 것이다. 네이더 선거운동 때문에 미국의 좌파 내에서는 민주당, 특히 클린턴·고어 지도부의 민주당을 공화당보다 "더 작은 악"으로 볼 수 있는가 하는 논쟁이 더욱 치열하게 벌어졌다. 그해 가을 네이더가 미국 전역에서 행한 후보 유세의 규모와 열기를 보면 네이더 선거운동에 뛰어들기로 한 결정이 옳았다는 것을 알 수 있다.

그렇지만 국제사회주의자단체는 또다시 일보 전진 이보 후퇴를 되풀이했다. 차별화하려는 욕구가 네이더 선거운동에 참여한다는 초기의 결정을 압도한 것이다. 국제사회주의자단체 운영위원회는 다음과 같이 선언했다. "우리는 이런 위원회들 안에서 급진화하고 있으면서도 여러 쟁점에서 네이더를 비판하는 사람들에게 장기적인 정치적 대안을 제시하기 시작해야 할 것이다." 모든 국제사회주의자단체 지부나 지구는 선거운동이 절정에 달할 11월 7일 선거일 전에 "칼 마르크스의 혁명적 사상"이라는 주제로 공개 토론회를 열라는 지시를 받았다. 대상 청중은 "네이더 선거운동과 여타 활동 과정에서 우리와 접촉하게 된 사람들"이었다.[66] 뉴욕의 국제사회주의자단체 회원 두 명이 이런 태도에 숨어 있는 종파주의를 재빨리 지적했다. 그들은 "네이더를 비판하는 사람들은 구제불능의 종파주의자들이나 고어 지지자들밖에 없다!" 하고 주장했다.[67] "우리는 위원회들 내부에 그런[네이더를 비판하는] 사람들이 실제로 존재하는지, 그리고 왜 네이더를 가장 열렬히 지지하고 따라서 기업 권력에 대항하는 그의 전쟁을 선거 이후에도 지속하고자 하는 사람들을 대상 청중으로 삼는 것이 아니라 그런[네이더를 비판하는] 사람들을 대상으로 삼아야 하는지 질문해야 한다."[68]

국제사회주의자단체의 태도는 그들이 성장하고 급진화하는 운동의 동역학을 거의 모른다는 사실을 보여 줬다. 그런 운동에 참여하고 있는 사람들은 공동 활동으로 서로 묶여 있다. 그런 운동에서 혁명가들은 처음에 공동 활동에서 성과를 거둠으로써 자기들의 입지를 확보한다. 물론 정치 토론도 중요하지만, 그런 토론은 혁명가들이 인위적으로 도입한 추상적 주제들에서 시작되는 것이 아니라 활동 과정에서 유기적으로 발생할 가능성이 크다. 이와 대조적으로, 국제사회주의자단체는 네이더 선거운동을 공격 대상으로 보고 그 활동가들을 빼내 자기들의 활동과 토론 쪽으로 끌어와야 한다고 생각했다. 이 점은 샌프란시스코 지역에서 올라온 다음 보고서에 분명히 드러나 있다.

> 회원을 가입시키는 것에 관한 국제사회주의자단체 회보의 지침들을 진지하게 검토한 뒤에, 우리는 정치 토론에 도움이 되는 환경 속에서 되도록 많은 네이더 지지자들과 접촉할 수 있게 해 줄 활동을 골랐다. …… 심지어 사회주의 사상의 토론 공간을 확보할 수 있는 더 따분한 선거운동 분야들을 선택했다.
>
> 선거가 막바지로 치달으면서 그렇게 하기는 더 어려워졌다. 후보 유세가 엄청난 성공을 거두자 훨씬 더 많은 사람들이 선거운동으로 몰려들었다. 이것은 대화 상대나 조직 대상이 더욱 늘어남과 동시에 "선거운동을 만족스럽게 만들어 줄" 사람들도 늘어난다는 것을 뜻했다. "돈이 되지 않거나 눈에 띄지 않거나 표가 되지 않는" 것은 죄다 비판받았다. 사무실에서는 사람들에게 전화 통화를 하라거나 거리로 나가라고 했기 때문에 토론이 불가능했다. 이 때문에 한동안 사무실 주변에서 사람들을 조직하기가

더욱 어려웠다. 그러나 후보 유세에서 우리의 두드러진 활약상과 일관된 활동 덕분에 우리 동지들은 선거운동과 완전히 동일시됐고 그래서 우리는 주변으로 밀려나지 않았다. ……

그 와중에도 우리는 네이더 선거 사무실에서 몇 구역 떨어진 곳에서 열린 "칼 마르크스의 혁명적 사상" 토론회에 네 명을 데려올 수 있었다. 직접 선거운동을 하지 않은 동지들의 노고 덕분에 토론회는 잘 조직됐고 참석한 사람도 많았다. 사람들은 "수동적 청중"처럼 느끼기는커녕, 빌랄 티[국제사회주의자단체] 회원 이름가 말했듯이 많은 영감을 얻었다. 어떤 여성은 크게 고무된 나머지 연사의 발표 도중에 [국제사회주의자단체] 회원에게 가입 방법을 물어볼 정도였다. 다음 모임에 오고 싶어 하는 사람들이 너무 많아서 우리는 네이더 선거 사무실 문을 닫지 않기 위해서는 몇 명이 남아 있어야 한다고 말해야 했다. 이것은 선거 나흘 전에 일어난 일로, 당시는 "돈이 되거나 눈에 띄거나 표가 돼야 한다"는 압력이 절정에 달한 때였다.[69]

이 보고서는 근본적으로 잘못된 방식 안에서 가장 좋은 의도를 갖고 행한 훌륭한 활동에 대해 알게 해 준다. 1980년대나 심지어 1990년대 초였다면 살아남기 위해 애쓰는 소규모 혁명 조직이 마르크스주의 집회에 네 명을 끌어들인 것은 대단한 성과였을 것이다. 그러나 네이더 선거운동을 건설하는 동안(특히 선거운동이 절정에 달했을 때) 국제사회주의자단체 회원 가입에 우선권을 두는 것은 혁명적 마르크스주의자들의 언행과 관계없이 자체의 급진화 동력을 발전시키고 있는 운동에 대한 근본적으로 종파적인 태도를 반영하는 것이었다. 따라서 대통령 선거가 끝나자마자 국제사회주의자단체가 네이더 위원회들을 뜨거운 감자 취급했던 것도 별로 놀랄 만한 일은 아니었다. 오히려 그들은 조지 W 부시의 선거 부정에 항의하는 자유주의적 민주당원들과 관계 맺는 것을 선호했다. 어느 뉴욕 국제사회주의자단체 회원의 말(그의 지구 조직자가 동의하면서 인용한 말)에서 분명하게 드러나듯이, 이런 전환은 네이더 지지자들이 중간계급에 속한다는 이유로 정당화됐다.

고어에게 표를 던진 '꿈을 되찾자' 운동가, 전투적인 직장위원, 다른 기층 조직자 수천 명보다 네이더에게 투표한 사람들이 모두 노동계급 혁명가들에 더 가깝다는 말인가? 그것은 마치 네이더 선거운동을 성숙한 사회민주당과 똑같다고 보는 것이다. 우리가 관심을 쏟아야 하는 대상 말이다. 그러나 네이더 선거운동은 개혁주의 대중정당들이 당연시하는, 노동계급 속에 뿌리 내리기를 이제 막 시작했을 뿐이다. 네이더 선거운동을 한 사람들과 꼭 마찬가지로, 고어를 지지하는 사람들 중에도 진보적인 — 잠재적으로 더 강력한 — 수많은 흑인과 노동계급이 존재한다는 우리의 견해 때문에 우리는 이미 존재하는 이 뿌리를 더 깊이 내리는 일의 한 커다란 부분이었다. 따라서 네이더 지지자들이 우리와 훨씬 더 가깝다는 사고방식은 대부분의 사람들과 우리를 단절시켰을 뿐 아니라, 네이더 선거운동 안에서도 우리를 무장해제시켰다. 거기서 핵심 문제는 어떻게 그 운동을 노동계급 속으로 확장할 것인가 하는 점이다.[70]

이 구절은 국제사회주의자단체 회원들이 배운 모종의 종파적 논리를 잘 보여 준다. 즉, 반자본주의 소수는 혁명적 사회주의자들이 아니라 분명히 개혁주의자들이며 중간계급이므로(국제사회주의자단체가 네이더 선거운동에 끌어들인 노동자들은 제외하고), 고어에게 투표한 흑인이나 노동계급 개혁주의자들보다 정치적으로 흥미롭지 않다는 것이다. 그 계급적 기원이 어떠하든 간에 체제 전체에 반대해 일반화하기 시작하는 소수가 등장했다는 차이점은 완전히 무시되고 있다. 국제사회주의자단체는 점차 자신의 종파적 프리즘을 통해 세계를 봤다. 2000년 12월 국제사회주의자단체 총회 특별 연설에서 전국 조직자 샤론 스미스는 국제사회주의자단체가 이 소수에 조직적으로 초점을 맞춤으로써 나머지 좌파를 "뛰어넘을" 수 있다는 생각을 비판하면서, 침체기에 형성된 당 건설 방식이 객관적 조건의 변화와 관계없이 필수적이라고 주장했다. 그녀는 "지금도 그렇지만 앞으로도 언제나 지부들이 조

직의 규모를 측정하는 기준일 것이다" 하고 말했다.[71]

여기서 스미스는 트로츠키가 경고했던 바로 그 실수를 저지르고 있다. 즉, [당을] 건설하는 특정한 방식을 원칙상의 문제로 격상시키고 있는 것이다. 사회주의노동자당과 그 자매 조직들(국제사회주의자단체를 포함해)은 1980년대에 지리적으로 편제된 대형 지부에 근거한 일상 활동을 발전시켰다. 이런 지부는 주로 일반적인 정치 토론을 위해 매주 모였다. 이것은 계급투쟁 수준이 낮은 상황에서는 적합한 것이었고, 적대적 정치 환경에서 살아남기 위해서는 마르크스주의 전통에 대한 회원 개인들의 인식을 발전시키는 데 집중하는 것이 필수적이었다. 그렇지만 1990년대에는 이런 구조가 당을 건설하는 데 장애물이 되기 시작했다. 1990년대에는 더디지만 대체로 투쟁이 되살아나고 훨씬 더 급격한 정치적 급진화가 진행되면서, 노동계급 지역사회에 뿌리 내리기 시작할 수 있는 더 소규모의 활동가 지부들이 필요했기 때문이다. 국제사회주의자단체가 가령 영국 사회주의노동자당과 그리스 사회주의노동자당SEK이 이렇게 전환한 사례를 따르지 못한 것은 국제사회주의자단체가 점차 종파적 궤도를 밟은 것을 설명하는 데 도움이 될 것이다. 종파적 조직의 존재가 마르크스주의적 정치의식을 압도하기 시작했다.

어쨌든 2000년 12월의 국제사회주의자단체 총회는 종파적 타락 과정에서 더한층 질적 도약을 이룬 계기였다. 거의 히스테리 분위기에서, 국제사회주의경향의 다른 조직들이 공유한 반자본주의 정서에 대한 분석을 옹호했던 국제사회주의자단체 내 소수파는 욕설과 공갈, 협박에 시달렸다. 총회가 끝난 뒤에 국제사회주의자단체 운영위원회는 소수파 징계안을 제출했고 2001년 1월에 소수파 여섯 명을 축출했다. 이것은 이례적 조처였다. 왜냐하면 국제사회주의자단체 지도부는 그동안 늘 자기들과 사회주의노동자당 사이에 "어떠한 원칙의 차이도 없으며" 그들과 나머지 국제사회주의경향 사이의 견해 차이는 "부차적 차이"라며 반발했기 때문이다.[72] 그렇지만 국제사회주의자단체 내부의 논쟁을 억압한 이면에는 특정한 종파적 논리가 있었다. 국제사회주의자단체 지도부는 외부 세계의 변화를 무시하기로 결정했던 것이다. 그래서 조직 내에서 지도부가 틀렸다는 달갑지 않은 소식을 전하는 사람은 누구나 침묵하게 만들려 했다.

똑같은 논리 때문에 국제사회주의자단체는 나머지 국제사회주의경향과 충돌하게 됐다. 2001년 2월에 그리스 사회주의노동자당에서 소수파가 떨어져 나왔다. 그리스 사회주의노동자당은 노조의 상당한 지지를 받아 2000년 9월 26일 프라하 시위에 꽤 많은 사람들을 보내는 과정에서 매우 성공적인 역할을 했는데, 보수적 소수파가 이런 사회주의노동자당의 역할에 반대한 것이 분열의 발단이었다. 국제사회주의자단체 지도부는 프라하 시위를 대체로 부정적으로 평가하면서도 그리스 사회주의노동자당을 "잘 조직된 파견단을 보낸 특히 인상적인" 조직으로 묘사했다.[73] 그렇지만 그리스 사회주의노동자당 소수파의 지도자들은 프라하에서 국제사회주의자단체의 지도자 아메드 쇼키와 처음으로 접촉했으며 그가 자기들이 문건을 준비하는 것을 도와줬다고 주장했다. 그들은 그리스 사회주의노동자당 중앙위원회에 최후통첩을 보냈다. 즉, 더는 반자본주의 정서에 대한 분석을 제출하지 않을 것이며 소수파 대표들을 지도부에서 철수시키겠다면서 이를 받아들이지 않으면 당의 규율을 지키지 않을 것이라고 선언한 것이다. 그리스 사회주의노동자당 당대회 전에 벌어진 토론에서 소수파의 매우 파괴적인 행동이 반발을 부르자 그들은 문제의 정치적 쟁점들에 대한 논쟁을 거부하면서 당대회 2주 전에 죄다 사퇴했다.

소수파가 떨어져 나가 세운 조직인 국제노동자좌파DEA의 창립총회가 아테네에서 열렸는데 거기에서 쇼키가 연설함으로써 이 분열 과정에서 국제사회주의자단체가 했던 구실이 드러났다. 이에 대한 그리스 사회주의노동자당과 영국 사회주의노동자당 지도부의 대응은 국제사회주의자단체와 절연하는 것이었고 다른 국제사회주의경향 조직들에게도 그렇게 해 달라고 요청했다. 국제사회주의자단체는 종파주의 ─ 주변에서 발전하는 활발한 운동으로부터 자기 자신을 고립시킨 ─ 때문에 이제는 국제사회주의경향을 파괴하려 했다. 그들은 한때 국제사회주의경향 각국 조직 중에서 가장 자랑스런 지부였는데도 말이다.[74]

결론

국제사회주의자단체의 종파적 타락은 분명히 비극이다. 트로츠키는 그런 위험을 다음과 같이 묘사했다. "앞선 시기에 당의 지도적 기관들에서 관성적 요소들이 너무 많이 축적되면, 수십 년 동안 준비해 온 결정적인 최고의 순간에 당은 그 지도력을 제대로 발휘할 수 없다는 것이 드러날 것이다." 국제사회주의자단체의 경우, 1970년대 중반이나 심지어 그보다 더 일찍부터 활동했던 진지한 혁명가들이 그 뒤에 너무 경직되다 보니 그들과 나머지 [연하의] 혁명가들은 그토록 오랫동안 기다렸던 좌파의 부활과 관계를 맺을 수 없게 됐다.

이 슬픈 사건을 보면 일반적 교훈 두 가지를 얻을 수 있다. 첫째는 국제적인 혁명적 경향 내에서 견해 차이를 어떻게 처리하는가 하는 것이다. 영국 사회주의노동자당과 그 자매 조직들은 항상 트로츠키와 그 추종자들의 실수를 되풀이하는 것에 단호하게 반대해 왔다. 볼셰비키가 코민테른을 세계 노동운동 내의 주요 구심점으로 만들 수 있게 해 준 노동계급 대중 급진화에 버금가는 급진화가 전개되기도 전에, 트로츠키와 그 추종자들은 지도부와 규율을 가진 인터내셔널을 출범시켰다. [이와 달리] 우리는 국제사회주의경향을 공통의 정치 전통으로 뭉친 자율적 조직들로 이뤄진 국제적인 혁명적 경향으로 여긴다.

국제사회주의자단체 지도부는 지금 벌어지고 있는 논쟁에서 사회주의노동자당이 취한 행동은 이런 태도와의 단절이라고 묘사하려 했다. 그들은 레닌이 이끌던 제3인터내셔널이나 트로츠키가 이끌던 제4인터내셔널과 [국제사회주의경향을] 비현실적으로 비교하면서 사회주의노동자당이 점차 "가장 사소한 비판조차도 받아들이려 하지 않는 직반장(작업장 주임)처럼 행동하고 있다"고 주장한다.[75] 이것은 실제 상황을 왜곡한 것이다. 국제사회주의경향이 발전한 것은 주로 그 주요 조직들 간의 첨예한 정치적 논쟁 덕분이었다. 1987~1988년에 사회주의노동자당과 OSE(그리스 사회주의노동자당의 전신) 지도부는 제1차 걸프전 막바지 단계에서 미국이 이란에 대항해 이라크를 편들면서 개입한 것에 대해 혁명가들이 어떤 태도를 취해야 하는지를 둘러싸고 격렬하게 논쟁했다. 이 논쟁은 국제사회주의경향이 1991년의 제2차 걸프전이 제기한 훨씬 더 커다란 도전에 효과적으로 대응하기 위해 준비하는 과정에서 필수적 구실을 했다. 그 뒤 1993~1994년에 사회주의노동자당과 OSE는 우리의 독일 자매 조직이 위기를 극복하도록 돕는 데 필요한 조처들을 둘러싸고 또다시 격렬하게 논쟁했다(당시 독일 조직은 동서독 통일 이후 발전한 사회·정치 위기에 효과적으로 대응하지 못했기 때문에 위기에 빠져 있었다). 그래서 방향을 전환한 결과 국제사회주의경향 내에서 가장 강력한 조직 중 하나인 링크스룩('좌회전'이라는 뜻이 등장했다.

두 경우 모두에서 격렬한 정치적 논쟁은 효과적 행동을 좌우하는 명확한 인식에 도달하기 위해서 반드시 필요한 것이었다. 두 논쟁 모두 정치적 기초 위에서 진행됐기 때문에 그리스 사회주의노동자당과 사회주의노동자당 지도부의 긴밀한 협력 관계는 조금도 손상되지 않았으며 그 관계는 지금까지도 지속되고 있다. 반자본주의 운동의 등장은 훨씬 더 커다란 상황 변화를 나타내며, 그렇게 변화한 상황에서 혁명가들의 과제를 분명히 하기 위해서는 논쟁이 필요하다. 이런 논쟁을 추진하기로 한 사회주의노동자당 지도부의 결정에 불평을 늘어놓은 국제사회주의자단체 운영위원회는 동일한 국제 경향 내에 있는 상이한 조직들 간의 관계를 서로 비판하지 않기로 합의한 지도부들의 상호 덕담 클럽쯤으로 여기는 듯했다. 이런 모델을 거부한다고 해서 우리는 사회주의노동자당이 자기의 의지를 다른 국제사회주의경향 조직들에 강요할 권리가 있다고 주장하지 않는다. 각국의 조직들은 자율적이며 따라서 스스로 정치적 결정을 내려야 한다. 그렇다고 해서 국내적으로든 국제적으로든 혁명 운동의 발전 과정에서 정치적 논쟁이 가장 중요하다는 점이 달라지는 것은 아니다.

어쨌든 국제사회주의자단체와 국제사회주의경향 사이의 논쟁은 정치적 전망을 둘러싼 견해 차이 이상이었다. 그것은 국제사회주의자단체가 타락하는 징후였으며 종파로 전락하는 징후였다. 국제사회주의자단체와 계속 공존했다면 국제사회주의경향은 1970년대의 제4인터내셔널 통합서기국처럼 조직적 위선의 나락에 빠졌을 것이다. 당시 제4인터내셔널 통합서기국의 두 분파 ― (유럽에 기반을 둔) 국제 다수파 경향과 (얄궂게도 미국 사회주의노동자당이 지배한) 레닌-트로츠키주의 분파 ― 는 겉으로는 단결했지만 실제로는 제4인터내셔널의 모든 나라 지부에서 전쟁을 벌이고 있었다. 그런 상황은 국제사회주의경향을 파괴했을 것이다. 이미 일어난 분열보다 훨씬 더 심각한 분열을 낳거나 국제적 정치 토론과 협력을 위한 효과적 정치 포럼이 더는 아니게 될 때까지 국제사회주의경향을 내향화·파편화함으로써 그렇게 했을 것이다.

둘째, 국제사회주의자단체의 비운은 이번에 종파주의의 함정을 피한 다른 조직들의 자기만족의 근거가 될 수 없다. 내가 보여 주려 했듯이, 종파주의로 후퇴하려는 유혹은 혁명적 조직이 항상 부딪히는 문제다. 특히 레닌이 "역사의 갑작스런 전환"이라고 일컬은 상황에서는 더욱 그렇다. 심지어 국제사회주의자단체의 근본적 오류를 피하고 반자본주의 운동을 포착해 관계 맺으려 한 대다수 국제사회주의경향 조직들도 그렇게 하는 과정에서 엄청난 도전에 직면할 것이다. 국제사회주의자단체가 종파로 전락한 것은 모든 혁명적 조직들에 존재하는 경향의 극단적 경우다. 우리는 이런 경향을 극복하기 위해 온 힘을 다해 싸워야 하고 우리를 뛰어넘어 발전하고 있는 운동의 효과적 일부가 되기 위해 스스로 변모해야 할 것이다.

그렇지만 이 과정은 시작됐다. 국제사회주의경향이 서로 협력해 프라하 시위와 니스 시위에 조직적으로 참가한 것은 전 유럽의 좌파들에 영향을 끼쳤다. 덴마크·노르웨이·핀란드에 있는 우리의 스칸디나비아 반도 자매 조직들(핀란드 조직은 최근에 창립했다)은 금융거래과세시민연합의 새 지부를 설립하는 데 적극적으로 참여했고 예테보리 유럽연합 정상회담 반대 시위에도 적극 참여했다. 제노바는 국제사회주의경향이 유럽 전역에서 또 한 번 조직적으로 참가하는 계기가 될 것이다.

이런 활동들이 중요한 것은 그런 활동을 통해 국제사회주의경향 각국 조직의 규모와 영향력이 성장할 수 있기 때문만은 아니다. 좌파의 국제적 재편이 진행 중이라는 사실이 분명해지고 있다. 우리가 봤듯이, 반자본주의 운동의 등장에 대한 극좌파의 응답은 기존의 이론적·조직적 충성을 뛰어넘었다. 영국의 사회주의자동맹이 지금까지 서로 격렬하게 언쟁해 온 여러 트로츠키주의 경향에 속한 혁명가들과 전통적 노동당 배경을 가진 좌파 개혁주의자들을 매우 효과적인 공동 활동 과정 속에서 결속한 방식은 현재 진행 중인 재편의 한 단면을 보여 주는 것이다. 이것은 반자본주의 운동 자체의 특징인 더 커다란 유동성의 일부다. 낡은 편견을 버리고 변화하고 배우려는 사람들에게는 새 세대를 혁명적 마르크스주의 쪽으로 끌어당길 수 있는 기회가 있다.

주

1 D Montgomery, 'For Many Protestors, Bush Isn't the Main Issue', *Washington Post*, 20 January 2001.
2 IS Canada, 'Assessment of the anti-FTAA mobilization, Quebec City, April 20 and 21'.
3 C Aguiton,, 'Les mobilisation de Quebec des 20 et 21 avril 2001 a l'occasion du sommet des Ameriques'.
4 S George, 'Que faire à présent?', 2001년 1월 15일 포르투알레그레 세계사회포럼을 위한 글.
5 *Financial Times*, 27 February 2001.
6 E Said, Palestinians under Siege, *London Review of Books*, 14 December 2000, p 10.
7 J Wolfreys, Class Struggles in France, *International Socialism* 2.84(1999) 참조.
8 *Guardian*, 7 November 2000.
9 T Harrison, 'Election 2000 : Infamy and Hope', *New Politics*, VIII:2(2001), p 9.
10 H Hawkins, 'The Nader Campaign and the Future of the Greens', 같은 잡지, p 19.
11 F Fukuyama, *The End of History and the Last Man*(New York, 1992)[국역 : ≪역사의 종말≫, 한마음사, 1997]과 P Anderson, 'The Ends of History', in id, *A Zone of Engagement*(London, 1992). 이 논쟁에 관한 다른 논평은 A Callinicos, *Theories and Narratives*(Cambridge, 1995), ch.1을 보시오[국역 : ≪이론과 서사≫, 일신사, 2000].
12 P Anderson, 'Renewals', *New Left Review*, (II) 1 (2000), p 17.
13 특히 B Kagarlitsky, 'The Suicide of New Left Review'와 G Achcar, 'The "Historical Pessimism" of Perry Anderson', *International Socialism* 2.88(2000) 참조.
14 이 후자의 경향의 사례로는 월든 벨로의 다음 제안을 보라. "공화당원들이 잇따라 IMF와 세계은행을 비판하는 동기는 자유 시장이 발전과 성장 문제를 해결할 수 있다는 [IMF와 세계은행의] 믿음이다. 이것은 IMF와 세계은행을 미국 패권의 도구로 보는 진보주의자들과 일치하지 않을지 모른다. 그러나 양 진영은 다음과

같은 점에서 하나의 의제로 단결할 수 있다. 즉, 브레튼우즈 쌍둥이 체제[IMF와 세계은행]를 해체하지는 않더라도 그 규모를 대폭 축소해야 한다는 것이다." 'Is Bush Bad News for the World Bank', *Focus on the Global South*, www.focusweb.org, January 2001. 반자본주의 운동에 대한 비판적 탐구로는 C Harman, 'Anti-Capitalism: Theory and Practice', *International Socialism* 88 (2000) 참조[국역 : "반자본주의 : 이론과 실천", ≪저항의 세계화≫, 북막스, 2002].

15 시애틀 시위 직전에 벌어진 이 논쟁에 대한 흥미로운 분석은 P Bond, 'Their Reforms and Ours', in W. Bello et al., eds., *Global Finance*(London, 2000).

16 George, Que faire à présent?'

17 *The Lugano Report on Preserving Capitalism in the Twenty-First Century* (London, 1999), pp 82~83. 또한 수전 조지의 부록과 후기[국역 : ≪루가노 리포트 : 21세기 자본주의의 유지 방안≫, 당대, 2006].

18 Callinicos, *Theories and Narratives*, ch 4와 S Smith, 'Mistaken Identity', *International Socialism* 2.62(1994) 참조.

19 *Business Week*, 6 November 2000.

20 *Financial Times*, 30 January 2001.

21 *Financial Times*, 29 January 2001.

22 J Lloyd, '금융거래과세시민연합k on Planet Davos', *Financial Times*, 24 February 2001.

23 P Bourdieu and L Wacquant, 'La Nouvelle vulgate planétaire', *Le Monde diplomatique*, online edition(http://www.monde-diplomatique.fr), May 2000, p 4.

24 B Kagarlitsky, 'Prague 2000: The People's Battle', http://www.greenleft.org.au 에서 찾아볼 수 있다.

25 P Bourdieu, 'Pour un savoir engagé', in Contre-feux 2: Pour un movement social européen(Paris, 2001), p 41.

26 G. Monbiot, Dissent is in the Air: Take to the Streets, *Guardian*, 7 February 2001.

27 비록 잔존 공산당들은 일반적으로 반자본주의 운동을 폄하해 왔지만(유럽에서 가장 큰 공산당은 프랑스 공산당과 그리스 공산당과 이탈리아 재건공산당인데, 이들은 프라하 시위에 불참한 것으로 유명하다), 더 작은 스탈린주의 조직들(예

컨대, 미국에 있는 국제행동센터)의 대응은 훨씬 나았다.
28 이에 대해 더 자세히 알고 싶으면 J Rees, 'Anti-capitalism, Reformism and Socialism', *International Socialism* 2.90(2001) 참조[국역 : "반자본주의, 개혁주의, 사회주의", ≪저항의 세계화≫, 북막스, 2002].
29 Trotsky, 'The Lessons of October', in id, *The Challenge of the Left Opposition*(1923~1925)(New York, 1975), p 205[국역 : "10월의 교훈", ≪역사의 대안 — 트로츠키주의≫, 풀무질, 2003].
30 T Cliff, *Lenin*, I(London, 1975), chs 8, 16[국역 : ≪당 건설을 향하여≫, 북막스, 2004](인용은 영어 원서 p 171).
31 같은 책, p 263. 더 일반적으로 보려면 같은 책 ch 14 참조.
32 Letter to Bolte, 23 November 1871, in Marx and Engels, *Selected Correspondence*(Moscow, 1965), p 269.
33 Letter to J B Schweitzer, 13 October 1868, 위의 책, pp 213, 214.
34 같은 책, pp 214~215. 라살과 그의 추종자들과 마르크스의 관계에 대한 배경 지식을 위해서는 H Draper, *Karl Marx's Theory of Revolution*, IV(New York, 1990), ch 3 참조.
35 T. Wolforth, *The Prophet's Children*(Atlantic Highlands NJ, 1994), p 86.
36 같은 책, p 91.
37 M. Isserman, *If I Had a Hammer* ……(New York, 1987).
38 같은 책, p 202.
39 T Wells, *The War Within*(New York, 1996), p 18에서 재인용.
40 Wolforth, *Prophet's Children*, p 156. '진보적 노동자' 조직은 1960년대 초 공산당에서 떨어져 나온 좌파로서 마오쩌둥주의 쪽으로 이동했고, 급속히 성장해서 민주 사회를 위한 학생 연합 내에서 강력한 지지를 받았다. 미국 사회주의노동자당의 이후 쇠퇴에 관한 이야기는 A Callinicos, Their Trotskyism and Ours, *International Socialism* 2.22(1984) 참조.
41 이러한 순환 과정은 톰 웰스의 방대하고 훌륭한 반자본주의 연구에 매우 잘 나타나 있다(비록 혁명적 좌파에 대해 매우 적대적인 관점에서 쓴 것이긴 하지만). *The War Within* 참조.
42 T Cliff, *Trotskyism After Trotsky*(London, 1999)와 A Callinicos, *Trotskyism* (Milton Keynes, 1990) 참조[국역 : ≪트로츠키주의의 역사≫,백의, 1994].

43 F Rouleau, 'L'Ennemi, est-ce la 'mondialisation' ou le capitalisme?', *Lutte Ouvrière*, 3 December 1999.
44 'Un curieux front common pour entraver la recherche scientifique', *Lutte Ouvrière*, 16 February 2001.
45 F Chesnais, C Serfati and C -A Udry, 'L'Avenir du "movement anti-mondialiste"', p 6. 비슷한 주장은 B Kagarlistky, *The Twilight of Globalization* (London, 2000), chs 1, 2 참조.
46 국제사회주의자단체는 미국 국제사회주의자들(IS) 내부의 분열에서 탄생했다. 미국 국제사회주의자들은 샤흐트먼의 우경화에 반발한 그의 추종자들이 만든 조직이다. 미국 트로츠키주의의 지도자 중 한 명이었던 막스 샤흐트먼은 1940년에 제4인터내셔널과 결별했다. 그는 옛 소련을 "관료적 집산주의"라는 새로운 형태의 계급 사회로 보는 이론의 주요 옹호자 중 한 명이었다. 그는 점차 우경화하더니 결국 1961년에 미국이 쿠바의 피그 만을 공격한 것을 지지했고 베트남 전쟁도 지지했다. 이에 대해서는 P Drucker, *Max Shachtman and His Left*(Atlantic Highlands, NJ, 1994) 참조. 그러나 1970년대 중반에 미국 국제사회주의자들 지도부는 자기 나름의 대리주의 정치를 발전시켰는데, 특히 당시 미국 극좌파들에게 공통이었던 '공장노동자화' 정책을 추구하는 데서 그랬다. 이 일확천금식 전술의 목표는 학생 출신들을 공장에 들여보내서 노동계급 내에 조직을 건설하는 것이었다. 그러나 경험이 보여 준 바에 따르면, 공장노동자화 한 학생 출신들이 공장에서 살아남으면 오히려 조직 내에서 더욱 보수적인 사람이 되는 경향이 있었다. 그들은 협소한 노동조합 쟁점들에 초점을 맞춤으로써 진정으로 '프롤레타리아적'인 성격을 입증하려 했던 것이다. 공장노동자화는 대리주의적 방식으로서, 노동자들과 직접 관련을 맺으며 그들을 정치적으로 설득할 필요성을 무시하려 한다. 이렇게 매우 잘못된 정책에 저항하면서 영국 사회주의노동자당의 지지를 받은 미국 국제사회주의자들 회원 일부가 조직에서 쫓겨나 국제사회주의자단체를 결성했다. 역설적이게도, 공장노동자화 전략의 주도자였던 조엘 가이어도 '공장노동자화한' 국제사회주의자들의 보수주의 때문에 조직에서 쫓겨나 국제사회주의자단체에 들어왔다. 가이어는 국제사회주의자단체의 현 지도부를 가장 열성적으로 지지하는 사람들 중 하나다.
47 1960년대 말과 1970년대 초의 세계적 고양기에 대한 분석은 C Harman, *The Fire Last Time*(rev edn, London, 1998) 참조[국역 : ≪세계를 뒤흔든 1968≫,

책갈피, 2004].
48 Letter from ISO Steering Committee to SWP Central Committee, 7 May 1999, *SWP Internal Bulletin*, Spring 2000, pp. 3, 4.
49 SWP Central Committee to ISO Steering Committee, 2 July 1999, 같은 책, p 7.
50 서유럽의 이런 과정을 개관한 글은 A Callinicos, 'Reformism and Class Polarisation in Europe', *International Socialism* 2.85(1999) 참조.
51 'Reply from ISO Steering Committee to SWP', 20 March 2000, *SWP Internal Bulletin*, Spring 2000, p 31. 그러나 샌프란시스코 지역 국제사회주의자단체 조직자는 나중에 이런 견해를 철회했다. Todd C, 'Did the ISO 'Miss Seattle'? Of Course Not', *ISO Pre-Convention Discussion Bulletin*, no 2, 27 November 2000 참조.
52 J Charlton, 'Talking Seattle', *International Socialism* 2.86(2000) 참조.
53 ISO Steering Committee, 'State of the ISO', *National Committee Meeting Documents*, 2-3 September 2000.
54 'Communication from Pranav J, Providence ISO, to ISO Steering Committee', *ISO Internal Discussion Bulletin*, 20 March 2000, p 20.
55 V I Lenin, *Collected Works*, XXXI(Moscow, 1966), p 57.
56 *ISO Notes*, 11 February 2000.
57 특히 'Letter from Alex Callinicos and Tony Cliff to ISO Steering Committee', 29 March 2000, *SWP Internal Bulletin*, Spring 2000. 이 편지는 4월 9일 토니 클리프 사망 직전에 쓴 것이다.
58 그렇지만 국제사회주의자단체 지도부는 4월 16일 시위를 자세히 평가하는 글에서 시위의 약점을 집중적으로 비판했다. 즉, 그 집회는 조직노동자들과 흑인들이 불참했으며 노조 지도자들이 팻 뷰캐넌(Pat Buchanan) 같은 우익 데마고그와 함께 개최한 보호무역주의 집회였다는 것이다. *ISO Notes*, 4 May 2000.
59 'Letter from Alex Callinicos and Tony Cliff to ISO Steering Committee', 29 March 2000, p 43.
60 ISO Steering Committee, 'Reply to the International Report', 9 November 2000, *SWP International Bulletin*, January 2001, p 8.
61 SWP Central Committee, 'comments on the ISO Reply to the International Report', p 13.

62 A Callinicos, 'Crisis and Class Struggle in Europe today', *International Socialism* 2.63(1994), and 'Reformism and Class Polarisation in Europe', 앞의 책.
63 ISO Steering Committee, 'Reply to the International Report', p 10.
64 M Bowler and A Callinicos, 'Report on the ISO Convention, 1st-3rd December in Chicago', *SWP International Bulletin*, January 2001. 그 토론을 C Harman, 'Beyond the Boom', *International Socialism* 2.90(2001)과 비교해 보라.
65 J Geier, 'Nader 2000: Challenging the Parties of Corporate America', *International Socialist Review*, August-September 2000, p17.
66 *ISO Notes*, 13 October 2000.
67 Brian C, 'Grasping the Anti-Capitalist Mood', *ISO Pre-Convention Discussion Bulletin*, no 1, 15 November 2000, p 18.
68 Bilal E, 'Seattie was a fork in the road', 같은 책, p 21.
69 Brian B, 'Assessing San Francisco Nader Work', *ISO Pre-Convention Discussion Bulletin*, no 2, 27 November 2000, p 14.
70 Danny K, Meredith K, 'Combating the Magic Bullet Theory', *SWP International Discussion Bulletin*, January 2001, p 39.
71 M Bowler and A Callinicos, 'Report on the ISO Convention', 앞의 책, p 57.
72 ISO Steering Committee, 'Reply to the International Report', p 12.
73 *ISO Notes*, 4 October 2000.
74 국제사회주의자단체는 국제사회주의경향과 결별한 뒤에도 여전히 반자본주의 운동에 대해 잘못된 태도를 취했다. 2001년 4월 20~21일 캐나다 퀘벡 시에서 열린 미주자유무역지대 정상회담 반대 시위에 참가한 국제사회주의자단체 회원들과 지지자들은 기껏해야 60명뿐이었다. 그들은 노조가 주도하는 본 대오에서 떨어져 나온 수천 명과 합류하지 않고, 정상회담을 보호하는 방어막인 "수치의 벽" 앞에 있던 시위대 수천 명과 합류했다.
75 ISO Steering Committee, 'Reply to the International Report', p 13.

02 재편과 혁명적 좌파

'Regroupment, realignment and the revolutionary left',
International Socialist Tendency Discussion Bulletin 1 (July 2002).
http://www.istendency.net/pdf/Regroupment.pdf

재편과 혁명적 좌파

프랑스에서 "급진 좌파" 또는 "좌파의 좌파"라고 부르는 것 — 사회민주주의보다 더 왼쪽에 있으며 스탈린주의를 극복하고 살아남은 좌파 세력 — 은 분명히 혁신과 재편이라는 중요한 과정을 겪고 있다. 시애틀 시위 이래로 유럽과 북아메리카를 휩쓴 대중 동원, 세계 자본주의에 반대하는 전 세계적 운동의 발전, 이탈리아 재건공산당PRC(리폰다치오네 코무니스타)의 좌경화, 2002년 4월 21일 프랑스 대선 1차 투표에서 혁명적 후보들이 거둔 놀라운 성과, 영국 총선에서 극좌파가 단결해서 신노동당에 도전한 것, 이 모든 것은 중요한 정치적 격변의 징조들이다.

두 가지 정치적 지진

이 과정은 지난 15년 사이에 좌파를 강타한 정치적 지진 두 건의 맥락 속에서 봐야 한다. 첫째는 1989년 중동부 유럽의 혁명들과 스탈린주의 정권들의 붕괴다. 그것은 1991년 소련 공산당의 몰락과 소련 자체의 해체에서 절정에 이르렀다. 이 세계사적 격변이 좌파에 미친 즉각적인 정치적 영향은 부정적이었다. 심지어 그것은 우파 사회민주주의나 혁명적 좌파의 관점에서 스탈린주의에 반대하던 정치 조류들에도 마찬가지였다. 서방 진영에 대한 유일한 지정학적 경쟁자의 소멸 — 그리고 계획경제를 자처하던 체제의 재앙적 붕괴 — 은 자유주의적 자본주의가 아닌 진보적 대안이 전혀 없다는 생각(프랜시스 후쿠야마의 주장을 통해 유명해진)을 확인해 주는 듯했다. 기껏해야 현대 사회민주주의를 옹호하는 더 급진적인 사람들은 우리가 할 수 있는 선택은 어떤 형태의 자본주의에 착취당할 것인지의 문제일 뿐이라고 주장했다. 즉, 영미식 자유방임 자본주의보다는 독일식 이해 당사자 자본주의가 낫다는 것이었다.[1]

이런 상황 때문에 스탈린주의를 비판하는 일부 혁명적 좌파조차 보일 수 있는 매우 비관적인 반응은 1995년 제4인터내셔널의 제14차 세계대회 개회식 때 통과된 결의안 서두에도 다음과 같이 나타나 있다.

> 1991년 제13차 세계대회 이래로 세력균형은 계속 노동 대중에게 불리해졌다. 그 대회에서 우리가 채택한 세계 상황에 대한 결의

안에서 지적하고 분석한 일반적 흐름을 보면 분명히 그랬다. 국제적 투쟁의 변증법은 부정적 결과를 낳았다. 즉, 많은 해방운동이 후퇴하고 패배하거나 고립됐다. 우리 조류 자체도 이 부정적 변증법의 영향을 받아 약해졌다. 그것은 사회적·정치적 투쟁들의 실제 과정에 전염되지 않도록 보호해 줄 종파적 외피가 전혀 없는 조직으로서는 거의 피할 수 없는 결과였다. …… 더 일반적으로는, 다양한 나라에서 다양한 속도로 여전히 발전하고 있는 모든 사회운동들 — 제국주의 억압, 긴축 정책, 시장경제의 해악, 환경 파괴, 여성 억압, 군국주의 등에 반대하는 — 이 아직도 매우 파편화해 있다. 관료적 '사회주의'의 재앙적 경험도 자본주의도 아닌 대안을 제공하는 사회주의 사회라는 프로젝트는 신뢰를 얻지 못한다. 그것은 오늘날 그 프로젝트를 추구하는 사람들의 취약성뿐 아니라 스탈린주의·사회민주주의·'제3세계' 포퓰리스트 민족주의의 대차대조표 때문에도 심각한 타격을 입었다.

지금 많은 피지배 국가에서 광범한 전위 세력들이 제국주의와 혁명적으로 결별할 수 있는지에 회의를 느끼고 있다. 그리고 세계의 새로운 세력 저울을 볼 때, 그들은 권력의 장악과 유지 가능성에도 회의를 느끼고 있다. 중요하지 않다고 결코 볼 수 없는 다른 세력들도 이런 전망을 공개적으로 포기했다.

이런 배경을 고려하면, 예컨대 ≪역사의 복수≫(1991년)*에서 내가 했던 예측, 즉 스탈린주의의 악몽에서 벗어난 진정한 마르크스주의적 좌파가 이제 자본주의와의 대결이라는 미완의 과업을 다시 제기할 수 있게 됐다는 생각은 분명히 지나치게 낙관적이었다. 그렇지만, 2002년의 전망에서 보면, 그것이 완전히 틀리지는 않은 듯하다. 왜냐하면 무엇보다도 소련 자체에서 스탈린주의를 해체한 추진력은 아래로부터의 대중 반란이 아니라 그 내부의 모순이었기 때문에, 스탈린주의의 붕괴가 낳은 즉각적이고 단기적인 영향은 일반으로는 서방 자본주의, 특별하게는 미국 제국주의를 강화한 것이었다. 그러나 장기적으로는, 정치 세력으로서 스탈린주의가 소멸한 덕분에 좌파는 사회주의의 기분 나쁜 희화화와 관계를 끊어야만 한다는 의무에서 해방됐다. 그리고 부분적으로는, 전 세계에서 신자유주의 정책들을 강요하는 시장 자본주의가 거둔 단기적 승리의 규모 자체 때문에 1990년대 말에는 세계 자본주의에 도전하는 운동이 **정말로** 등장했다.

당연히 이것이 두 번째 주요 지진이다. 반자본주의 운동의 대두 말이다. 다른 곳에서 영국 사회주의노동자당이 반자본주의 운동의 발전을 폭넓게 분석한 내용(시애틀 시위 이후 처음 정식화된 이래로 그 올바름이 완전히 입증된)을 여기서 다시 반복하지는 않겠지만, 최근의 상황 전개를 요약하는 것도 도움이 될 듯하다.[2]

❖   국역 : ≪역사의 복수≫(백의, 1993).

제노바 시위가 초래한 급진화와 9·11 사태가 낳은 효과가 결합돼 반자본주의 운동의 무게중심이 북아메리카(이 지역의 활동가들은 9·11 이후 수세에 몰렸다)에서 유럽으로 옮겨졌다. 2002년 3월 바르셀로나에서 열린 유럽연합 정상회담 반대 시위와 4월과 5월 프랑스에서 르펜에 반대해 일어난 시위의 규모가 매우 컸던 것을 보면 이 과정이 여전히 계속되고 있음을 알 수 있다. 그와 동시에, 2002년 1월과 2월에 브라질의 포르투알레그레에서 6만~8만 명(주로 브라질인들이었다)이 참가한 가운데 열린 제2차 세계사회포럼은 반자본주의 운동을 단순히 제1세계의 현상으로만 볼 수는 없다는 점을 밝히 보여 줬다. 그리고 2002년 4월 20일 워싱턴과 샌프란시스코에서 벌어진 주요 시위들(신자유주의 반대와 팔레스타인 민중에 대한 연대가 결합된 대규모 평화 시위들)은 반자본주의 저항운동이 미국 안에서도 되살아나고 있음을 보여 준 가장 중요한 징조였다.

급진 좌파에게 반자본주의 운동의 중요성은 세 가지로 겹쳐 있다. 첫째, 반자본주의 운동은 새 세대를 정치 활동에 끌어들이고 있다. 예컨대 프랑스의 르펜 반대 시위에서 나타난 젊음과 전투성은 널리 인정받았다. 둘째, 반자본주의 운동은 1960~1970년대 세대 출신의 많은 활동가들에게 다시 활력을 불어넣고 있다. 그들은 지난 25년 동안 패배를 경험한 뒤 지치고 비관적인 생각을 갖게 됐다. 그런데 이제 그들의 희망이 이 새로운 운동에서 되살아나는 것을 목격하고 있다. 셋째, 가장 근본적인 것인데, 1990년대에 신자유주의가 외관상 승리를 거뒀는데도 반자본주의 정치의 지속적 생존 능력이 매우 분명하게 드러났다. 예컨대 〈파이낸셜 타임스〉가 반자본주의 운동의 쇠퇴를 말할 때마다 또 다른 대규모 시위를 보도하거나 신자유주의를 옹호하는 또 다른 기사를 내보냄으로써 스스로 말을 뒤집는 일을 되풀이하는 것은, 서방의 이데올로기적·정치적 논쟁들에서 좌파의 자본주의 비판이 하나의 구심점으로 다시 확립됐다는 것을 보여 준다.

유럽의 계급 양극화

오늘날 혁명적 사회주의자들은 훨씬 더 큰 물결 속에서 헤엄치고 있다. 더욱이 그 물결과 같은 **방향**을 타고 있다. 대규모 급진화 과정 덕분에 수많은 사람들이 좌경화하고 있다. 유럽에서 이 급진화의 기원은 1990년대 초에 시작된 계급 양극화 과정이었다. 경기 침체의 영향 때문에, 그리고 유럽의 화폐 경제 통합에 필요한 신자유주의 정책들(유럽 중앙은행과 유럽 성장안정협약이 여전히 강요하는)의 영향 때문에 상당수 사람들이 더 우경화하거나 더 좌경화했다. 바로 이것이 토니 클리프가 말한 "느리게 돌아가는 1930년대"다. 이것은 1990년대에 유럽 전역의 극우파가 얻은 성과에서도 나타나지만, 산업에서는 1995년 프랑스 대중파업에서 그리고 선거에서는 1996~1998년 사회민주주의 정당들의 압도적 승리로 표출된 신자유주의 반대 움직임에서도 드러났다.[3]

지난 4월 21일 프랑스 대선 1차 투표는 이런 계급 양극화 과정이 새로운 국면에 도달했음을 보여 줬다. 신자유주의에 대한 반발 덕분에 집권하게 된 사회민주주의 정부들이 신자유주의 정책들을 추진했다. 그 결과 빚어진 [대중적] 혐오감의 가장 두드러진 피해자는 바로 리오넬 조스팽이었다. 그러나 르펜과 나치 국민전선만이 유일하게 혜택을 입은 것은 아니었다. 대선 1차 투표에 참가한 유권자의 10퍼센트 이상이 혁명가 후보들을 지지했다. 이것은 사회민주주의를 거부하는 "급진 좌파"의 등장을 보여 준 가장 분명한 증거였다. 최근의 상황 전개에 대해 여러 자유주의적 좌파들이 보인 공포 섞인 반응은 ≪맑시즘 투데이≫의 옛 편집장 마틴 자크의 말에 요약돼 있다. "1930년대 이래로 서방에서 비합리적인 것의 위협, 야만으로 전락할 위험이 지금처럼 커다란 적은 없었다." 이런 반응은 그림의 다른 측면을 완전히 무시하는 것이다.[4] 유럽 전역에서 무수히 많은 사람들이 배우는 과정에 참가하고 있다. 사회민주주의의 경험에 실망하고 반자본주의 운동의 발전에 고무된 그들은 더 좌경화할 태세가 돼 있다.

어디에서 비롯한 차이인가?

반자본주의 운동의 발전은 기존 좌파 조직들에게 이 새로운 운동과 건설적이고 창조적인 관계를 맺을 수 있을까 하는 중요한 과제를 제기한다. 그것은 또한 과거에 좌파를 분열시킨 이론적·정치적 차이들이 아직도 얼마나 중요한가 하는 문제를 제기한다. 세 종류의 차이를 구분할 필요가 있다. 첫째, 트로츠키주의 좌파 내의 역사적 분열이 있다. 양대 국제 조류, 즉 제4인터내셔널과 국제사회주의경향은 궁극적으로 스탈린주의에 대한 서로 다른 해석에서 비롯했다. 즉, 소련을 퇴보한 노동자 국가로 보는 제4인터내셔널의 정설 트로츠키주의와 국제사회주의경향의 창시자 토니 클리프가 발전시킨 관료적 국가자본주의 이론이 그것이다.[5] 둘째, 트로츠키주의와 스탈린주의라는 훨씬 더 중요한 분열이 있다. 이것은 러시아 10월 혁명의 퇴보와 스탈린주의 관료의 등장이라는 세계사적 사건의 정치적 표현이다. 셋째, 혁명적 사회주의와 사회민주주의 사이에도 마찬가지로 심각한 적대가 존재한다. 이 또한 세계사적 사건들이 반영된 것이다. 특히, 1914년 8월 제2인터내셔널이 제1차세계대전에 투항한 사건과 러시아 혁명의 여파로 혁명적 제3인터내셔널이 새로 결성된 사건이 반영된 것이다.

이런 차이가 오늘날에도 타당한가 하는 물음을 던진다고 해서 이제 그런 차이가 더는 중요하지 않다는 뜻은 아니다. 예컨대, 정설 트로츠키주의는 노동자 국가를 국가 통제 경제와 동일시한다. 그 함의는 노동자 국가를 창건하는 데 노동계급의 자주적 활동이 꼭 필요한 것은 아니라는 점이다. 왜냐하면 다양한 사회·정치 세력들 — 스탈린주의 정당, 제3세계 게릴라 운동, 좌파 군 장교들 — 이 경제의 국가 통제를 실행해 왔기 때문이다.[6] 클리프의 국가자본주의 이론은 사회주의가 노동계급의 자기 해방이라는 마르크스의 근본 사상을 재확인할 수 있게 해 줬다. 비록 스탈린주의가 다 죽어 가기는 하지만, 트로츠키가 대리주의라고 부른 것 — 노동계급이 아닌 세력들이 자본주의를 타도할 수 있다는 견해 — 은 여전히 살아있다.[7] 그런 이유만으로도 국가자본주의 이론은 혁명적 마르크스주의의 지적 유산 가운데 핵심 부분이다.

이 모든 것에도 불구하고, 스탈린주의 국가들이 대부분 역사의 쓰레기통에 처박히고 살아남은 공산당 정권들이 스스로 세계경제에 통합되기 위해서 바삐 움직이는(북한은 제외) 지금, 스탈린주의에 대한 상이한 해석을 근거로 혁명적 사회주의자들의 분열을 고집한다면 미친 짓일 것이다. 1990년대 초만 해도 그렇지는 않았을 것이다. 국가자본주의 이론이 제공한 지적 명확성은, 1989년 이후 국제적으로 좌파를 휩쓴 비관주의의 물결에 국제사회주의경향이 저항하는 데서 결정적이었다. 대부분의 정설 트로츠키주의 조류도 그런 물결에 휩쓸린 데서 예외가 아니었음은 앞서 인용한 1995년 제4인터내셔널 대회 결의안을 봐도 알 수 있다. 사실, 국가자본주의 이론은 일부 조직들의 결성에서 결정적 구실을 했다. 예컨대 남한 국제사회주의자들은 1991년 8월 모스크바 쿠데타 이후에 주로 친스탈린주의 좌파 출신의 활동가들을 획득하는 데 성공한 덕분에 등장할 수 있었다. 그 토대는 "현실 사회주의"의 해체를 설명할 수 있는 클리프 이론이었다.

그러나 1995년 11~12월 프랑스 대중파업에서 시작된 좌파의 부활과 함께 역사의 새로운 페이지가 시작됐다. 어떤 조직이 스탈린주의에 대해 취하는 태도가 새로운 운동의 믿을 만한 지침이 될 수는 없다. 한편에서, 역사적으로 국제사회주의경향의 주요 지부 중 하나였던 미국 국제사회주의자단체는 정설 트로츠키주의의 최악의 일탈을 연상시키는 종파적 교조주의로써 시애틀 시위와 그 뒤의 국제적 급진화에 반응했다.[8] 반면에, 제4인터내셔널 활동가들은 프랑스 금융거래과세시민연합의 발전과 포르투알레그레 세계사회포럼에서 두드러진 구실을 했다. 정치적 경향들을 판단하는 일차 기준은 그들의 이론이나 과거 전력이 아니라 오히려 현재의 도전에 어떻게 대응하는가 하는 것이어야 한다.

반복컨대, 그렇다고 해서 앞서 말한 차이들이 더는 중요하지 않다는 얘기가 아니다. 앞으로 보게 되겠지만, 개혁이냐 혁명이냐 하는 문제는 오늘날에도 여전히 강력한 설득력을 갖고 있다. 그러나 우리에게 필요한 것은 과거의 주장들을 단지 되풀이하는 것이 아니라 과거의 것이든 새로운 것이든 어떤 차이가 오늘날 진정으로 중요한지를 새 시대의 요구에 비춰 판단하는 것이다.

재편 과정

이런 평가는 국제적 좌파에 대한 훨씬 더 광범한 판단의 한 형태일 뿐이다. 활동가들 사이에는 [정치적] 배경과 세대 차이를 불문하고 특별히 강력한 통합 염원이 존재한다. 이것은 다양한 방식으로 표현된다. 먼저 극좌파를 보면, 영국에서 우리는 잉글랜드와 웨일스에서 사회주의자동맹이, [스코틀랜드에서] 스코틀랜드사회당SSP이 결성되는 것을 목격했다. 노동당 좌파보다 왼쪽에 있는 분별력 있는 사람들 다수가 이런 조직들에서 한데 뭉쳤다. 주로 유럽이지만 더 크게 보면, 제4인터내셔널과 국제사회주의경향 사이의 대화가 발전하고 있다. 이것이 구체적으로 표현된 것이 두 조류의 최대 조직들, 즉 프랑스의 혁명적공산주의자동맹과 영국의 사회주의노동자당 사이에서 벌어지는 지도부 간의 토론과 일부 실천적 협력이다. 이런 두 과정과 겹치는 것이 이제는 정기적으로 열리는 유럽 반자본주의 좌파 회의다. 이런 회합은 트로츠키주의, 좌파 개혁주의, [정치적으로] 스탈린주의 배경을 가진 일부 주요 조직들을 결집시킨다.

어느 정도 이와 비슷한 과정들이 세계의 다른 곳에서도 벌어지고 있다. 예컨대, 아시아·태평양 지역에서는 스탈린주의(대개는 마우쩌둥주의) 배경을 가진 여러 조직들이 자기 정치의 여러 측면을 재검토하면서 조직적으로 통합하는 과정을 겪고 있다. 필리핀 공산당과 결별한 다양한 조직들이 지금 재편 과정을 겪고 있는 것이 그런 예다. 흔히 그런 조직들(인도네시아의 민중민주당PRD을 포함한)에서 스탈린주의 사상이 마지막 남은 영향력을 발휘하는 가장 분명한 방식은 제3세계 나라의 민주주의 혁명과 사회주의 혁명을 상이한 투쟁 단계로 분리하는 단계혁명론을 받아들이는 것이다. 이것은 호주 민주사회당DSP이 아시아 일부 지역 극좌파의 재편을 촉진하는 구실을 한 것을 설명하는 데 도움이 된다. 애초에 정설 트로츠키주의 조직으로 출발한 호주 민주사회당은 1985년에 제4인터내셔널과 결별했는데, 주되게는 트로츠키의 연속혁명론을 거부하고 단계론을 받아들였기 때문이다.[9]

그렇지만, 현재 진행 중인 좌파의 재편 과정을 극좌파 조류들 사이의 이런 관계 변화로 환원하는 것은 중대한 실수가 될 것이다. 훨씬 더 많은 세력들이 이 과정에 참여하고 있기 때문이다. 유럽의 두 가지 상황 전개가 이것을 잘 보여 준다. 첫째는 이탈리아 재건공산당의 좌경화다. 재건공산당의 좌경화는 1998년에 시작됐다. 그때 재건공산당은 당시 로마노 프로디가 이끌던 중도좌파 올리브나무 동맹 연립정부에 대한 지지를 철회했다(그 때문에 재건공산당은 분열했다). 그러나 이 과정에서 결정적 단계는 재건공산당이

2001년 7월 제노바 시위에 일체감을 나타냈을 때, 그리고 그 뒤에 아프가니스탄 전쟁에 반대하고 팔레스타인 민중과 연대하는 움직임에서 발전한 운동에 일체감을 나타냈을 때 찾아왔다.

둘째는, 긴밀하게 연결된 것인데, 전 유럽의 반자본주의 네트워크가 발전한 것이다. 이 네트워크의 가장 중요한 조직 세력은 제노바 시위 이후의 급진화 물결에서 등장한 이탈리아 사회포럼과 이제 프랑스를 넘어 40개국 이상(주로 유럽)으로 확산된 금융거래과세시민연합이다. 그러나 그 네트워크에는 다른 많은 세력들, 즉 영국과 아일랜드의 '저항의 세계화', 스페인의 '세계 저항 운동', 그리스의 '제노바 2001 캠페인' 등도 포함된다. 그 네트워크는 여러 정상회담 반대 시위(2000년 9월 프라하 시위에서 시작된)에서 전 유럽이 협력해야 할 필요성과 포르투알레그레 1차·2차 대회에서 프랑스와 이탈리아 활동가들이 보여 준 주도적 역할에서 발전했다. 2002년 11월 7~10일에 이탈리아에서 열릴 예정인 유럽사회포럼ESF을 준비하는 과정은 이 네트워크를 확장시키겠지만, 다른 한편으로는 그것의 결정적 시험대가 될 것이다.

마르크스주의 좌파의 일부는 그런 네트워크에 소속된 활동가들의 다수가 사회주의자를 자처하지 않는다는 이유로 이런 연합을 거부하는 경향이 있다(이것은 북아메리카 네트워크의 경우 특히 그렇다). 이렇게 명백히 모순적인 상황 ― 세계 자본주의에 맞서 싸우는 활동가들이 사회주의를 대안으로 받아들이지 않는 ― 은 혁명적 마르크스주의뿐 아니라 다른 사회주의 전통들도 주변으로 밀려났던 이데올로기적 분위기 속에서 체제에 대한 저항이 부활했다는 사실의 결과다. 이런 활동가층 — 국제 규모에서 십중팔구 가장 사람 수가 많은 집단 — 을 더 광범한 반자본주의 좌파에서 배제하는 것은 재앙적인 종파적 오류가 될 것이다.

어떤 종류의 정당인가?

그러므로 좌파가 재편되는 이런 과정은 1995년에 제4인터내셔널이 재편을 토론했을 때 생각했던 것과는 사뭇 다른 배경에서 벌어지고 있다. 당시 제4인터내셔널은 자본의 공세와 좌파의 혼란과 퇴각이 대세라고 보는 맥락 속에서 서로 다른 조류들과 통합 가능성을 모색하고 있었다. 그렇지만 지금은 부흥의 징조를 무시할 수 없다. 그래도 극우파가 성장한 것을 보면, 지금 유럽 반자본주의 좌파가 직면한 도전의 규모를 분명히 알 수 있다. 그들은, 정치조직의 구성원이든 아니면 더 느슨한 활동가들의 연합체 소속이든 간에, 지난 몇 년 동안의 경험으로 급진화된 사람들에게 매력적이고 효과적인 대안을 집단적으로 제시해야 한다. 분명한 사례를 들어 보면, 과연 프랑스에서 혁명가 후보들에게 투표한 대략 300만 명에게 과연 기존의 틀이 무엇을 제공할 수 있을까?

이것은 우리에게 정치조직 문제 자체를 제기한다.

반자본주의 운동의 상당 부분이 정당에 얼마간 적대적인 태도를 보이고 있다. 이것은 다양한 요인들, 예컨대 "공식 좌파"(사회당, 공산당, 녹색당) 집권 기간의 끔찍한 기록, 극좌파 조직에 대한 부정적 경험, 자율주의의 영향력 등을 반영한다. 결과는 운동주의다. 그것은 예컨대, 세계사회포럼에서 정당을 정식으로 배제한다거나 이런 배제 조처를 유럽사회포럼으로까지 확장하려는 노력으로 이어진다. 이런 견해는 지적으로 일관되기가 매우 힘들다. 세계사회포럼에 정당의 참여를 금지시켰는데도 브라질 노동자당PT은 참석할 수 있었다(당시 포르투알레그레 2차 대회 폐막식은 브라질 노동자당의 대통령 후보 선출 대회처럼 느껴졌다). 더 심각한 것은 운동 내에 체계적인 정치적 차이가 있다는 것이다. 이것은 금융거래과세시민연합 주위에 강력한 개혁주의의 버팀목이 등장한 데서 두드러진다. 그리고 이미 헌신하고 있는 활동가들의 자체 활동을 주로 강조하는 정치에 기초한 이탈리아 자율주의자들(디소베디엔티)은 금융거래과세시민연합에 이의를 제기하고 있다.[10] 이런 다양한 조류들은 고유한 정강에 기초해 조직하는 정당들처럼 활동한다. 비록 그들이 "정당"이라는 이름을 거부하지만 말이다. 그렇다면 진정한 문제는 정치 형태인 정당에 찬성하느냐 반대하느냐가 아니라 어떤 종류의 정당을 건설해야 하느냐 하는 것이다.

혁명적공산주의자동맹의 회원이면서도 최근까지 ≪프런트라

인≫(스코틀랜드 사회당 내의 주요 조류인 국제사회주의운동ISM을 대변하는 잡지)의 편집자였던 머리 스미스는 이 문제에 관한 흥미로운 글을 썼다. 그는 근본적으로 두 가지 점을 지적했다. 첫째, 혁명적공산주의자동맹은 상이한 정치 전통과 사회운동 출신의 광범한 활동가층을 프랑스의 새로운 반자본주의 정당 안에서 통합시키는 데서 주도적 구실을 해야 한다. 둘째, 그가 "전통적 혁명 조직들"이라고 부른, 분명한 혁명적 마르크스주의 강령에 기초한 혁명적공산주의자동맹과 사회주의노동자당 같은 조직들로 대표되는 정당 모델에 반대한다고 그는 주장한다. 프랑스의 새로운 정당은 스코틀랜드 사회당처럼 개혁이냐 혁명이냐 하는 문제에 개방적이어야 하는 등 "전략적 경계가 없"어야 한다. 그런 정당을 "중간주의"라고 부르는 것은 "노동자 운동이 개혁주의와 혁명적 조류로 급격히 양극화하는 특징을 보이던 시절"에 사로잡힌 채 거기서 헤어나지 못하는 것이다. 사회민주주의의 우경화(스미스는 그들을 "탈脫개혁주의 좌파"라고 부른다)는 그런 태도를 시대에 뒤진 것으로 만들어 버렸다.

계급투쟁을 실천하는(그리고 혁명적 마르크스주의자들이 개입하는) 정당을 건설하는 과정에서 우리는 개혁주의 조류의 발전에 불리한 구조를 만들어 낸다. 게다가 다른 어떤 기초 위에서 정당을 건설할 수 있는 방식을 찾아내기도 힘들다. 우리는 기존의 개혁 성과를 방어하고 새로운 개혁을 획득하기 위해서조차 계급투쟁과 대중투쟁의 방식을 이용해야 한다. 의회 기구 내의 활동은 이것을 지원하는 역할만을 할 것이다. 개혁을 위해 싸운다고 해서 개혁주의자인 것도 아니며 하물며 이른바 개혁주의자들도 더는 개혁을 도입하지 않는 오늘날에는 더 말할 것도 없다. 이런 기초 위에 건설된 정당, 특히 혁명적 마르크스주의자들이 의식적으로 개입하는 정당은 개혁주의 조류가 발전하는 데 유리한 공간이 아니다.

흔히 이런 맥락에서 스코틀랜드 사회당의 경험을 인용하지만, 스미스가 옹호하는 광범한 반자본주의 정당이라는 개념은 국제사회주의운동을 지지하지 않는 많은 사람들, 예컨대 제4인터내셔널 내의 사람들도 공유하는 개념이다. 이 개념에서 틀린 부분을 알기 위해서는 동의하는 부분에서 시작하는 것이 필수적이다. 무엇보다도 노동운동의 역사는 혁명적 대중정당들이 단선적 과정을 통해 발전하지 않는다는 것을 분명히 보여 준다. 그것은 소규모 마르크스주의 조직이 점점 더 많은 회원들을 충원함으로써 점진적으로 성장하는 과정이 아니다. 더 일반적인 역사와 마찬가지로, 혁명 정당들의 발전은 질적 도약과 급격한 단절을 포함한다. 1920년 프랑스 사회당PS이 투르 당대회에서 분열해 공산당PCF이 출현한 것이 고전적 사례다. 비교적 다양한 반자본주의 세력이 혁명적 마르크스주의에 못 미치는 강령을 가진 정당으로 재편하는 것이 진보인 경우도 얼마든지 있다. 더욱이, 혁명적공산주의자동맹이 프랑스에서 추구해야 하는 것이 사실 바로 이것일지도 모른다. 노동자투쟁당의 골수 종파주의자들과 조건부 동의에 근거해 더 큰 재편을 하려 한다면 틀림없이 프로젝트 전체가 처음부터 실패작이 될 것이다. 새로운 정당으로 향하는 조처로서 반자본주의 좌파의 광범한 삼부회를 소집하겠다는 혁명적공산주의자동맹 내의 사상이 더 일리가 있다.

그러나 광범한 반자본주의 강령에 기초해서 재편하는 것이 때때로 올바른 조처라고 해서 그 과정의 **목표**가 개혁이냐 혁명이냐 하는 문제를 모호하게 회피하는 정당이어야 한다는 뜻은 아니다. 스미스가 이 문제에 대해서 느슨한 태도를 취할 수 있는 것은 고전적 개혁주의가 죽었다고 생각하기 때문인 듯하다. 그러나 이것은 커다란 실수다. 적어도 두 가지 이유에서 그렇다. 무엇보다도 이런 생각은 오늘날의 사회민주주의를 지나치게 과소평가하고 있다. 물론 토니 클리프가 "개혁 없는 개혁주의"라고 부른 것이 현 시기의 특징이다. 위기에 시달리는 자본주의적 세계화는 사회민주주의 정부들에 압력을 가해 그들이 전에 도입했던 개혁 조처들을 와해시키게 만든다. 그렇다고 해서 이런 정당들의 조직 노동계급 기반이 그냥 사라진 것은 결코 아니다. 더 중요한 점은, 현재 선거에서 되살아난 유럽 부르주아 우파 때문에 야당으로 전락한 일부 사회민주주의 정당들이 개혁을 약속함으로써 지지를 되찾을 수도 있다는 점이다. 조스팽이 선거에서 패배하자 프랑스 사회당은 이미 왼쪽으로 이동했다. 조스팽 자신은 미테랑 말기 사회당의 패배 뒤 당의 기반을 재건했다. 오직 바보만이 이런 일이 다시 일어나지 않을 것이라고 자신 있게 말할 것이다.

둘째, 사회민주주의자들이 개혁을 이행하지 못함으로 말미암은 패배를 극복할 수 있다는 점은 노동자들의 자신감이 비교적 부족한 [비혁명적] 상황에 객관적 토대를 두고 있다. 물론 이런 상황을 더욱 악화시키는 것은 노동조합 관료들이다. 노조 관료들은 노동자들이 노동조건을 개선하려면 다른 사람들에게 의존해야 한다는 생각을 조장한다. [노동자들의] 이런 자신감 부족은 대중투쟁 경험을 통해서만 극복할 수 있고, 그때조차도 노동자들은 개혁주의 사상의 영향력을 곧바로 또는 자동으로 떨치지는 못한다. 러시아 혁명과 독일 혁명에서 폴란드의 연대노조에 이르기까지 모든 위대한 노동자 운동에서는 투쟁을 발전시킬 상이한 전략들을 둘러싸고 격렬한 사상투쟁이 벌어졌다. 오늘날 우리가 혁명적 상황에 처한 것은 아니지만, 지금 반자본주의 운동 안에서 동일한 분화 과정이 벌어지고 있는 것을 똑똑히 목격하고 있다. 유럽의 운동 안에서 가장 강력한 세력은 개혁주의 세력의 연합체이며, 이들은 금융거래과세시민연합과 이탈리아 사회포럼 운동 안에도 상당수 포진하고 있다. 이들은 국민국가를 되살리거나 유럽연합을 개혁해서(또는 이 둘을 결합해서) 세계 자본주의(그들이 흔히 미국과 동일시하는)에 대항해야 한다고 생각한다. 이것은 오늘날의 사회민주주의가 나타내는 것보다 훨씬 더 전투적인 개혁주의다. 왜냐하면 그것은 대중운동에서 출현했으며 행동가적 지향을 갖고 있기 때문이다. 그렇지만 역시 개혁주의다. 이런 조류가 유럽 여러 곳의 대중 동원과 특히 반전 활동에서 흔히 장애물 노릇을 한 것은 이 토론 회보*에 실린 다른 글을 보면 알 수 있다.

이런 반자본주의 운동 조류에 대한 좌파 측의 가장 현저한 도전은 자율주의자들이 제기하고 있다. 그러나 이 대응은 지극히 불명료하고 산만하다. 예컨대, 포르투알레그레 2차 대회에서 국가주권 옹호자들과 더 급진적인 견해의 옹호자들이 양극화한 것에 대한 마이클 하트의 말을 들어 보자.

> 한편으로, 포르투알레그레에 모인 활동가들과 정치인들을 분열시킨 차이를 인정하는 것은 분명히 중요하다. 반면에, 양편의 분열을 전통적 이데올로기 충돌 모델에 따라 이해하려고 하는 것은 실수일 것이다. 네트워크 운동 시대의 정치투쟁은 더는 그런 식으로 진행되지 않는다. 중앙 무대를 장악하고 포럼의 대표권을 지배하는 사람들이 분명히 강력했지만, 그들은 결국 투쟁에서 패

---

* *International Socialist Tendency Discussion Bulletin* 1 (July 2002).

배한 것으로 입증될지도 모른다. …… 지도자들은 분명히 회의 테이블에 둘러앉아 국가주권을 지지하는 결의안들을 작성할 수 있지만, 운동의 민주적 힘은 결코 이해할 수 없다. 결국 그들 또한 다중multitude 속으로 휩쓸려 들어갈 것이다. 다중은 고정되고 집중된 요소들을 모두 무한정 팽창하는 네트워크 속의 수많은 결절점(네트워크의 분기점)으로 변모시킬 수 있다.[11]

"다중"의 자동적 발전에 의존하는 하트의 주장은 자생성만으로도 자본주의를 충분히 패퇴시킬 수 있다는 사상의 초기 버전들보다 더 성공할 것 같지는 않다. 그것은 원판들과 마찬가지로 정치를 거부하고 반자본주의 투쟁이 성공하기 위해서는 이데올로기의 천명, 정치 전략의 발전, 그런 전략에 대한 지지를 얻기 위한 조직적 노력이 필요하다는 생각을 거부한다. 반자본주의 운동 안에서 개혁주의의 영향력에 도전하는 것을 "네트워크 운동들"의 객관적 논리에 그대로 맡겨 둘 수는 없다. 그러기 위해서는 운동 안에서 일관되고 조직적인 혁명적 견인차가 발전할 필요가 있다. 그러나 국제적으로 올바른 것은 국가 규모에서도 타당하다. 전술적 발의력과 실천 활동에 대해 알게 해 주는 혁명적 마르크스주의의 분석이 없다면 반자본주의 정당은 계급투쟁 — 개혁주의가 마술처럼 사라져 버리지 않는 계급투쟁 — 의 우여곡절을 헤쳐 나갈 수 없을 것이다. 더 광범하고 더 모호한 강령에 기초해서 조직하는 것이 때때로 혁명적 대중정당의 건설 과정에서 필요한 국면일지라도 더 느슨한 정당이 진정한 정당의 대체물이 될 수는 없다.

더 즉각적으로는, 스미스가 "전통적 혁명 조직"이라고 부른 것이 규모의 크고 작음과 무관하게 분명한 실천적 이점을 갖고 있다. 혁명적 마르크스주의 정당의 이데올로기는 비교적 동질적이기 때문에 더 느슨하고 강령이 더 모호한 조직들보다 더 신속하고 단호하게 행동할 수 있다. 예컨대, 영국 사회주의노동자당이 2001년 9·11 사태에 대응한 속도와 단호함을 생각해 보라. 뉴욕과 워싱턴에 대한 공격이 있은 지 채 24시간도 안 돼 일련의 선제적 발의들이 나왔다. 그 덕분에 전쟁저지연합Stop the War Coalition이 결성되고 유럽에서 가장 역동적인 반전운동 중 하나가 등장할 수 있었다. 이것은 사회주의노동자당과 국제사회주의경향이 현대의 제국주의 전쟁이나 급진 이슬람과 관련해 10년 넘게 이론적 분석과 실천 활동 경험을 발전시켰기 때문에 가능했다. 그 덕분에 우리는 9·11 직후에 등장한 핵심 쟁점들을 매우 빨리 파악할 수 있었다.

혁명적 사회주의 정당의 강령과 분석이 비교적 동질적인 것은 신성한 경전을 기계적으로 반복하거나 통일성을 관료적으로 강제한 결과가 결코 아니다. 혁명적 마르크스주의는 역사적으로 새로운 상황 전개에 창조적으로 대응할 수 있는 능력을 보여 줘야만 살아 있는 전통으로 지속될 수 있다. 이것은 진정한 레닌주의 조직이라면 그런 상황 전개를 철저하게 토론할 수 있어야 한다는 뜻이다. 그런 토론 과정에서 흔히 중요한 의견 차이와 격렬한 논쟁이 나타나는 것은 불가피하다. 특히 당이 객관적 상황의 급격한 변화에 대처해야 할 때 그런 일이 벌어진다. 현대 제국주의 전쟁과 급진 이슬람에 대해 지금 국제사회주의경향 내의 의견이 일치하는 것은 각각 1980년대 말과 1990년대 중반에 매우 첨예한 논쟁들을 겪었기 때문이다.

그러므로 혁명 정당이 제대로 돌아가려면 공개적 토론이 필수적이다. 그렇지만 공개적 토론 자체가 목적은 아니다. 그것은 [당의 사상을] 명료하게 해 주고 따라서 당이 더 효과적으로 활동할 수 있게 해 주는 수단이다. 이 점을 이해하는 것이 민주적 중앙집권제의 본질을 이해하는 열쇠다. 혁명적공산주의자동맹의 다니엘 벤사이드는 이 점을 매우 잘 설명한다.

> 레닌주의 정당 개념에 대한 비판, 즉 '민주적 중앙집권제'에 대한 비판은 흔히 공산당의 관료적 중앙집권제에서 고질적으로 드러난 수직적 중앙집권제에 대한 비판이다. 그래서 우리는 중앙집권제의 특정 형태나 수준 역시 민주적이어야 한다는 점을 잊어버릴 위험이 있다. 토론만 이뤄지고 활동가들이 전부 모여 함께 결정을 내리지 않는 정당은 함께 행동하는 일이 전혀 없고 잡담과 견해가 난무하는 집단으로 전락할 것이다. 그렇게 되면 그런 정

당은 시장 메커니즘의 노리개감이나 언론이 지도자들을 포섭할 때 갖고 노는 장난감이 될 것이다(이런 일이 흔히 벌어졌다).[12]

그래서 진정한 민주적 중앙집권제 정당은 공개적 토론을 장려하지만, 그 토론은 당이 더 효과적으로 개입할 수 있게 해 주는 수단이어야 한다. 그러므로 민주적으로 결정을 내리면 토론은 끝나고 그 뒤에는 모든 당원들이 그 쟁점에 대한 개인적 견해와 관계없이 결정을 실행하기 위해 함께 노력해야 한다. 이것이 조직상으로 의미하는 바가 무엇인지는 논쟁의 여지가 있다. 제4인터내셔널 각국 지부에는 보통 조직화한 경향[분파]들이 상시적으로 존재하는 것을 허용하는 관행이 있다. 짐바브웨 국제사회주의자 단체의 무냐라지 그위사이 역시 레닌주의 정당이 복수 경향[다분파] 조직이라는 생각을 옹호한다. 상시적 경향[분파]이 존재하는 데 따르는 문제점은 당내 의견 불일치를 제도화한다는 점이다. 이것은 흔히 조직을 내향적으로 만드는 효과를 낸다. 그렇게 되면 계급투쟁의 발전이 아니라 최신 내부 회보가 더 커다란 사건이 되고 만다. 이런 일이 벌어지지 않는 조직에서도 상시적 경향[분파]이 존재하면 특정 쟁점을 당내 이견이라는 렌즈를 통해서 보는 상황이 발생할 가능성이 크다. 결정을 내리기는 하지만 그 결정은 주장의 설득력에 따른 것이 아니라 서로 다른 분파들의 세력 저울의 결과이며, 그리 되면 합종연횡이나 무원칙한 거래가 난무할 수 있다. 벤사이드는 두 개의 국제 분파로 심각하게 분열한 1974년의 제4인터내셔널 10차 대회에서 그런 상황을 다음과 같이 묘사했다. "분파주의의 논리가 모든 것을 좌우했고 대회는 집단적 토론이 아니라 대의원들의 외교적 회합을 닮아 갔다. 중요한 문제들은 제각각 은밀하게 결정됐다."[13]

그위사이는 볼셰비키의 사례들을 인용해 자기 견해를 옹호하지만 레닌과 볼셰비키당의 역사는 사뭇 다른 그림을 보여 준다. 레닌의 당에서는 공개적이고 격렬한 논쟁이 흔히 벌어졌고 볼셰비키 지도자들의 견해도 쟁점에 따라 끊임없이 바뀌었다. 예컨대, 1917년 9~10월에 레닌과 트로츠키는 권력 장악의 필요성을 둘러싸고 긴밀한 동맹 관계를 형성했지만 1918년 1~2월에는 브레스트-리토프스크 조약을 둘러싸고 대립했다. 반면에, 10월에는 레닌에 격렬하게 반대했던 지노비예프와 카메네프가 브레스트-리토프스크 문제에서는 강력한 지지자가 됐다. 이 모든 것이 불과 몇 달 사이에 일어난 일이었다. 혁명 정당은 분파적 차이를 제도화할 것이 아니라 이렇게 유동적이고 공개적인 논쟁을 촉진하려 해야 한다.

이런 레닌주의 정당 개념은 더 광범한 운동 안에서 혁명가들이 활동하는 방식과 관련해 중요한 함의가 있다. 노동자투쟁당이나 미국 국제사회주의자단체가 운동과 자기네 조직을 대립시켰을 때 보여 준 모종의 종파주의는 완전히 파산했다. 다양한 공동전선에 참여하는 것은 지금 시기의 필수적 특징이다.[14] 그러나 이런 공동전선 — 광범한 강령에 기초한 사회주의자동맹, 금융거래과세시민연합, '저항의 세계화' 같은 운동을 예로 들 수 있다 — 자체가 목적은 아니다. 혁명적 마르크스주의자들은 다른 다양한 조류들과 건설적으로 협력하면서 이데올로기를 명료히 하는 과정에 기여해야 한다. 그 과정은 전략 문제, 즉 이런 운동을 전진시키는 방식 문제에 초점이 맞춰진다. 그 과정에서 때때로 개혁주의자들이나 자율주의자들과 논쟁도 하게 될 것이다. 이런 논쟁이 동지적 관계 속에서 이뤄지고 그 목표가 운동의 강화라는 것을 분명히 하는 맥락에서 이뤄진다면, 운동의 분열로 이어지지는 않을 것이다. 그럼에도 운동 안에서 강력한 마르크스주의적 구심점이 확립되는 것은 혁명가들이 이데올로기 투쟁에 개입하는 것에 달려 있다.

첫 단계

국제 규모로 그런 구심점을 확립할 수 있는 가장 확실한 방법은 양대 트로츠키주의 조류들 — 제4인터내셔널과 국제사회주의경향 — 이 어떻게든지 좀 더 밀접하게 관련을 맺는 것이다. 그러므로 이 과정에서 부딪힐 수 있는 일부 장애들을 살펴보는 것도 도움이 될 것이다.

특히 두 가지가 두드러진다.

(1) **이론상의 불일치** : 소련의 계급적 성격을 둘러싼 역사적 논쟁이 가장 중요한 이론상의 불일치는 아니다. 최근의 문제들 또한 논쟁 중이다. 예컨대, 2001년 12월 브뤼셀에서 열린 유럽 반자본주의 좌파 회의에서 혁명적공산주의자동맹과 사회주의노동자당은 아프가니스탄 전쟁 반대 운동을 놓고 논쟁을 벌였다. 혁명적공산주의자동맹 동지들은 프랑스 반전운동의 상대적 취약성이 객관적 요인들, 특히 프랑스 제국주의의 유산 때문이라고 주장했다. 사회주의노동자당 대표들은 프랑스 좌파의 주체적 약점 때문이라고 비판했다. 프랑스 좌파들은 미국 제국주의와 이슬람 근본주의를 대등하게 비난했다. 여기에는 이슬람 급진주의에 대한 평가를 둘러싼 더 커다란 이견이 존재한다. 사회주의노동자당은 이 (매우 이질적인) 이데올로기적·정치적 현상(이슬람 급진주의)이 반제국주의를 표현할 수 있음을 강조하는 경향이 있다. 반면, 혁명적공산주의자동맹은 이슬람 급진주의의 반동적 성격을 강조한다.[15] 이것은 단지 이론상의 불일치로 그치지 않는다. 영국의 전쟁저지연합(사회주의노동자당이 주도하고 있는)은 유력한 무슬림 단체들과 활동가들을 테러와의 전쟁을 반대하는 공동전선에 끌어들일 수 있었다.

(2) **정치 문화의 차이** : 두 조류의 정치 스타일도 다르다. 이것이 반드시 원칙의 불일치를 뜻하지는 않지만, 때때로 공동 활동의 어려움을 제기한다. 이 차이들은 제4인터내셔널과 국제사회주

의경향이 1970년대 말의 계급투쟁 침체와 혁명적 좌파의 위기에 서로 다르게 대처한 데서 비롯한다.[16] 제4인터내셔널은 그 자신이 위기의 커다란 희생자였다. 제4인터내셔널의 주요 지부가 붕괴하거나 분열하거나 쇠퇴했다. 살아남은 세력들 — 유럽에서 가장 중요한 조직인 혁명적공산주의자동맹을 포함해 — 은 특정 운동들에 연루된 활동가들의 연합체로서 활동했다. 반면, 국제사회주의경향은 극좌파의 위기가 시작됐을 때 만해도 제4인터내셔널보다 훨씬 작은 국제 조류였다. 국제사회주의경향은 1980년대 침체기 동안 지리적으로나 수적으로 성장했다. 일반적인 마르크스주의 선전에 중점을 둔 전망에 따른 것이었다. 국제사회주의경향이 1989년 이후 유럽에서 나타나기 시작한 계급 양극화에 대처하기 위해 내놓은 좀 더 행동가적인 지향조차 여전히 마르크스주의 이론의 발전을 훨씬 더 강조했다. 반면에 제4인터내셔널 지부들은 우리와 달랐다.[17]

이런 상이한 생존 전략 때문에 제4인터내셔널과 국제사회주의경향 그룹들의 연령대가 매우 달라졌다. 전자는 노동조합이나 여타 사회운동에 기반을 둔 중년의 활동가들이 유력한 반면, 후자는 훨씬 젊지만(아일랜드 사회주의노동자당이나 그리스 사회주의노동자당 같은 일부 중요한 예외도 있지만) 조직 노동계급에 연루되는 수준이 매우 낮았다(영국 사회주의노동자당은 오랜 조직 역사와 1980년대 중반 이후의 급성장 때문에 두 측면을 모두 지니고 있다). 제4

인터내셔널 동지들은 활동가들의 네트워크와 관련을 맺고 있다. 그들이 반자본주의 운동에 훌륭하게 기여할 수 있었던 것은 이 때문이다. 혁명적공산주의자동맹 회원들은 금융거래과세시민연합이 출범할 때부터 주도력을 발휘했다. 제4인터내셔널의 각국 지부들도 흔히 운동의 국제적 확산에 두드러지게 기여했다. 이와 대조적으로, 국제사회주의경향은 2000년 9월 프라하 시위 때부터 대규모 파견단을 보내 지명도를 높이려 했다. 국제사회주의경향은 반자본주의 공동전선을 만드는 데서 발의력을 보였다. 영국과 아일랜드의 '저항의 세계화'나 그리스의 '제노바 2001 캠페인'이 그런 예다. 그렇지만 국제사회주의경향은 또한 운동 안에서 혁명적 마르크스주의 조직으로서 공공연히 개입하고 의견을 내놓았다. 한편, 특히 혁명적공산주의자동맹은 그 활동가들이 특정 운동에서 꽤 자율적으로 활동하는 반면, 조직 자체는 최근까지도 선거 외의 영역에서는 이렇다 할 성과를 내지 못했다는 인상을 가끔 준다.

상이한 활동 방식은 때때로 두 조류 사이에 오해를 낳는 원인이었다. 국제사회주의경향과 제4인터내셔널이 좀 더 긴밀하게 공동 활동을 벌인다면 서로 대화하는 법을 알게 될 것이다. 2002년 4~5월의 프랑스 대선 직후 혁명적공산주의자동맹 지도부는 비교적 높은 "정치적 수준"에 이른 사람에게만 회원 자격을 부여하는 제4인터내셔널의 오랜 전통과 단절하고 문호 개방 정책을 채택하겠다고 결정했다. 문호 개방 정책은, 비록 형태는 다르지만 1970

년대 초반 이래 사회주의노동자당 실천의 일부였다. 이런 결정은 두 조류의 실천 사이에 놓여 있는 간극을 줄일 수 있는 중요한 전진이다.

이런 사례가 암시하듯이, 국제사회주의경향과 제4인터내셔널의 차이가 고정불변인 것은 아니다. 물론 혁명적공산주의자동맹 동지들이 이런 차이를 줄이기 위해 문호 개방을 결정한 것은 아니다. 그들의 결정은 4월 21일(프랑스 대선 1차 투표) 이후의 급진화 물결과 연관 맺어야 한다는 실천적 필요에 따른 것이었다(앞서 언급한 머리 스미스의 당원 자격 문제에 관한 논평을 보라). 그러나 이 점이 바로 핵심이다. 즉, 국제 규모로 발전한 투쟁은 혁명 조직들이 과거의 전제와 실천을 재검토할 것을 요구하고 있다. 이것이 재편을 의제로 내놓은 배경이다. 그렇다고 해서 이런 일들이 자생적으로 일어날 것이라는 말은 아니다. 물론 마이클 하트는 개혁주의가 "대중" 속에서 흔적도 없이 사라질 것이라고 암시하지만 결코 그렇지 않다. 앞서 말한 장애들 — 트로츠키주의 좌파들을 공산당 운동에서 출현한 이런저런 조류들과 분리시킨 훨씬 더 커다란 장애들은 제쳐 놓고라도 — 은 간단히 사라지지 않을 중요한 문제들이다. 그런 문제들을 극복하려면 그것들을 이해하고 제대로 다뤄야 한다. 구체적으로 이것은 세 가지를 뜻한다.

1. 자본주의와 전쟁에 반대하는 새로운 운동에 함께 동참하고 있는 상이한 사회주의 조류들은 마르크스주의자나 사회주의자를

자처하지 않는 광범한 반자본주의 좌파들도 참여하고 있는 공동전선에서 적극적·건설적으로 활동해야 한다.

2. 가능한 곳에서 혁명적 조류들, 특히 제4인터내셔널과 국제사회주의경향은 지금보다 높은 수준에서 실천적으로 협력해야 한다. 이미 이런 방향으로 나아가고 있지만 ― 예컨대, 2000년 12월 니스, 2001년 7월 제노바, 2001년 12월 브뤼셀의 시위 때 있었던 극좌파 집회들 ― 이런 발의들에 기초해 운동을 확대하는 방법을 고민해야 한다.

(3) 극좌파들 사이에, 또 광범한 운동 내에 존재하는 정치적 차이들에 대한 토론은 개방적이고 동지적인 방식으로 진행해야 한다. 차이가 존재하지 않는 척한다거나 애써 외면하는 것은 아무 도움이 되지 않는다.

시애틀 시위 이래로 혁명적 좌파들은 새로운 항해를 시작했다. 운 좋게도 아주 많은 사람들과 함께 항해를 시작했다. 우리를 안내할 지도는 없다. 우리가 해야 할 것을 가르쳐 줄 법칙들이나 분명한 역사적 참고 사례도 없다. 그 대가는 엄청날 수 있다. 우리가 이 기회를 놓친다면 역사가 우리를 용서하지 않을 것이다.

주

1 W Hutton, *The State We're In*(London, 1995).
2 특히 C Harman, 'Anti-Capitalism: Theory and Practice', *International Socialism* 88(2000), A Callinicos, 'The Anti-capitalist Movement and the Revolutionary Left'(London, 2001)[이 책의 1장], *An Anti-capitalist Manifesto*(Cambridge, forthcoming)[국역 : 《반자본주의 선언》, 책갈피, 2003] 참조.
3 A Callinicos, 'Crisis and Class Struggle in Europe Today', *International Socialism* 63(1994), 'Reformism and Class Polarisation in Europe', *International Socialism* 85(1999) 참조.
4 M Jacques, 'The New Barbarism', *Guardian*, 9 May 2002.
5 T Cliff, *Trotskyism after Trotsky*(London, 1999), A Callinicos, *Trotskyism* (Milton Keynes, 1990), D Bensaïd, *Les Trotskysmes*(Paris, 2002) 참조. 스탈린주의에 대한 이런 상이한 해석의 옹호자들 사이에 벌어진 최근의 논쟁은 크리스 하먼, 에르네스트 만델, 그리고 나 자신이 *International Socialism* 47, 49, 56, 57(1990, 1992)에서 벌인 논쟁 참조.
6 이런 논리가 제4인터내셔널의 지지자들 사이에서 비교적 최근에 만들어 낸 정치적 곡예에 대한 사례 연구는 A Callinicos, 'Their Trotskyism and Ours', *International Socialism* 22(1984) 참조.
7 T Cliff, 'Trotsky on Substitutionism'(1960), in *International Struggle and the Marxist Tradition: Selected Writings*, Volume One(London, 2001).
8 A Callinicos, *The Anti-Capitalist Movement and the Revolutionary Left*[이 책의 1장] 참조.
9 D Lorimer, *Trotsky's Theory of Permanent Revolution: A Leninist Critique* (Sydney, 1998), J Percy and D Lorimer, *The Democratic Socialist Party and the Fourth International*(Sydney, 2001) 참조. 이런 종류의 사고방식에 대한 비판으로는 J Rees, 'The Socialist Revolution and the Democratic Revolution', *International Socialism* 2:83(1999) 참조. 민주사회당이 촉진한 재편 과정에 참여한 모든 조직들이 단계론을 받아들인 것은 아니다. 예컨대, 잉글랜드·웨일스 사회당이 주도하는 노동자인터내셔널위원회와 결별한 파키스탄 노동당이 그렇다.

10 더 자세한 분석은 A Callinicos, *An Anti-Capitalist Manifesto*, 특히 제2장 참조.
11 M Hardt, 'Today's Bandung?', *New Left Review* II:14(2002), pp 117~118.
12 'Entretien avec Daniel Bensaïd', Le Passant ordinaire, May 2002(circulated by e-mail).
13 D Bensaïd, *Les Trotskysmes*, p 105.
14 J Rees, 'Anti-Capitalism, Reformism and Socialism', *International Socialism* 90(2001), A Callinicos, 'Unity in Diversity', *Socialist Review*, April 2002 참조.
15 예컨대 G Achcar, 'Le Choc des barbaries', *ContreTemps*, 3(2002)와 C Harman, *The Prophet and the Proletariat*(new edn, London, 2002)을 비교해 보라.
16 C Harman, *The Fire Last Time*(London,1988), ch 16 참조.
17 국제사회주의경향의 역사에 대해서는 T Cliff, *A World to Win*(London, 2000), pp 201~219 참조.

03 재결집과 오늘날의 사회주의 좌파

'Regroupment and the socialist left today', *International Socialist Tendency Discussion Bulletin* 2 (Jan 2003).
http://www.istendency.net/pdf/international_2_2003.pdf

재결집과 오늘날의 사회주의 좌파

새 천년은 세계가 자본주의적 번영과 평화의 시대로 들어섰음을 알리는 축하와 함께 시작됐다. 그러나 그 뒤 몇 년 동안의 특징은 세계 경제 침체의 심화와 냉전 종식 이후 가장 심각한 국제적 위기였다. 이런 암울한 사건들과 대조를 이룬 것은 1999년 11월 시애틀 시위 이후 세계 자본주의에 반대하고 점차 미국 제국주의의 전쟁몰이에 반대하는 세계적 운동이 출현한 것이었다. 그 덕분에, 유럽에서 급진 좌파라고 알려지게 된 것 — 주류 사회민주주의보다 더 좌파적인 정당들 — 이 부활할 수 있는 상황이 조성됐다. 가장 중요한 발전 중에는 2002년 4월 프랑스 대통령 선거 1차 투표에서 트로츠키주의자 후보들의 성공, 이탈리아 재건공산당의 급속한 좌경화, 영국에서 사회주의자동맹과 스코틀랜드 사회당이 선거에서 신노동당에 도전한 것 등이 포함된다.

이 과정은 결코 유럽에 국한되지 않는다. 신자유주의 워싱턴 컨센서스의 가장 큰 피해자 중 하나인 라틴아메리카에서는 일련의 대규모 투쟁들 덕분에 좌파가 부활했다. 무엇보다도 2001년 12월 아르헨티나의 반란이 이것을 보여 준다. 런던에 본사가 있는 세계 자본가들의 신문 〈파이낸셜 타임스〉는 점차 침울해진 일련의 기사들에서 [라틴아메리카의] 이런 상황 전개를 개괄하며 우려를 나타냈다. 그 기사들 중 하나는 '미주美洲 간 대화'의 마이클 시프터가 한 말을 인용하고 있는데, 그 말은 다른 대륙에도 적용될 수 있다. "사람들이 거리로 쏟아져 나오는 광경은 우리가 한동안 보지 못했던 것이다. …… 페루에서는 모든 사람들이 1960년대와 1970년대 이후 죽었다고 생각한 좌파 운동들이 다시 폭발하고 있다."[1] 브라질 대통령 선거에서 노동자당 지도자 룰라가 압도적 승리를 거두기 직전에 〈파이낸셜 타임스〉는 이렇게 보도했다. 워싱턴의 공화당 우파에게 "이런 사태 전개는 피델 카스트로의 쿠바와 베네수엘라 우고 차베스의 볼리바르 식 혁명을 포함한 새로운 '악의 축들'이 확장되는 것과 다름없다."[2]

사실, 룰라의 승리는 훨씬 더 모호한 사건이었다. 그것은 브라질 대중운동의 힘을 반영한 것이었다. 특히, 브라질 노총CUT('꾸찌'로 읽음)과 무토지농업노동자운동MST은 신자유주의에 반대하는 국제 운동의 선두에서 활동해 왔다. 특히, 포르투알레그레에서 열린 세계사회포럼을 통해 그렇게 해 왔다. 그러나 룰라가 당선한 뒤 브라질 노동자당은 금융시장을 만족시키기 위해 점차 신자유주의 정책들을 추구하면서 오른쪽으로 이동했다. 이것은 유럽 사회민주주의의 역사에서는 매우 낯익은 모습이다. 이 글에서 나는 유럽에서 진행되고 있는 재결집 과정을 집중적으로 다루겠지만, 내 분석은 다른 대륙들에서 진행되고 있는 상황 전개와도 관계가 있을 것이다.

유럽의 새로운 좌파들

유럽의 급진 좌파는 이질적 집단이다. 그중에는 혁명적 좌파 일부도 포함된다. 가장 눈에 띄는 세력은 프랑스의 혁명적공산주의자동맹과 영국의 사회주의노동자당인데, 이 둘은 트로츠키주의의 양대 국제 경향, 즉 제4인터내셔널과 국제사회주의경향의 선두 주자들이다.[3] 이와 대조적으로, 이탈리아 재건공산당은 스탈린주의와 좌파 사회민주주의 전통에 뿌리를 두고 있지만, (제4인터내셔널과 국제사회주의경향 지지자들을 포함해) 혁명가들도 재건공산당에 소속해 있다. 마지막으로, 급진 좌파 중에는 몇몇 연합체들 — 잉글랜드와 웨일스의 사회주의자동맹, 덴마크의 적녹동맹, 포르투갈의 좌파블록 — 과 하나의 정당, 즉 스코틀랜드 사회당도 포함돼 있는데, 이런 조직들도 기층에서는 혁명가들과 개혁주의자들이 함께 활동하고 있다.

이 다양한 조직들은 지금 유럽 반자본주의 좌파 회의 — 2년에

한 번씩 열리는 — 를 통해 공식적으로 단결하고 있다. 급진 좌파를 연결하는 이런 네트워크들이 존재한다는 것은 극적인 재편 과정이 진행되고 있다는 증거다. 예컨대, 2002년 9월 로마에서는 이탈리아 재건공산당이 [옛 소련의 붕괴 뒤에도] 살아남은 유럽의 주요 공산당들을 불러 모아 회의를 열었는데, 사회주의노동자당이 이 회의에 참가한 것은 5년 전에는 상상도 할 수 없는 일이었다. 이 과정은 서로 다른 혁명적 경향들 사이에서 발전해 온 토론들에도 반영돼 있다. 그런 경향들 중 가장 두드러진 것은 제4인터내셔널과 국제사회주의경향인데, 이 두 경향의 대표자들은 2002년 9월 파리에서 만났다. 이런 만남 역시 몇 년 전만 해도 상상할 수 없었다.

그러나 유럽에서 공식적으로 조직된 급진 좌파의 발전은 빙산의 일각일 뿐이라는 점을 중시해야 한다. 현재 진행 중인 급진화 과정은 훨씬 더 광범하다. 1990년대 이래로 유럽에서는 일련의 반자본주의 네트워크들이 출현했다. 예컨대, 1998년 창설 이래로 그 시야와 지리적 범위를 크게 확장한 프랑스의 토빈세 반대 운동체인 금융거래과세시민연합, 2001년 7월 G8 정상회담 반대 시위 이후 발전한 이탈리아 사회포럼 운동, 영국과 아일랜드의 '저항의 세계화', 그리스의 '제노바 2001 캠페인' 등이 있다.[4] 지금 이런 네트워크들과 그 밖의 여러 연합체들은 2002년 11월 피렌체에서 처음 열린 유럽사회포럼에 개입하고 있다. 세계사회포럼에 참가한 단체들도 많다. 그들은 지난해 유럽을 휩쓴 대규모 시위들을 조직하기도 했다. 즉, 이탈리아와 스페인의 노동법 개악 반대 시위, 프랑스의 반나치 시위, 특히 아프가니스탄과 이라크 전쟁 반대 시위를 조직했다. 전쟁저지연합은 전후 영국 역사상 가장 큰 평화운동의 초점이 됐다. 더욱이 그 운동을 세계 자본주의라는 더 광범한 쟁점과 연결하는 급진적 반제국주의의 날을 세우고 있다.

정당과 운동

이런 운동들의 발전은 오늘날 급진 좌파의 과제를 보여 준다. 급진 좌파는 이런 운동들과 효과적으로 관계를 맺을 수 있는가? 운동의 일부가 되고, 운동을 건설하며, 운동에 영향을 미치기 위해 정치적으로 투쟁할 수 있는가? 이것은 오늘날 우리가 치러야 하는 결정적 시험이다. 전국 수준이든 전 유럽 규모이든 서로 다른 조직들의 선거 개입은 이런 기준에 따라 판단해야지, 선거 개입 자체를 목적으로 여겨서는 안 된다. 예컨대, 올리비에 브장스노와 혁명적공산주의자동맹의 아주 효과적인 대통령 선거운동이 성공을 거둔 이유는 올리비에가 특히 프랑스 청년 다수의 반자본주의 의식을 잘 표현했기 때문이기도 하고 이런 의식을 표현하는 정치적 매개체를 건설하는 데서 혁명적공산주의자동맹이 중요한 구실을 했기 때문이기도 하다. 선거운동은 급진 좌파가 급진화 과정에 중요한 영향을 미칠 수 있는 여러 수단 중 하나일 뿐, 정치 개입의 특권적 형태가 아니다.

당연히, 급진 좌파는 정당 건설에 몰두한다. 반자본주의 운동 내에서 개혁주의와 자율주의 경향에 영향을 받은 많은 사람들은 이 논쟁적 견해를 배격한다. 레닌주의 전통을 제대로 이해하려면, 흔히 정당과 운동 둘 중 하나를 선택하는 잘못된 양자택일을 거부해야 한다는 것이 우리의 견해다. 혁명적 사회주의자들은 정당과 운동 둘 다 건설하려 해야 한다. 효과적인 사회주의 정당은 운동을 약화시키기는커녕 운동을 더 강력하게, 더 역동적이게, 더 응집력 있게 만들 수 있다. 예컨대, 사회주의노동자당은 전쟁저지연합의 주요 세력이다. 이 때문에 전쟁저지연합의 호소력이 더 약해지지는 않는다. 오히려 우리는, 예컨대 제국주의에 대한 공식적 비판이나 급진 이슬람에 대한 비난에 몰두함으로써 전쟁저지연합을 협소하게 만들려는 시도에 반대했다. 우리는 전쟁저지연합이 부시의 전쟁몰이, 그에 따른 인종차별적 공격, 시민적 자유 억압을 반대하는 활동에 집중해야 한다고 성공적으로 주장함으로써 전쟁저지연합이 최대한 포괄적인 기구가 되도록 하는 데 일조했고, 그 결과 대중운동의 기초를 놓을 수 있었다.

정당과 운동의 관계에 대한 이런 식의 평가는 더 광범한 혁명적 마르크스주의 전통에서 비롯한다. 그러나 이 전통은 일련의 영원한 교과서들이 아니라 하나의 역사적 과정이며, 그 역사적 과정을 통해 연속적인 혁명가 세대들은 당대의 구체적 투쟁들에 개입해 마르크스주의를 발전시켜 왔다. 우리가 어떤 종류의 정당을 건설해야 하는지, 그리고 누구와 함께 그런 정당을 건설할 것인지를 결정하기 위해서는 레닌과 트로츠키를 읽는 것만으로는 불충분하다(그것이 필수적이긴 하지만 말이다). 우리는 현재 급진 좌파에 가능성을 제공한 역사적 상황을 면밀히 검토해야 한다. 시애틀 시위, 제노바 시위, 9·11 이후 시기의 "당 건설"은 제2인터내셔널 시기나 러시아 혁명 직후, 스탈린주의의 전성기는 물론 1970년대나 1980년대의 당 건설과 같지 않다. 지금 우리가 건설해야 하는 당은 현재 우리가 직면한 역사적 상황에 결정적으로 달려 있다.

현재 진행 중인 좌파의 부활과 재편은 두 가지 중요한 원인이 있고 한 가지 중요한 도전에 직면해 있다.[5] 그 두 가지 원인은 스탈린주의의 붕괴와 반자본주의 운동의 발전이다. 한 가지 도전은 새로운 제국주의 전쟁이다. 중동부 유럽 스탈린주의 정권들의 몰락과 옛 소련의 해체는 처음에 국제적으로 좌파에 부정적 영향을 미쳤다. 왜냐하면 많은 사람들은 서구식 시장 자본주의의 대안 체제처럼 보인 것이 존재한다는 데 여전히 희망을 걸고 있었기 때문이다. 그런 희망이 아무리 무의식적이었을지라도 말이다. 그러나 "현실 사회주의"의 종말은 장기적으로 이데올로기적 의무를 청산하는 데 도움이 됐으며 활동가들과 지식인들이 자신들의 정치를 스탈린주의라는 괴물과 연관 지어야 한다는 의무감에서 벗어나 자본주의와 대결할 수 있도록 용기를 줬다. 새 시대로 진입했다는 생각을 크게 강화시킨 것은 세계 자본주의에 반대하는 국제적 운동이 발전한 것이다. 그 과정의 획을 그은 것은 시애틀·제노바·바르셀로나에서 벌어진 대규모 시위와 포르투알레그레에서 열린 세계사회포럼이었다. ≪역사의 종말≫ 이후 10년 만에 자본주의는 또다시 실천에서 도전받고 이데올로기에서 경쟁 상대를 만나게 됐다. 반자본주의 운동의 약점 — 특히 이데올로기적 모순, 그리고 조직 노동계급과의 모호한 관계 — 이 분명하다고 해서 국제적으로 좌파가 부활한 것의 엄청난 중요성이 감소하는 것은 아니다.[6]

운동이 직면한 도전은 분명하다. 탈냉전 시대는 새로운 제국주의 전쟁의 시대임이 입증됐다. 이 새로운 제국주의 전쟁의 시대에 미국은 독일·일본·러시아·중국 같은 주요 경제적·지정학적 경쟁국들과 먼저 대결하는 것이 아니라 미국의 세계 패권을 유지·강화하기 위해 중간급 자본주의 독재 정권들과 대결한다. 지금 이라크에 집중된 부시 정부의 전쟁몰이는 이 과정을 새롭고 위험한 국면으로 몰아갔다.[7] 따라서 반자본주의 운동이 발전할 수 있는 길은 그 초점을 확대하고 반전·반제국주의 운동으로 변하는 것밖에 없다. 이탈리아와 영국처럼 이 과제를 수행한 곳에서는 운동이 심화하고 확대됐다(사실, 영국에서 반전 시위들은 그 전까지 다소 흐릿했던 반자본주의 정서를 진정한 운동으로 확실히 변모시켰다). 반자본주의 네트워크들이 부시의 전쟁몰이 반대 운동을 활동의 중심으로 세우지 못했을 때, 프랑스에서 그랬듯이 운동은 교착 상태에 빠졌다. 아래에서 나는 이런 차이의 몇 가지 의미를 살펴보려 한다.

개혁주의는 끝났는가?

좌파 부활의 원인을 이렇게 분석한 것에 대해 스코틀랜드 사회당의 주류인 국제사회주의운동의 지도적 지식인 머리 스미스는 최근에 논쟁을 제기했다. 그는 이렇게 썼다.

> 혁명적 좌파의 재결집을 고찰하는 출발점은 노동운동의 더 광범한 재구성 과정이다. ……
>
> 그 출발점은 전통적 노동자 정당들의 질적 변화다. 이것은 사회주의 정치, 계급투쟁 정치에 기초한 새 노동자 정당들에게 가능성을 제시하고 있고, 그 자체가 1970년대 이후 자본주의가 발전한 결과다. 지난 10~15년 동안 재결집과 새로운 정당들을 위한 상황이 조성되고 있었다. 문제는 서로 다른 정치 세력들이 언제 그것을 깨달았는가 하는 점이다. 스코틀랜드 밀리턴트 노

동당Scottish Militant Labour은 그것을 1990년대 중반에 깨달았다. 바로 그 때문에 스코틀랜드 밀리턴트 노동당은 1996년에 스코틀랜드 사회주의자동맹과 1998년에 스코틀랜드 사회당을 결성하는 주도력을 발휘했다. 당시 사회주의노동자당은 그것을 전혀 깨닫지 못했으며 지금도 온전히 깨닫지 못하고 있다.[8]

사회주의노동자당이 온전히 깨닫지 못하고 있는 것은 정확히 무엇인가? 그 대답은 스미스가 "사회민주주의의 부르주아지화"라고 넌지시 언급한 것에서 찾아볼 수 있는데, 그는 그것을 상세히 말하지 않는다. 사회민주주의 정당들이 노동자 운동과 단절하고 공공연하게 자본주의적 조직으로 변모했다면 그것은 정말이지 커다란 변화일 것이다. 여기서 문제는 사회주의노동자당이 "깨닫지 못하고 있다"는 것이 아니라, 중요한 정치적 차이점이다. 그러나 영국 노동당, 호주 노동당, 독일 사회민주당, 프랑스 사회당 같은 조직들이 "부르주아지화"했다는 것이 사실이라 하더라도, 내가 묘사한 의미에서 좌파의 국제적 부활을 설명하는 데 이런 상황 전개만으로는 충분치 않다. 사회민주주의가 남긴 공백을 채우기 시작하려면 새로운 정치적 깃발을 올리는 것 이상이 필요하고 심지어 의회 선거에 입후보하는 것 이상이 필요하다. 그것은 또 새로운 투쟁과 운동의 발전에 달려 있기도 하다. 그런 투쟁과 운동 덕분에 점점 더 많은 노동자들과 청년들이 대안을 위해 저항하고 투쟁할 수 있음을 구체적으로 느끼기 시작하고 있다. 따라서 프랑스에서 "좌파의 좌파"가 발전할 수 있었던 출발점은 1995년 11~12월의 공공 부문 파업이었다.[9] 시애틀, 제노바, 아르헨티나는 더 광범한 국제적 전선에서 이런 구실을 했다.

그러나 한 가지 중요한 점에서는 스미스가 옳다. 전통적 노동자 정당들의 쇠퇴는 그 왼쪽에 공백을 남겨 놓았고 급진 좌파가 이 공백을 채우기 시작하고 있다는 것은 분명한 사실이다. 그러나 이것은 스미스가 말한 "10~15년"보다 훨씬 더 오랫동안 진행돼 온 과정이다. 그것은 두 가지 사건 ― 1956년과 1968년 ― 의 결과이며, 고전적 개혁주의의 쇠퇴라는 더 장기적인 과정이다. 1956년 ― 스탈린을 비난한 흐루쇼프의 비밀 연설과 소련의 헝가리 혁명 진압이 촉진한 ― 은 그때까지 노동자 운동을 함께 지배해 온 사회민주주의 정당들과 공산당들의 영향력에 처음으로 균열을 일으켰다. 1990년대 초에 영국 공산당CPGB이 몰락하기 전까지 충실한 공산당원이었던 역사가 에릭 홉스봄은 최근 1956년을 "혼수상태의 해", 공산주의 운동의 역사에서 "거대한 지진"이라고 불렀다.[10] 공산당이 정당성과 활동가들을 잃어버리자, 스탈린주의와 사회민주주의를 모두 대체할 대안을 발전시키려 하는 신좌파의 첫 번째 조직과 출판물이 등장했다.[11]

1968년 ― 더 일반으로는 1960년대 말과 1970년대 초에 선진 자본주의 나라들을 휩쓴 계급투쟁과 정치적 급진화의 분출 ― 은 극좌파 조직들에 우호적인 노동자들과 청년들을 훨씬 더 많이 만들어 냈다. 극좌파의 성공 정도나 그들에게 영향을 미친 이데올로기는 다양했지만 그들은 모종의 레닌주의 혁명 정당을 건설하려 했다. 1970년대 말에 이런 운동들이 쇠퇴한 데서 좌파의 위기가 비롯했다. 1980년대 레이건과 대처 시절에 시작됐고 1990년대에 신자유주의의 기치 아래 일반화한 자본가들의 공세는 좌파의 위기를 크게 심화시켰다. 우리는 지금 그런 위기에서 막 빠져나오기 시작했다. 그럼에도 1960년대와 1970년대의 투쟁에서 출현한 특정 조직들, 특히 유럽의 혁명적공산주의자동맹과 사회주의노동자당은 여전히 급진 좌파의 주요 세력이다. 그들이 구체화한 지적 전통과 역사적 경험은 급진 좌파가 더한층 발전하는 데서 큰 기여를 할 수 있다.[12]

지난 세대 동안 계급투쟁의 부침浮沈을 겪으면서 고전적 개혁주의는 쇠퇴했다. 비록 그것이 지속적 경향이 아니라 다양한 세력들의 상호작용을 포함하는 복합적 과정이긴 했지만 말이다. 특히 두 가지가 두드러졌다. 첫째, 사회민주주의 정당들이든 공산당들이든(1956년 이후 공산당의 특징 중 하나는 스탈린주의 정당에서 기존의 개혁주의 정당으로 거의 완전히 변모했다는 것이다) 대중적 개혁주의 정당들은 노동계급 기반이 상당히 축소되는 고통을 겪었다. 20세기 전반의 조밀하고 포괄적인 노동자 정당들 — 예컨대, 제1차세계대전 전의 독일과 1920년대의 바이마르 공화국 당시 "국가 안의 국가"로 널리 인식됐던 독일 사회민주당 — 은 더는 노동계급 활동가층의 지속적 개입과 정치적 충성에 의존할 수 없게 됐다.[13] 이 과정은 불균등하지만 — 독일보다는 영국과 프랑스(프랑스 사회당은 상당수의 육체 노동자들과 유기적 결합을 이룬 적이 결코 없었다)에서 더 두드러졌고, 일반으로 공산당들은 [속도가] 더 느렸다 — 명백히 일반적 현상이다.

개혁주의 정당들의 기반이 잠식된 이유는 다양한데, 대부분 더 큰 사회적 과정을 반영하고 있다. 한편으로, 의회와 지방 정치가 관료화하면서 점차 노동계급의 일상생활로부터 멀어졌다. 그와 동시에, 막대한 돈이 드는 미디어 선거가 선거운동의 초점으로 떠오르자, 현대의 선거 기구들이 지역 활동가들의 일상 활동과 동원에 의존하는 정도가 현저하게 낮아졌다. 다른 한편으로, 노동조합 현장조합원들의 활동, 지역사회운동, 그 밖의 기층 활동 형태들이 발전하자, 일차적으로 의회나 지방자치체 대표자들을 선출하거나 그들에게 압력을 넣는 것에 의존하지 않고 요구들을 제기하고 쟁취하는 수단들이 생겨났다. 이런 식의 "아래로부터 개혁주의는" 노동계급 대중이 "자신의" 정당들과 단절하는 데 일조했다.

이런 단절은 개혁주의를 쇠퇴하게 만든 두 번째 주요 요인, 즉 개혁의 범위 축소 때문에 더 강화됐다. 지난 30년 동안 진행된 자본주의의 위기와 신자유주의 구조조정은 1950년대와 1960년대 장기 호황기에 획득한 개혁들을 끊임없이 공격했다. 정권을 잡은 사회민주주의 정당들은 위와 아래, 기업인들과 노동계급 기반, 양쪽의 압력에 짓눌려 자본에 굴복하고 긴축 재정과 경제적 경쟁력이라는 미명 아래 점차 온건 개혁 프로그램들마저 포기했다. 1960년대와 1970년대 영국 노동당 정부들, 1981년부터 1994년까지 장기 집권하면서 점차 냉랭해지고 부패한 프랑스 미테랑 정부의 운명이 바로 그랬다.

더 근래에 유럽 사회민주주의 정부들의 집권, 즉 1990년대 말에 영국 노동당이 대처리즘에 대항하는 반란의 물결을 타고 집권한 것과 유럽 화폐 통합을 거치며 유럽 대륙에서 사회민주주의 정부들이 들어선 것은 이 과정이 한 단계 더 나아간 것이다. 이 단계에서는 "개혁"이라는 용어가 완전히 공허한 의미를 지니게 됐으며 한층 더 신자유주의적인 조처들을 가리키는 데 사용된다. 이것이 사회민주주의자들에게 가할 수 있는 타격은 2002년 4~6월 프랑스 대통령 선거와 의회 선거에서 드러났다. 그 선거에서 사회당-공산당 동맹을 지지하는 유권자들은 분열했다. 그들은 왼쪽으로는 트로츠키주의자 후보들에게, 오른쪽으로는 파시스트인 르펜에게 이끌렸다. 그 덕분에 스캔들에 시달렸던 드골주의자 시라크가 대통령이 될 수 있었고 덤으로 의회 다수파도 차지할 수 있었다.

분명히 사회민주주의는 쇠퇴하고 있다. 그렇다고 해서 "부르주아지화"하고 있는 것은 아니다. 레닌은 노동당 같은 정당들을 "자본주의적 노동자 정당"이라고 불렀다. 다시 말해, 그런 정당들은 자본주의에 대한 노동자들의 저항을 표현하지만 그런 저항을 자본주의 체제의 틀 안에 가두려 한다는 것이다. 이 모순적 기능은 노동조합 관료의 구실에 달려 있다. 노조 관료는 사회민주주의 정당의 의회 지도부와 조직 노동계급을 연결시킨다. 노조 관료 자체는 그 지위가 모호한 독특한 사회계층이다. 그들의 이해관계는 자본과 노동 간의 타협을 이뤄 내고, 따라서 노동자들의 투쟁이 체제에 대한 도전으로 발전하지 못하게 막을 수 있는 것에 달려 있다. 간단히 말해, 사회민주주의는 노조 관료의 정치적 표현이다. 이 관계는 의회 지도부와 현장조합원들의 압력을 단절시키는 완충장치가 되기도 하고 부르주아 정치 분야에서 그들의 운신의 폭을 제약하기도 한다.[14]

개혁주의와 노조 관료에 대한 마르크스주의적 분석을 고려하면, 사회민주주의가 "부르주아지화"했다고 단언하는 것은 사회민주주의가 노조 관료와의 연계를 통해 조직 노동계급과 맺고 있던 끈이 끊어졌다고 주장하는 것이다. 사실, 이것은 우파 사회민주주의 지도부, 특히 토니 블레어와 '제3의 길' 이데올로그들이 충실하게 추구해 온 것이다. 그들의 모델은 빌 클린턴의 "신민주당"이다. 그러나 블레어조차 이 목표를 달성하는 데 실패했다. 1997년과 2001년 노동당의 선거운동은 결정적으로 노동조합의 재정 지원과 인적 지원에 의존했다. 지금도 자금 부족에 시달리는 노동당 지도부는 노동조합들에게 노동당에 대한 재정 지원을 늘려 달라고 설득하고 있다. 이 과정은 일방적인 것도 아니다. 블레어가 조지 W 부시에게 유엔으로 가서 이라크 전쟁의 합법적 핑계를 얻어 내라고 필사적으로 설득하는 것은 노동계급 운동 내의 반전 정서가 얼마나 강력한지를 반영하는 것이다. 그것은 무엇보다도 2002년 10월 노동당 전당대회에서 반제국주의 수정안에 40퍼센트가 찬성표를 던진 것에서 잘 드러난다. 그중 대부분은 노동조합들이 던진 표였다.

유럽 다른 곳의 노동운동은 대처 집권 당시 영국 노동운동만큼 심각한 패배를 겪지 않았다. 대개 [영국보다는] 덜 소심한 노동조합과 대면한 대륙의 사회민주주의 정당들은 집권 당시에 많은 잘못들을 저질렀지만 자신들의 기반을 유지하기 위해 책략을 부렸다. 프랑스에서 리오넬 조스팽은 자신의 신자유주의 정책들과 극적으로 모순되는 사회주의적 미사여구를 신중하게 이용했다. 그가 지난해 4월 대통령 선거 1차 투표에서 치욕을 겪은 것이 이런 위선을 포기하고 더 노골적으로 부르주아 정치의 한가운데로 이동했기 때문이라는 것은 거의 틀림없다. 더 인상적인 것은, 지나치다 싶으리만큼 편의주의적인 게르하르트 슈뢰더가 유럽에서 가장 튼튼한 노동운동과 가장 끈질긴 프롤레타리아 개혁주의 정당의 반발에 부딪혀 정책을 바꾼 것이다. 그는 블레어와 함께 고전적 제3의 길 문서에 서명했지만 파산한 기업들을 구제했으며, 독일 기업들을 앵글로색슨 식 투기 자본에 개방했지만 기업인들이 요구한 노동시장 "유연화"의 속도를 늦췄고, 1999년에는 나토의 유고슬라비아 폭격에 열심히 참가했지만 2002년에는 이라크 전쟁에 반대한 덕분에 재선거에서 간신히 승리했다.

지난 세대 동안 사회민주주의와 조직 노동계급 사이의 연계는 상당히 느슨해졌지만 완전히 끊어지지는 않았다. 그런 연계가 느슨해졌다는 것은 중요하다. 한편으로는, 미디어나 대기업과 긴밀하게 연결된 지도부의 운신의 폭이 넓어졌다. 다른 한편으로는, 사회민주주의 좌파와는 다른 대안이 발전할 수 있는 가능성도 더 커졌다. 그러나 그런 연계가 여전히 남아 있다는 것도 중요하다. 개혁주의가 끝났다는 신념에 기초한 대안적 프로젝트는 모두 위험하게 표류할 것이다.

이런 신념이 위험한 이유 한 가지는 개혁주의가 사회민주주의 정당들보다 더 광범한 현상이기 때문이다. 사회의 혁명적 변화가 아니라 자본주의의 점진적 개선을 추구하는 정치 운동이라는 의미에서 개혁주의는 자본주의 체제 내에서 살고 있는 노동계급의 물질적 조건에서 비롯한다. 특히, 이런 조건들(특히 자본주의 경제가 낳는 파편화와 수동성) 때문에 노동자들이 스스로 사회를 지배할 수 있다고 믿지 않는 것에서 비롯한다. 심지어 노동자들이 투쟁에 참가하고 있을 때조차도 그렇다. 이런 자신감 부족을 깨뜨릴 수 있는 것은 지속적 계급투쟁과 조직된 혁명가들의 적극적 개입뿐이다. 개혁주의의 패배는 그저 자동으로 일어나는 일이 아니다.

더욱이 사회민주주의 정당이 존재하지 않는 곳에서도 개혁주의 의식은 존재할 수 있다. 이것은 미국에서 오랫동안 사실이었다. 미국에서는 노동조합 내에 있는 모종의 얼치기 사회민주주의가 명백한 자본가 정당, 즉 민주당과 많은 노동자들을 서로 묶는 데 일조했다. 개혁주의의 변형들은 심지어 전투적 대중운동 안에서도 발전할 수 있다. 이것은 유럽의 반자본주의 운동 안에서 아주 분명한 사실이다. 프랑스의 금융거래과세시민연합은 신자유주의의 폐해들을 교정하는 처방으로 국민국가 강화와 유럽연합 개혁을 제시하고 부시의 전쟁몰이에 반대하는 운동을 동원하려는 노력에 반대함으로써, 점차 우파적 색채를 분명하게 드러냈다. 레닌의 말을 기억하는 사람들은 이런 것을 보고도 전혀 놀라지 않을 것이다. 노동계급이 자생적으로 혁명적 의식으로 이끌리지 않을진대 더 느슨하고 더 무정형인 사회운동들이 그럴 리야 없잖은가.

재결집의 양상들

조직적 형태든 비조직적 형태든 개혁주의의 지속은 두 가지 중요한 정치적 의미가 있다. 첫째, 급진 좌파의 중요한 전략적 과제가 사회민주주의 정당들의 노동계급 기반을 획득하는 것이라는 점이다. 공산주의인터내셔널 초기에 이 목표를 달성하기 위해 만들어 낸 주요 도구 — 공동전선 전술 — 는 그 역사적 중요성을 아직도 간직하고 있다. 오늘날 공동전선은 흔히 새로운 형태를 취하기는 하지만 말이다. 지금 사회민주주의의 영향을 받고 있는 사람들을 혁명적 강령 쪽으로 끌어당기기 위해서는 다양한 정치세력이 공유할 수 있는 조직 형태들을 통해서, 그리고 여러 요구들을 둘러싸고 벌어지는 투쟁에서 공동 실천의 경험이 필수적이다.[15] 둘째, 개혁과 혁명이라는 고전적 구분 — 제2·제3 인터내셔널의 시기에 룩셈부르크와 레닌이 구별했던 — 도 여전히 매우 중요하다. 역사적 과정이 사회민주주의를 자동으로 쓸어버리지 않는다면, 조직 노동계급과 반전·반자본주의 운동 모두에서 개혁주의의 영향력을 약화시킬 수 있는 정치적 개입과 주장이 필요할 것이다. 사회민주주의의 파국에서 빠져나올 수 있는 길을 노동자들에게 제시하고 싶어 하는 정당은 그 강령과 실천이 개혁주의에 대한 혁명적 비판에 바탕을 둬야만 그렇게 할 수 있다.

이런 고려 사항들은 재결집 문제를 다루는 하나의 틀을 제시하는 데 도움이 된다. 지금 국제적으로 좌파는 세 가지 재결집 개념을 갖고 있다. 첫째는 이탈리아 재건공산당이 옹호하는 개념인데, 그것은 그들의 정치적으로 모호한 발전을 보여 준다. 재건공산당 지도부는 지금까지 살아남은 유럽의 주요 공산당들과 혁명적 좌파의 주요 조직들, 반자본주의 운동 내의 비정당적 세력을 한데 모으려 하는 듯하다. 이런 태도에는 두 가지 어려움이 있다. 먼저, 재건공산당은 최근 몇 년 동안 급격하게 좌경화했다는 점에서 유럽의 공산당들 중 예외적인 사례다. 프랑스 공산당이 처한 곤경은 다른 궤도를 극적으로 보여 준다. 프랑스 공산당은 조스팽의 "복수 좌파" 연정에 참여했다. 프랑스 공산당 소속 각료들은 국내에서 신자유주의 정책들을 시행하고 1999년 유고슬라비아 전쟁과 2001년 아프가니스탄 전쟁을 지원한 정부에서 일했다. 2002년 선거에서 처참한 심판("복수 좌파" 연정에 참여한 다른 정당들보다 훨씬 더 심각한 패배)을 받아 야당으로 전락한 프랑스 공산당은 지금 이라크 전쟁에 반대하는 운동을 통해 그 좌파적 신뢰를 재건하려 하고 있다. 그럼에도 이 시시한 역사가 보여 주는 바는 우리가 "급진 좌파"의 범위를 아무리 넓게 잡는다 해도 역사적 스탈린주의의 생존자들은 대체로 유용한 파트너들이 아니라는 것이다.

그러므로 이탈리아 재건공산당은 유럽 공산당들 중에서 특별한 사례다. 1998년 중도좌파적인 최초의 올리브나무 동맹을 붕괴시킨 이후 재건공산당이 결정적으로 좌경화한 것은 매우 환영할 만한 상황 전개다. 그럼에도 당 건설에 대한 재건공산당의 태도에는 미심쩍은 요소들이 있다. 1970년대 말 이탈리아에서 혁명적 좌파가 분출한 이래로 마르크스주의 문화가 극적으로 쇠퇴한 것을 반영해, 재건공산당은 이론적으로 지극히 절충적이며 특히 마이클 하트와 토니 네그리가 그들의 유명한 책 ≪제국≫에서 오늘날에 맞게 변형한 자율주의적 마르크스주의를 무비판적으로 대거 흡수했다. 조직노동자와 당 건설에 모두 일관되게 적대적인 좌파 이데올로기를 노동자 대중정당이 받아들인다는 것은 뭔가 역설적이다.[16]

더욱이 재건공산당은 당과 운동을 동일시하는 기존의 당 개념을 여전히 간직하고 있다. 그 개념은 스탈린주의와 사회민주주의가 모두 공유하는 것으로 레닌의 태도와 근본으로 모순된다. 레닌의 당 개념은 당과 계급을 날카롭게 구분하는데, 노동계급의 자의식적 부문인 당은 노동자 대중을 획득하기 위해 조직된다.[17] 결과적으로, 재건공산당은 반자본주의 운동의 정치적 이질성과 충돌하지 않는 경향이 있고, 따라서 다양한 경향들 사이에서 공동전선을 건설하는 것과 운동 안에서 혁명적 마르크스주의를 위해 이데올로기적으로 투쟁하는 것의 중요성을 깨닫지 못한다.

재결집에 대한 두 번째 태도는 국제사회주의운동과 그 국제적 동맹들이 옹호하는 것이다. 그에 따르면, 오늘날 당 건설의 모델은 스코틀랜드 사회당이다. 특히 머리 스미스가 옹호하는 것처럼, 이것은 개혁이냐 혁명이냐 하는 문제를 열어 둔다는 의미에서 광범한, 즉 "전략적 경계가 없는" 당이다. 이런 태도를 정당화하는 근거는 개혁주의가 사라졌다는 생각 — 내가 앞서 비판한 "사회민주주의의 부르주아지화" — 이다.[18] 이런 생각을 중시하는 스미스는 사회주의노동자당이 이 모델을 비판하며 스코틀랜드 사회당을 중간주의라고 비난하는 것은 혁명적 논쟁의 사전辭典을 심각하게 모욕하는 처사라고 주장한다.

> 우리는 당이 기본적 사회계급들이나 국가와의 관계에서 어떤 구실을 하는지에 따라 당 개념을 구체적으로 정의해야 한다. 중간주의 정당은 개혁주의 정치와 혁명적 정치 사이에서 동요하는 정당이다. 스코틀랜드 사회당이 과연 그런가? 현실은 스코틀랜드 사회당이 노동계급 속에서 선전과 선동을 수행하고, 국내외에서 노동계급이 직면한 모든 쟁점들을 제기하며, 사회주의적 대안을 제시하는 구실을 하고 있다는 것이다. 스코틀랜드 사회당이 여전히 취약한 것은 사실이지만, 동요한다거나 다른 정치 세력에 굴복했다는 징조는 없다.[19]

사실, 사회주의노동자당은 스코틀랜드 사회당을 중간주의 정당이라고 생각하지 않는다. 사회주의노동자당 지지자들은 '소셜리스트 워커 플랫폼Soicialist Worker Platform'이라는 의견그룹의 회원으로서 스코틀랜드 사회당에 충실하게 참가하고 있다. 스코틀랜드 사회당이 주요한 시험들, 특히 부시의 전쟁몰이에 직면해서 동요하지 않았다는 것은 분명하다. 이것은 스코틀랜드 사회당 지도자들이 진지한 혁명가들이라는 사실을 반영하는 것이다. 그러나 스코틀랜드 사회당 지도부에게 합당한 신뢰를 보낸다고 해서 그들이 어쨌든 당 건설 비법秘法을 발견했다고 인정하는 것은 아니다. 이미 스코틀랜드 사회당의 짧은 역사가 "전략적 경계가 없는" 모델의 어려움 몇 가지를 밝히 보여 줬다. 특히 두 가지가 두드러진다.

첫째, 개혁주의가 죽었다는 믿음 때문에 노동당에 대해 기회주의와 정반대인 종파주의적 태도를 취하게 됐다. 이것은 국제사회주의운동의 전제들을 고려하면 완전히 논리적이다. 노동당이 단지 또 다른 자본주의 정당이라면, 다른 주요 부르주아 정당들, 즉 보수당, 스코틀랜드 민족당, 자유민주당과 노동당을 달리 취급할 이유가 있을까? 그러나 노동당의 다른 점은, 특히 당내 좌파와 노조 지도자들 덕분에 여전히 조직노동자 대중의 지지를 받고 있다는 점이다. 이 점을 이해하지 못하면, 노동당의 핵심 지지층 사이로 침투할 수 있는 공동전선을 건설할 기회를 놓치게 된다. 스코틀랜드 사회당은 특히 조지 갤러웨이를 공격하는 등 어리석은 행동을 많이 했다. 스코틀랜드 노동당 소속 국회의원인 갤러웨이는 영국 반전운동에서 가장 강경한 반제국주의 지도자 중 한 명이었는데도 말이다. 스코틀랜드 사회당의 [개혁주의가 더는 문제가 되지 않는다는 듯한] 의기양양한 개념이 갖고 있는 문제점은 그 때문에 스코틀랜드의 조직 노동계급 안에서 불필요하게 고립될 수 있다는 것이다.[20]

둘째, 개혁주의를 과소평가하게 되면 역설적으로 개혁주의가 남긴 공백 전체를 채우려 들 수 있다. 스코틀랜드 사회당 지도부는 사회민주주의가 죽었다는 것은 일상의 경제적 요구들을 내놓고 투쟁하면 자동으로 급진화가 진행된다는 것을 뜻한다고 생각하는 듯하다. 이것은 모종의 편협한 경제주의로 나아갈 수 있다. 예컨대, 스코틀랜드 사회당의 몇몇 지도부가 반전운동 건설에 대항해서 자신들이 우선시하는 경제적 요구들(예컨대, 학교 무료급식)을 둘러싼 선거 선동을 추구하는 경향을 보인 것이 그런 사례다. 물론 경제적 요구들도 중요하지만, 지금 유럽의 분위기에서 경제적 요구들과 더 광범한 정치적 급진화를 억지로 분리하려 하는 것은 끔찍한 실수일 것이다. 예컨대, 영국에서는 진정한 "계급투쟁적 좌파"가 노조 관료 안에서 나타났다. 그들은 원칙에 기초해서 이라크 전쟁에도 반대하고 블레어의 신자유주의 경제정책에도 도전할 태세가 돼 있다(비록 그들 중 일부, 예컨대 소방수노조FBU의 앤디 길크리스트는 여전히 노동당을 강력하게 지지하고 있긴 하지만 말이다). 혁명가들이 경제와 정치를 계속 분리하려 함으로써 좌파 개혁주의자들보다 뒤처지는 것은 가슴 아픈 일이다.

그렇다고 해서, 개혁이냐 혁명이냐에 대한 태도를 회피하는 "전략적 경계가 없는" 당을 건설하는 것이 어떤 상황에서는 더 적절할 수도 있다는 점을 부인하는 것은 아니다. 예컨대, 현장조합원들의 실질적 지지를 받는 좌파 노조 관료 상당수가 노동당에서 떨어져 나와 비교적 분명한 개혁주의 강령을 내놓고 새 정당을 출범시키려 한다면, 제대로 된 혁명 조직은 처음부터 그 당 안에 들어가서 활동하는 것을 매우 진지하게 고려해야 할 것이다. 그러나 이런 류의 시나리오를 고려한다는 것은 스코틀랜드 사회당 식의 정당을 하나의 일반 모델로 취급할 수 있다는 뜻이 아니라 대중적 혁명 정당 건설이라는 더 장기적 과제를 위해 이용할 수 있는 하나의 수단으로만 취급할 수 있다는 것이다. 또, 잉글랜드와 웨일스의 실제 상황을 고려할 때, 사회주의적이긴 하지만 별로 혁명적이지는 않은 강령을 가진 사회주의자동맹 — 정당의 특징도 있고 공동전선의 특징도 있는 — 을 건설하는 것은 분명히 옳다. 사회주의자동맹을 혁명 정당이라고 인위적으로 선언한다면, 이제 막 노동당 정치와 결별하기 시작하는 노동계급 운동의 상당수 좌파로부터 고립될 것이다.[21] 그럼에도 그런 광범한 연합체 안에서 혁명가들이 하는 활동을 의미 있게 만드는 목표 — 대중적 혁명 정당 건설 — 와 연합체 건설을 결합시키기 위해서는 혁명가들의 독자적 조직을 유지하는 것이 필수적이다.[22]

재결집에 관한 세 번째 개념 — 혁명적 재결집이라는 — 은 사회주의노동자당이 옹호하는 것이다. 그 목표는 마르크스, 엥겔스, 레닌과 볼셰비키, 트로츠키와 좌익반대파가 발전시키고 옹호한 혁명적 마르크스주의 전통에 동의하고 오늘날 비종파주의적 기초 위에서 운동을 건설하고 싶어 하는 세력을 모두 규합하는 것이다. 이런 재결집 개념을 명확히 하기 위해 그 구성 요소들을 살펴보자.

먼저, 특정 경향이 [마르크스주의] 전통에 대한 자신들의 견해가 재결집의 기초가 돼야 한다고 고집한다면 의미 있는 재결집은 전혀 불가능하다는 점을 분명히 하는 것이 중요하다. 그렇다고 해서 사회주의노동자당이 자신의 중요한 이론적 유산들을 이제 옹호하지 않는다는 말은 아니다. 예컨대, 사회주의노동자당은 스탈린주의를 관료적 국가자본주의로 파악하는 토니 클리프의 이론을 여전히 옹호한다. 그러나 스탈린주의에 대해 우리와 견해가 다르다는 이유만으로 쉽게 배척할 수 없는 다른 혁명적 마르크스주의 견해들이 있다. 예컨대, 다니엘 벤사이드의 ≪때맞지 않은 마르크스≫ ― 최근 ≪우리 시대의 마르크스Marx for Our Times≫라는 제목으로 영역됐다 ― 는 역사를 서로 다른 시대의 개입으로 파악하는 근본적으로 비결정론적인 마르크스주의 개념을 옹호한다. 그는 혁명이 필연적 결과가 아니라 부르주아적 정상 상태가 중단된 것이며, 재앙으로 치닫는 자본주의 세계에 과감하게 개입하는 것이라고 주장한다. 벤사이드가 지적하듯이, 이것은 혁명적 마르크스주의에 대한 논쟁의 여지가 있는 해석으로, 결코 옛 소련을 퇴보한 노동자 국가로 파악하는 견해를 함축하지 않는다. 이 [소련이 퇴보한 노동자 국가라는] 이론은 오랫동안 제4인터내셔널의 공식 견해였고, 벤사이드는 제4인터내셔널의 주요 지도자인데도 말이다.

다시 말해, 혁명적 마르크스주의를 이해하고 실천하는 방식은 한 가지만이 아니라는 것이다. 그러나 벤사이드도 지적하듯이, 마르크스주의는 "몇 가지로 독해할 수 있는 실천 이론"이다. "어떤 해석도 좋다는 뜻은 아니다. 자유로운 해석이라는 이름으로 모든 것이 허용되는 것도 아니다. 모든 것이 타당한 것도 아니다."[23] 혁명적 마르크스주의는 노동운동이 겪은 일련의 커다란 위기에 대응하면서 발전해 왔다. 특히, 마르크스와 바쿠닌, 레닌과 카우츠키, 트로츠키와 스탈린 중 누구를 택할 것인가 하는 문제를 제기한 세 인터내셔널들의 붕괴가 그런 위기였다. 오늘날 스탈린주의에 대한 트로츠키의 비판을 어떤 형태로든 내포하지 않는 혁명적 마르크스주의는 그 버전이 어떤 것이든 전혀 쓸모가 없을 것이다. 트로츠키의 비판에는 스탈린 정권을 단순한 이데올로기적 일탈이 아니라 하나의 객관적 현상으로 파악하는 사회적 해석뿐 아니라 연속혁명론과 민중전선 비판도 포함된다. 그런 비판이 받아들여졌다면 운동이 "민족·민주 혁명"이라는 망상을 좇다가 겪은 일련의 재앙적 패배들 — 1925~1927년의 중국, 1936~1939년의 스페인, 1958~1962년의 이라크, 1965~1966년의 인도네시아, 1978~1979년의 이란 — 을 피하는 데 도움이 됐을 것이라는 점에서 트로츠키의 비판은 필수적 도구다. 남아프리카공화국에서 아파르트헤이트가 철폐된 뒤 신자유주의가 승리한 것 — 물론 이것은 세계사적 패배가 아니라 1980년대 노동자 투쟁과 지역사회의 거대한 투쟁 이후 찾아온 기회를 허망하게 놓쳐 버린 것이다 — 을 분석해 보면, 아프리카민족회의ANC와 남아프리카공화국 공산당 지도부가 민족 해방 투쟁과 사회주의를 위한 투쟁을 분리하려 했던 것이 그 원인임도 알 수 있을 것이다.[24]

물론 연속혁명론은 특정 경향의 소유물이 아니다. 비록 서로 다른 해석들이 있을지라도 말이다. 지속적 재결집을 위해서는, 연속혁명론을 포함하는 혁명적 전통을 함께 고수하는 것뿐 아니라 반자본주의 운동 건설에 대해 종파주의적이지 않은 태도를 취하는 것도 필수적이다. 명심해야 할 것은, 다른 운동 세력들과의 차이점에서 출발하는(물론 자기들 간의 차이점에서 출발하기도 한다) 경향을 공유하는 일부 영향력 있는 트로츠키주의 종파들이 있다는 사실이다. 이것은 정설 트로츠키주의 전통에서 유래한 조직들 — 예컨대 아르헨티나의 극좌파 대부분 — 사이에서 발견할 수 있고, 슬프게도 국제사회주의 전통에서 출발한 조직 — 미국의 국제사회주의자단체 — 에서도 발견할 수 있다.[25]

국제사회주의경향과 제4인터내셔널의 공통점 한 가지는 세계 자본주의에 반대하는 운동을 건설하기 위해 애쓴다는 것이다. 비록 그들이 더 광범한 운동 안에서 공동전선 활동과 당 건설이 취해야 할 정확한 균형에 대해서는 상당한 차이를 보이긴 하지만 말이다. 대체로 제4인터내셔널 동지들은 운동 안에서 정치적 주장을 펼치는 것에 대해 우리보다 훨씬 더 신중하다. 그중에서 아마 가장 중요한 것은 미국의 전쟁몰이 반대가 자본주의 세계화 반대 투쟁의 미래에 가장 중요하다는 우리의 주장일 것이다. 우리가 보기에 이런 차이의 이면에는 공동전선의 본질에 대한 오해가 숨어 있다.

가장 광범하고 가장 포괄적인 기초 위에서 운동을 건설하는 것과 다른 운동 세력들과 우호적으로 논쟁하는 것은 서로 모순되지 않는다는 것이 우리의 견해다. 오히려 전자는 후자의 전제 조건이다. 비종파주의적 태도의 기준은 혁명가들이 다른 사람들과의 차이점이 아니라 공통점에서 출발하는 것과 운동을 건설하기 위한 역동적 전략을 제시하는 것이다. 운동 안에서 벌어지는 논쟁이 가장 생산적인 경우는 아는 체하는 종파주의자들이 느닷없이 끄집어낸 문제들이 아니라 투쟁을 발전시키는 방법에 관한 구체적 문제들을 둘러싸고 논쟁이 전개될 때일 것이다. 그러나 어떻게 해서든지 논쟁을 회피하는 것은 자멸적이다. 모든 진지한 대중운동은 그 발전 과정에서 더 급진적인 세력과 덜 급진적인 세력으로 분화하는 것을 피할 수 없다. 오늘날 우리는 반자본주의 운동 안에서 프랑스 금융거래과세시민연합 지도부 주위로 개혁주의자들이 결집하는 것을 보면서 이를 알 수 있다. 혁명가들은 자신들보다 더 오른쪽에 있는 세력들에게 투항하지 않은 채 그들과 함께 활동하는 법을 알아야 한다.

좌파 재결집의 미래는 혁명가들이 이 미묘한 과제를 얼마나 잘 수행하는지에 달려 있다. 이와 동시에, 그들이 더 효과적으로 함께 활동하는 법을 배운다면 상당히 큰 보상을 받을 것이다. 따라서 다른 대륙들에 상당한 영향을 미치는 국제 경향들의 주요 유럽 조직인(예컨대, 제4인터내셔널의 경우는 브라질에서, 국제사회주의경향의 경우는 남한과 부분적으로 사하라 이남 아프리카에서) 혁명적공산주의자동맹과 사회주의노동자당 사이의 협력 증진은 세계 자본주의에 반대하는 운동 안에서 강력한 혁명적 무게중심을 형성하기 시작할 수 있다. 이런 일이 일어난다면, 그것은 점진적 과정을 통해서일 것이다. 그런 과정은 솔직한 정치적 토론과 실천적 협력의 경험을 축적함으로써 상호 신뢰를 구축할 수 있고 정치적 이해의 공유 틀을 형성할 수 있다. 그 과정이 제대로 진행되도록 주의를 기울이고 시간을 투여하는 것은 그럴 만한 가치가 있는 일이다. 발전하고 있는 새로운 투쟁 물결을 좌우할 수 있는 현실적 기회가 혁명적 마르크스주의자들에게는 점차 많아지고 있다. 우리가 이 기회를 내던진다면 ― 너무 오랫동안 머뭇거려서든 아니면 조급하게 사태를 강제하려다가 그렇게 되든 ― 그것은 비극일 것이다.

주

1 R Lapper, 'Latin America Turns Left', *Financial Times*, 29 July 2002.
2 R Lapper, 'US Right Scents a New "Axis of Evil" in Latin America', *Financial Times*, 23 October 2002.
3 안타깝게도, 유럽의 다른 주요 극좌파 조직인 노동자투쟁당은 점차 자멸적 결과를 초래하는 종파주의적 관행을 여전히 고수하고 있다.
4 이 운동을 "반자본주의" 운동으로 묘사하는 것은 논쟁의 여지가 있는데, 운동의 진정한 모호함을 가끔 반영하는 여러 가지 이유들 때문이다. 혁명적공산주의자동맹의 피에르 루세(Pierre Rousset)가 이 운동의 모호함을 잘 설명했다. 아시아·태평양 국제연대회의(2002년 부활절에 호주 시드니에서 열린)에서 루세는 이 운동이 일관된 혁명적 전망을 대안으로 갖고 있다는 의미에서가 아니라 체제를 거부한다는 의미에서 반자본주의 운동이라고 말했다. "반자본주의 운동"이라는 명칭은 이 운동의 반체제적 성격을 강조하고 우리가 세계화에 찬성하는지 반대하는지 하는 어리석은 논쟁을 피할 수 있다는 점에서 이중의 장점이 있다. 그러나, 앞으로 더 분명해질 텐데, 그렇다고 해서 이 운동이 혁명적 마르크스주의자들로 이뤄져 있다는 의미로 받아들여서는 안 된다.
5 나는 'Regroupment, Realignment, and the Revolutionary Left', *International Socialist Tendency Discussion Bulletin*, 1, July 2002[이 책의 2장]에서 한층 더 발전시켰던 주장을 여기서는 간략하게 제시하고 있다. 이 내부 회보는 극좌파 재결집에 관한 다양한 자료들을 담고 있다.
6 반자본주의 운동에 관한 훨씬 더 자세한 분석은 A Callinicos, *An Anti-Capitalist Manifesto*(Cambridge, 2003) 참조[국역 : ≪반자본주의 선언≫, 책갈피].
7 J Rees, 'Imperialism: Globalization, the State and War', International Socialism 93(2001)와 A Callinicos, 'The Grand Strategy of the American Empire', International Socialism 97(2003) 참조.
8 M Smith, 'Where is the SWP Going?', *Frontline*, 8(2002), 온라인판은 www.redflag.org.uk에서 찾아볼 수 있다. 스코틀랜드 밀리턴트 노동당은 스코틀랜드의 밀리턴트 경향 지지자들이 1990년대 초 노동당에서 떨어져 나온 뒤에 채택한 이름이었다(잉글랜드와 웨일스의 밀리턴트 회원들은 사회당에 가입했다). 그 뒤

스코틀랜드 밀리턴트 노동당은 사회당이 주도하는 국제 경향, 즉 노동자인터내셔널위원회 지지자들과 국제사회주의운동으로 분열했다. 노동자인터내셔널위원회 지지자들은 스코틀랜드 사회당 안에서 별도 강령을 가진 분파를 형성하고 있다.

9 J Wolfreys, 'Class Struggles in France', *International Socialism* 84(1999).
10 E J Hobsbawm, *Interesting Times*(London, 2002), ch. 12(pp 205와 210에서 인용).
11 1956년 이후 영국과 미국에서 신좌파의 발전에 관한 설명은 각각 D Widgery, *The Left in Britain 1956-68*(Harmondsworth, 1976)과 M Isserman, *If I Had a Hammer* ……(New York, 1987) 참조.
12 1967~1976년의 격변에 관해서는 C Harman, *The Fire Last Time*(London, 1988)[국역 : ≪세계를 뒤흔든 1968≫, 책갈피] 참조. 혁명적공산주의자동맹의 다니엘 벤사이드는 *Les Trotskysmes* (Paris, 2002)에서 제4인터내셔널 건설 경험, 특히 프랑스에서 제4인터내셔널 건설 경험을 비판적으로 평가했다.
13 영국에서 이 과정이 진행된 것에 대한 초기 분석은 B Hindess, T*he Decline of Working-Class Politics*(London, 1971) 참조.
14 T Cliff and D Gluckstein, *Marxism and Trade Union Struggle*(London, 1986), Part 1[국역 : ≪마르크스주의와 노동조합투쟁≫, 풀무질, 1995]과 *The Labour Party: A Marxist History*(London, 1988)[국역 : ≪마르크스주의에서 본 영국 노동당의 역사≫, 책갈피, 2008] 참조.
15 A Callinicos, 'Unity in Diversity', *Socialist Review*, April 2002.
16 자율주의적 마르크스주의에 대한 비판은 A Callinicos, 'Toni Negri in Perspective', *International Socialism* 92(2001)과 *An Anti-Capitalist Manifesto*, pp 80~83, 93~102, 그리고 A Nimtz, 'Class Struggle under "Empire": In Defence of Marx and Engels', *International Socialism* 96(2002) 참조.
17 T Cliff et, *Party and Class*(London, 1997)에 재수록된 C Harman, 'Party and Class'(1986) [국역 : "당과 계급" ≪마르크스주의와 당≫, 책갈피, 1993, 부록 1] 참조.
18 앞서 인용한 스미스의 글 외에도 'The LCR and the Question of a Workers' Party', *International Socialist Tendency Discussion Bulletin*, 1(July 2002) 참조.
19 Smith 'Where is the SWP Going?'
20 스미스에 대한 마이크 곤살레스(Mike Gonzalez)의 답변, 'The Socialist Worker

Platform and the SSP'이 *Frontline*에 실릴 예정인데, 이 글을 참조하시오.
21 사회주의자동맹에 대한 사회주의노동자당의 태도를 가장 완전하게 설명한 글은 John Rees, 'Anti-Capitalism, Reformism, and Socialism', *International Socialism* 90(2001)
22 앞서 말한 것에서 분명히 드러나는 점은 스미스와 다른 국제사회주의운동 지도자들이 사회주의노동자당의 태도와 노동자인터내셔널위원회 지도부의 태도를 비교하는 잘못을 범하고 있다는 것이다. 스미스가 지적했듯이, 노동자인터내셔널위원회 지도부는 "이런 식으로 조직을 개방한 결과에 당혹해 하면서 벙커로 후퇴해 버렸다"('Where is the SWP Going?'). 노동자인터내셔널위원회의 핵심인 영국 사회당은 스코틀랜드 사회당 결성에 반대했는데, 사회주의자동맹 대회 투표에서 패배한 뒤인 2001년 12월에 사회주의자동맹에서 떨어져 나갔다. 이와 대조적으로, 사회주의노동자당은 혁명적 재결집이라는 더 광범한 과정을 추구하는 활동의 일환으로 사회주의자동맹에 헌신하고 있음을 보여 줬다. 우리의 목표는 노동계급의 더 광범한 층을 개혁주의에서 떨어져 나오게 만드는 것이다. 스코틀랜드 사회당 모델을 거부하는 모든 사람들을 공공연한 또는 은폐된 종파주의자들로 배척하는 것은 초강경 비타협 태도의 한 형태다.
23 D Bensaïd, *Marx for Our Times*(London, 2002), p 2.
24 이 주제들에 관한 최근의 논쟁은 J Rees, 'The Democratic Revolution and the Socialist Revolution', *International Socialism* 83(1999) 참조.
25 A Callinicos, T*he Anti-Capitalist Movement and the Revolutionary Left*(London, 2001)[이 책의 1장].

04 혁명적공산주의자동맹 동지들에게 보내는 편지

'A Letter to LCR comrades',
International Socialist Tendency Discussion Bulletin 3 (June 2003).
http://www.istendency.net/pdf/international_3_2003.pdf

혁명적공산주의자동맹
동지들에게 보내는 편지

사회주의노동자당 중앙위원회가 다니엘 벤사이드, 레옹 크레미외, 프랑수아 뒤발, 프랑수아 사바도에게.

친애하는 동지들,

   2002년 12월 여러분이 우리에게 편지를 보낸 뒤로 많은 일이 일어났다. 세계 역사상 가장 큰 규모의 국제 항의 운동에 부딪힌 미국과 영국은 반전운동의 저항뿐 아니라 프랑스·독일·러시아를 필두로 한 세계 지배계급 대다수의 반발을 무릅쓰고 이라크를 정복하는 데 성공했고, 이제는 이라크를 사실상 식민 점령한 채 이란·시리아 등 이웃 국가들도 공격하겠다고 위협하고 있다.

   세계 정치에 걸린 판돈이 매우 커졌다. 물론 소규모 혁명 조직이 이런 사태 전개에 미칠 수 있는 영향은 적다. 그러나 그런 영향을 아예 무시할 수도 없다. 우리로 말하자면, 우리는 영국의 전쟁저지연합에서 지도적 구실을 해 왔다. 또 2월 15일을 이라크 전쟁 반대 국제 항의의 날로 발전시킨 반자본주의 활동가들의 네트워크에도 깊이 관여해 왔다. 처음에 피렌체에서는 유럽 수준에서 그렇게 했고 그 뒤 포르투알레그레에서는 전 세계 수준에서 그렇게 했다. 여러분으로 말하자면, 우리는 여러분이 프랑스 반전운동과 시라크라파랭의 연금 개악에 반대하는 투쟁에 깊이 관여해 왔다는 것을 알고 있다. 우리는 또 여러분의 제4인터내셔널 동지들이 다른 나라들에서 중요한 구실을 하고 있는 것을 높이 평가한다. 예컨대 우리는 유럽사회포럼 과정에서 제4인터내셔널의 이탈리아 지부인 반디에라 로사[적기赤旗] 활동가들과 긴밀하게 공조했다.

같은 길을 가기

이런 상황에서, 여러분이 보낸 편지는 우리 두 경향 사이의 관계에서 하나의 전환점이 될 수 있다. 첫째, 여러분이 제시한 전반적 상황 평가는 우리와 근본적으로 다르지 않다. 우리는 둘 다 자본주의 세계화와 제국주의 전쟁에 반대하는 운동들과 함께 정치적 급진화의 새 국면이 시작됐다는 것을 인정한다. 여러분이 말했듯이, "이제 혁명적 좌파에게 새로운 지평이 열리고 있다." 우리의 평가가 완전히 똑같지는 않다. 우리보다는 여러분이 부정적 측면을 더 강조하는 경향이 있다고 말하는 것이 공정할 것이다. 그래서 여러분은 위의 인용문 뒤에 "…… 그러나 패배의 악순환이 완전히 끝나지 않은 상황에서" 그렇다고 덧붙였다.[1] 예컨대, 사회민주주의의 진화를 평가할 때 두 경향 사이에는 분명히 강조점의 차이가 있다. 그럼에도 우리는 대체로 같은 방향을 지향하고 있다.

둘째, 여러분은 매우 타당하게도 "사회적 동원들과 …… 정치적 재구성 사이의 간극이 여전히 엄청나다"고 강조한다.[2] 이 점은 올봄에 영국의 정치 위기가 절정에 달했을 때 밝히 드러났다. 2월 15일에 반전운동은 200만 명을 런던 거리로 불러낼 수 있었지만, 중앙 정치에서 반전운동을 대표한 것은 무엇이었는가? 대체로 노동당 좌파 의원들의 반전反戰 움직임은 — 특히 조지 갤러웨이 같은 극소수의 훌륭한 경우를 제외하면 — 3월 18일 블레어 정부가 하원의 전쟁 찬반 표결에서 승리한 뒤 와해되고 말았다(이 승리 자체는 엄청난 속임수와 많은 '구舊노동당' 지지자들의 자기기만 능력에 달려 있었다). 이 경험을 통해 우리는 신자유주의와 전쟁을 열렬히 지지하는 신노동당에 환멸을 느낀 수많은 사람들에게 좌파적 대안으로 비칠 수 있는 — 사회주의자동맹은 그렇게 하는 데 한계가 있었다 — 다양한 세력들을 광범한 연합체로 결집시키는 것이 중요하다는 점을 확신할 수 있었다.

여러분은 또 좌파의 재편 가능성을 강조한다.

"노동자 운동의 역사적·정치적 순환이 끝나면서, 즉 스탈린주의가 붕괴하고 사회민주주의가 사회자유주의social liberalism로 변모함에 따라 노동자 운동의 재조직화가 당면 현안으로 떠올랐고 새로운 정치 세력, 즉 자본주의 체제와의 단절을 추구하는 세력을 건설하는 일이 매우 중요해졌다."[4]

여러분은 그런 세력이 "전략적 경계가 불완전한 정당"일 것이라고 주장한다. 즉, 그런 당의 강령은 "정치권력 장악의 형태와 양상"을 [구체적으로 못 박지 않고] 열어 둘 것이라는 주장이다. 그러나 여러분은 지금 프랑스에는 "그런 과정에 참여할 준비가 된 구체적 경향이나 활동가 집단"이 없다고 믿는다. 따라서 "새로운 정당, 대규모 정당을 건설"할 수 있는 더 나은 조건이 조성되기를 기다리면서 혁명적공산주의자동맹 건설을 지속하겠다는 것이다.[5] 우리는 이곳 영국에서 단기간에 더 광범한 좌파 연합체를 출범시킬 수 있는 가능성을 더 낙관적으로 보고 있다. 좌파 연합체 건설에 참여할 수 있는 세력들을 감안하면, 그런 연합체는 개혁과 혁명의 문제를 열어 둔다는 의미에서 분명히 "전략적 경계가 불완전"할 것이다. 그러나 우리는 그런 연합체에 참여하는 것이 대중적 혁명 정당 건설을 대체하는 것이 아니라 대중적 혁명 정당을 건설하는 수단이라고 생각한다. 이 문제는 나중에 다시 살펴볼 것이다.[6]

셋째, 여러분은 제4인터내셔널과 국제사회주의경향이 좌파 재편이라는 더 광범한 과정에 중요한 기여를 할 수 있다고 믿는다. "지난 10년 동안 전개된 상황을 볼 때, 우리 두 경향이 따로 조직을 유지해야 할 정당한 이유가 없다는 것이 우리의 견해다. 특히, 우리가 서로 다른 역사적·문화적 기원을 가진 경향들에게 모범을 보이고 더 큰 재편을 향한 길을 개척하기를 바란다면 더욱 그렇다."[7] 이것은 매우 중요한 진술이다. 수많은 약점들이 있지만 세계 수준에서 활동한다고 어느 정도 진지하게 자부할 수 있는 혁명적 마르크스주의 경향은 제4인터내셔널과와 국제사회주의경향 둘뿐이다. 우리 둘의 수렴은 우리 자신의 대오를 훨씬 뛰어넘어 영향을 미칠 것이다. 또, 우리는 다른 전통 출신의 혁명가들과 협력할 수 있는 가능성도 열심히 탐색하고 있다. 우리는 역사적 견해 차이, 예컨대 스탈린주의의 계급적 성격에 대한 이견을 이유로 이 상호 탐색 과정을 거부하는 것에 반대한다. 그리고 우리는 조직을 통합하는 문제도 열어 두고 있다. 이 점은 스코틀랜드에서 사회주의노동자당 당원들이 스코틀랜드 사회당에 가입하기로 결정한 것, 우리가 국제사회주의그룹ISG(제4인터내셔널의 영국 지부) 동지들에게 사회주의노동자당 가입을 권유한 것, 프랑스의 우리 자매 조직인 '아래로부터 사회주의SPEB' 동지들이 혁명적공산주의자동맹 가입을 신청한 것에서 드러난다.

그러나 안타깝게도 국제사회주의그룹은 우리의 권유를 거절하기로 결정했고 오히려 사회주의노동자당에 적대적인 세력들이나 때로는 혁명적 정당 프로젝트에 적대적인 세력들도 포함된 '사회주의적 저항SR'이라는 재결집체 건설을 지지함으로써 사실상 우리로부터 멀어지고 있다. 한편, 혁명적공산주의자동맹 중앙위원회는 '아래로부터 사회주의'를 받아들이는 문제의 결정을 9월로 연기했다. 이 구체적 결정들을 여기서 자세히 논의하는 것은 쓸데없는 일일 것이다. 더 광범한 정치적 현안들을 살펴보는 것이 더 유익할 것이다. 여러분은 "우리 사이에 장애물"이 있고 그것은 "특히 당 건설과 대중조직 사이의 관계라는 문제에 집중된다"고 주장한다. 첫째, 여러분은 우리가 실천에서 대중운동의 자율성을 존중하지 않는다고 주장한다. 둘째, 우리가 "조직적 다원주의의 가능성을 포용하지 않는 당 개념"을 갖고 있다고 주장한다. 셋째, 우리가 아래로부터 사회주의에 헌신하는 것과 "단결한 대중운동에 대해 강력하게 수직적인 관계를 추구하는 정당 활동을 하는 것" 사이에 모순이 있다고 주장한다.[8] 이런 비판들이 제공하는 유용한 논의 틀을 이용해 우리는 우리 두 조직이 관여하는 더 광범한 운동의 발전과 관련된 더 구체적인 문제들을 다룰 것이다.

정당과 운동

그렇다면 '단결한 대중운동'을 대하는 사회주의노동자당의 태도는 무엇이 문제인가? 여러분은 우리가 "사회주의노동자당의 일반적 개념들과 선험적으로 일치하는 대중조직"을 건설하고 있다고 주장한다. 여러분이 그 구체적 사례로 든 것은 피렌체 유럽사회포럼의 '정당과 운동' 세션에서 크리스 나인햄이 한 연설뿐이다. "그[나인햄]는 '저항의 세계화'를 대표해서 연설을 시작하더니 주로 혁명적 정당 건설을 호소하면서 연설을 마쳤다!"[9] 앞뒤 맥락을 살펴보자. 정당이 하는 구실은 자본주의 세계화 반대 운동 안에서 매우 논쟁적인 쟁점들 가운데 하나다. 세계사회포럼 헌장은 정당의 참가를 공식적으로 배제한다. 그 동기는 다양하다. 정치를 반대하는 모종의 자율주의도 그중 하나인데, 제4인터내셔널과 국제사회주의경향은 모두 이런 자율주의를 거부한다. 정당 참여를 금지했음에도 브라질 노동자당과 프랑스의 복수 좌파들[사회당·공산당·녹색당]은 저마다 나름의 목적으로 포르투알레그레 세계사회포럼을 이용할 수 있었다. 유럽사회포럼 프로세스 안에서 우리는 이런 위선을 비판했고, 신자유주의와 전쟁에 분명히 반대하는 정당은 모두 사회포럼에 참가할 수 있게 해야 한다고 주장했다. 비록 프랑스 금융거래과세시민연합의 지도부는 단호하게 반대했지만, 우리의 주장은 유럽의 많은 네트워크들 사이에서 분명히 반향을 불러일으켰다.

피렌체에서 "정당과 운동" 세션은 일련의 타협 노력 가운데 하나였다. 그 세션에는 이탈리아 재건공산당의 파우스토 베르티노티, 혁명적공산주의자동맹의 올리비에 브장스노, 금융거래과세시민연합의 베르나르 카상도 참석했다. 크리스 나인햄은 '저항의 세계화'를 대표해서 발언했지만 그는 사회주의노동자당의 지도적 당원이기도 하다. 그는 연설에서 운동 건설 가능성에 집중했고, 오직 이 맥락 속에서만 급진적·혁명적 좌파가 이 과정에 기여할 수 있는 바를 논했을 뿐이다. 그는 무엇을 하려 했는가? 절대로 핵심적인 이 문제를 그저 회피한 채 운동 안에 혁명적 정당이 필요하다는 것에 대해서는 아무 말도 하지 말아야 했는가? 그것은 이 문제를 놓고 혼란을 조장하는 위선에 동참하는 것일 뿐이다. 또, 그것은 사회주의노동자당 당원이 아니면서 '저항의 세계화'에서 중요한 구실을 해 온 활동가들도 경악시켰을 것이다. 그런 활동가들 중 크리스의 연설에 불평한 사람은 아무도 없었다. 그는 중요한 논쟁에 대해 자신의 소신을 솔직하게 밝혔을 뿐이다. 덧붙여 말하자면, 크리스의 연설에 대해 우리에게 부정적 반응을 나타낸 사람들은 오직 프랑스 활동가들뿐이었다. 거대한 청중은 주로 이탈리아 청년들이었는데 그들은 '정당 찬성파' 연사들을 모두 뜨겁게 환영했다. 피렌체 유럽사회포럼에서 단연 가장 큰 집회였던 이 세션은 피렌체를 '빨갛게' 만든 사건들 가운데 하나였다. 피렌체에서 반자본주의 운동과 급진 좌파가 공공연하게 결합한 것은 중요한 일보 전진이었다. 그래서 여러분도 잘 알다시피 운동의 우파, 특히 프랑스 운동의 우파가 그토록 격렬하게 반발했던 것이다.[10]

반자본주의 운동 내의 정치적 분화 문제는 나중에 다시 살펴보겠다. 먼저, 사회주의노동자당이 "사회주의노동자당의 일반적 개념들과 선험적으로 일치하는" 운동들을 건설하려 한다는 비난은 완전히 터무니없는 소리다. '저항의 세계화'는 사회주의노동자당과 정치적 견해가 다른 활동가들, 예컨대 진보적 무슬림들이나 디소베디엔티[이탈리아의 자율주의 단체]의 영향을 받은 동지들과 사회주의노동자당 당원들이 한데 모인 공동전선이다. 우리는 좌파 노조들과 NGO들을 끌어들이려고 무척 애쓰고 있다. 그래서 통신노조 사무총장 빌리 헤이스가 참석해서 연설한 최근의 '저항의 세계화' 컨퍼런스는 이 방향을 향한 중요한 일보 전진이었다. 그러나 상당히 더 중요한 사례도 있다. 사회주의노동자당 당원들은 전쟁저지연합에서 지도적 구실을 하고 있다(위대한 반전 시위의 주요 조직자였던 크리스 나인햄도 그중 한 명이다). 전쟁저지연합이 "사회주의혁명당의 일반적 개념들과 선험적으로 일치하는" 운동인가? 만약 그렇다면 우리는 우리의 생각보다 훨씬 더 중요한 조직이다. 전쟁저지연합은 영국 역사상 최대 규모의 시위를 조직했다. 그리고 올해 대규모 대의원대회를 두 차례나 개최했다. 이 모든 것이 단지 사회주의노동자당의 외피에 불과한가? 진짜 그렇다면 우리도 정말 좋겠다.

사실, 전쟁저지연합은 당연히 대중적 공동전선이고 그 핵심에는 혁명적 사회주의자들, 노동당 의원들, 좌파 노조 지도자들, 진보적 무슬림들이 있다. 전쟁저지연합의 정치적 원칙은 간단하다. '테러와의 전쟁'에 반대하고 시민적 자유 억압과 난민 억압에 반대한다는 것이다. 사회주의노동자당은 우리의 "일반적 개념들"을 강요하기는커녕 종파주의적 극좌파 단체들이 전쟁저지연합으로 하여금 순수한 반제국주의 강령을 채택하게 만들려는 것에, 또 무슬림 단체들을 배격하려는 것에 맞서 싸웠다. 이런 태도 덕분에 우리는 그토록 엄청난 규모로 대중을 동원할 수 있었고 영국과 미국의 이라크 정복에 실망해서 운동을 포기하거나 해산하지 않을 수 있었다. 부르주아지가 주도하는 영국무슬림협회 같은 단체들도 포함한 무슬림들에 대한 전쟁저지연합의 개방성 덕분에 우리는 매우 광범한 반전운동을 건설해서 매우 많은 아시아인들과 아랍인들을 대체로 세속적인 급진 좌파 지도부 아래로 불러 모을 수 있었다. 우리 말이 미덥지 않다면, 국제사회주의그룹*의 테리 콘웨이가 전쟁저지연합을 평가한 글을 보라. 그는 결코 우리를 무비판적으로 지지하지 않지만, "사회주의노동자당이 [전쟁저지]연합의 핵심으로서 하는 구실에 대한 전반적 대차대조표는 압도적으로 긍정적"이라고 지적한 뒤 다음과 같이 강조한다. "제국주의의 중요한 프로젝트에 반대하는 가장 성공적인 운동의 핵심에는 일반으로 혁명적 좌파, 특히 사회주의노동자당이 있었다."[11]

---

* 혁명적공산주의자동맹이 주도하는 제4인터내셔널의 영국 지부.

전쟁저지연합은 대중적 공동전선을 건설하려는 사회주의노동자당의 실천에서 가장 최근 사례일 뿐이다(물론 가장 중요한 사례이기도 하다). 아마 그 전에 있었던 가장 중요한 역사적 사례는 반나치동맹ANL일 것이다. 반나치동맹은 노동당 의원들이나 다른 활동가들과 아주 긴밀하게 협력하면서 1993년 10월의 단결 행진을 조직했는데, 그 시위에는 6만 명이 참가해서 영국 국민당BNP[나치 정당] 본부까지 행진했다. 사회주의노동자당의 역사에서는 그런 공동전선이 중요했다. 그렇다면 이 문제에서 혁명적공산주의자동맹과 우리의 이견의 진정한 근원은 무엇인가? 사회운동의 자율성이라는 유명한 문제로 돌아가서 답변해 보자. 우리가 보기에 이것은 각국 정치 문화의 차이나 아미앵 헌장*등과 아무 관련이 없다. 오히려 영국 노조들이 흔히 노동당 가맹 단체이면서도 프랑스나 이탈리아 노조보다 덜 정치적이고 더 자율성을 추구한다. 프랑스나 이탈리아에서는 역사적으로 흔히 노조와 정당의 협력이 중요했다.

이 부차적 쟁점으로 두어 차례 우리의 주의를 딴 데로 돌리긴 했지만, 여러분이 다음과 같이 말한 것은 옳다. "그럼에도 정당과의 관계에서 노조나 사회단체의 독립성이라는 원칙, 노조나 사회단체의 다원성과 민주주의에 대한 존중이라는 위대한 원칙들은

---

* 1906년 아미앵에서 열린 프랑스 노동총연맹CGT 9차 대회에서 채택된 헌장으로 노동조합 운동과 정당의 분리가 그 골자였다.

보장될 수 있어야 한다."[12] 우리도 동의한다. 더욱이, 우리는 이런 원칙들을 지지한다. 이것은 단지 형식적 태도가 아니다. 여러분이 지적하듯이, 국제사회주의 전통은 아래로부터의 사회주의 사상, 즉 마르크스의 표현을 빌리면 노동계급의 자기 해방이라는 사상을 주된 기준점으로 삼고 있다. 우리는 아래로부터의 자주적 활동과 자기 조직화가 추동하는 근본적으로 민주적인 과정이 혁명이라고 생각한다. 룩셈부르크의 소책자 《대중파업》은 항상 우리의 주요 기준점 가운데 하나였다. 우리가 민주적으로 조직된 노동계급이 아닌 다른 세력들 — 동유럽에서는 [옛 소련의] 적군, 중국·쿠바·베트남에서는 농촌 게릴라들 — 이 자본주의를 전복할 수 있다는 생각에 한 번도 동의하지 않은 것은 이 때문이었지 과거의 유령들을 불러내려 하기 때문이 아니다. 이런 사회주의 개념은 특히 우리의 노동조합 활동에서 잘 드러난다. 우리는 좌파 노조 지도자 선출에 의존하기보다는(물론 좌파 지도자와 우파 지도자가 대립할 때 우리는 항상 좌파 지도자를 지지한다) 노조 안에서 현장 조합원 조직을 건설해서 평범한 노동자들이 노조 지도자들로부터 독립적으로 싸울 수 있게 하려 한다. [노동조합] 투쟁이 벌어지면 우리는 상근 간부들에 의존하기보다는 민주적으로 선출된 파업위원회를 건설하자고 주장한다.

따라서 우리는 노동조합을 비롯한 여러 사회운동의 민주적 자기 조직화를 강력하게 지지한다. 이것은 우리가 운동의 자율성을 지지한다는 말인가? 그렇기도 하고 아니기도 하다. '그렇다'는 것은 우리가 이른바 운동의 조직상의 자율성을 지지한다는 뜻이다. 다시 말해, 운동 단체들은 회원들의 참여를 최대한 보장하는 민주적 절차들을 바탕으로 독자적 결정을 내려야 하고 간부·대의원·위원회 등은 민주적으로 회원들에게 책임을 져야 한다. '아니'라는 것은 우리가 노동조합 등등이 정치적·이데올로기적으로 자율적일 수 있다고 믿지 않는다는 뜻이다. 노동조합 등등의 정치적·이데올로기적 자율성이 사실이라면 운동은 더 광범한 사회적 흐름의 영향을 받지 않는 견해들을 정식화할 수 있을 것이다. 이런 염원은 때때로 자본주의 세계화에 반대하는 새로운 운동이 "비非이데올로기적"이라고들 말할 때 분명히 드러난다. 그러나 그것은 착각이다. 사실, 이데올로기를 '초월'할 수 있다는 믿음보다 더 이데올로기적인 것도 없다. 자본주의 사회는 적대적 세력들의 각축장이고, 그들이 서로 충돌하는 과정에서 다양한 견해들 ― 그람시가 '세계관'이라고 부른 ― 이 생겨난다. 모름지기 운동은 그 염원이 그다지 크지 않더라도 그런 사회 세력들과 견해들에 대해 은연중에 그 나름의 태도를 취하기 마련이다. 운동이 사회 계급, 정치 세력, 이데올로기의 투쟁으로부터 사실상 자율적일 수 있다는 생각은 순전한 몽상이다.

 이 주장이 사실이라면 ― 우리는 혁명적 마르크스주의자들인 여러분이 이를 부인할 것이라고 생각하지 않는다 ― 여기에는 구체적인 정치적 함의가 있다. 그것은 자본주의 세계화에 반대하는 오늘날의 운동이 단지 저항을 논의하고 조직할 수 있는 네트워크에 불과한 것은 아니라는 점이다. 그 운동은 서로 경쟁하는 이데올로기들과 전략들의 투쟁 공간이기도 하다. 지금 우리 주위에서 바로 이런 일이 일어나고 있다. 운동 안에는 다양한 정치적·이데올로기적 구심점이 있다. 그중 하나가 디소베디엔티로 대표되고 네그리·하트·홀러웨이의 저작들에서 이론적 뒷받침을 받는 것[자율주의]이다. 자율주의는 말로는 매우 급진적이지만 사회변혁의 주체인 노동계급의 핵심적 구실을 인정하지 않기 때문에 초좌파적 선도투 정치에서 개혁주의적 실천과 견해로 미끄러질 수 있고, 이 둘은 모두 노동자 운동에 대한 사회민주주의의 지배력을 전혀 건드리지 않거나 오히려 강화한다. 아르헨티나의 경험은 이 점을 잘 보여 준다. 그러나 반자본주의 운동 안에는 개혁주의 세력도 있다. 여러분은 프랑스 금융거래과세시민연합의 지도부가 개혁주의 세력이라는 사실을 인정하기를 주저한다. 금융거래과세시민연합 내에는 "노골적으로 온건하고 개혁주의적인 경향들과 급진적·혁명적 경향들"이 공존하기 때문인 듯하다.[13]

지난해 12월에는 이런 주장을 둘러싸고 논쟁이 벌어질 법했지만* 이제 더는 그럴 수 없다. 물론 금융거래과세시민연합은 정치

---

* 11월 피렌체 유럽사회포럼 폐막식 때 영국과 이탈리아 활동가들이 주도한 대규모 반전 시위가 벌어진 뒤 금융거래과세시민연합이 이 시위를 적극 조직한 사회

적으로 동질적이지 않은 운동이다. 그럼에도 금융거래과세시민연합 내부의 지배적 세력은 베르나르 카상과 그의 동맹들인 프랑스 공산당이나 노동총연맹과 연계된 인사들 ― 예컨대, 금융거래과세시민연합 의장인 자크 니코노프 ― 을 중심으로 한 우파들이다. 이들은 [2003년] 11월 파리 생드니에서 열릴 유럽사회포럼 준비 과정을 관료적으로 통제하려고 최선을 다하고 있다. 프랑스 공산당의 외피인 지식인 단체 '마르크스의 공간Espaces Marx'이나 유럽 네트워크인 '변혁Transform'을 통해 옛 유럽 공산당의 잔여 세력들과 관계 맺고 있는 이 우파들은 피렌체에서 벌어진 것과 비슷한 일이 더는 반복되지 않게 하고 생드니에서는 급진 좌파들을 확실히 주변화시키겠다는 의도를 노골적으로 드러내고 있다. 이 우파 축의 정치는 카상이 최근 쓴 글에서 분명히 드러난다. 그는 "국제 쟁점에서는 시라크를 지지하면서도 국내에서는 라파랭에 맞서 싸울 방안"을 모색한다. 그는 금융거래과세시민연합이 프랑스·독일·벨기에가 제안한 유럽 방위 구상을 지지해야 할지 말아야 할지 묻는다. 그는 다음과 같이 주장한다. "무력의 자의적 사용을 바탕으로 한 미국의 전략 앞에서 다른 세계를 향한 운동은 현실 도피적 방위 정책을 실천할 수 없다."[14] 다시 말해, 반자본주의 운동은 미국 제국주의에 맞설 대항력으로 유럽 제국주의

주의노동자당을 비난하는 성명서를 발표해서 이를 둘러싸고 논쟁이 벌어졌다.

를 지지해야 한다는 것이다. 이것은 사실상 부시의 전쟁몰이에 반대하는 투쟁의 정치적 지도력을 시라크-라파랭에게 넘겨주자는 말과 다를 바 없다.

이처럼 운동이 정치적으로 명백히 양극화하는 상황에서는 급진 좌파 — 와 혁명적 좌파 — 도 조직화해야 한다. 그렇다고 해서 운동을 분열시켜야 한다거나 (사실상 똑같은 말이겠지만) 운동을 극좌파의 외피로 만들려고 노력해야 한다는 뜻은 아니다. 이곳 영국의 공동전선에서 우리가 실천하는 바를 보면 운동을 분열시키거나 극좌파의 외피로 만드는 것이 우리에게 얼마나 이질적인 것인지를 알 수 있을 것이다. 그러나 혁명적공산주의자동맹이나 사회주의노동자당 같은 조직들이 해야 할 일은 공공연하게 그리고 강경하게 우파에 도전하고 운동을 위한 독자적 전략을 제시하는 것이다.

우리가 그렇게 하지 않는다면 두 가지 사태가 벌어질 것이다. 첫째, 우파가 피렌체 유럽사회포럼 준비 과정에서는 할 수 없었던 방식으로 운동의 의제를 좌지우지하기 시작할 것이다. 지난해에 이라크 전쟁 가능성이 점차 유력해지고 있을 때 이탈리아와 영국 활동가들은 전쟁을 피렌체 유럽사회포럼의 핵심 주제로 삼아야 한다는 주장을 선도했다(프랑스 금융거래과세시민연합의 반대를 무릅쓰고 그렇게 했다는 점을 말해 둬야겠다). 그 결과, [2002년] 11월 9일 시위에 100만 명이 참가했고 [2003년] 2월 15일 세계

항의의 날에는 훨씬 더 대규모 시위들이 벌어졌다. 그러나 급진 좌파의 단호한 개입이 없다면 그런 과거의 성공은 자동으로 되풀이되지 않을 것이다. 지난 2년의 경험 — 제노바에서 피렌체를 거쳐 에비앙까지 — 은 우파를 수세로 몰아넣은 기층 운동의 지속적 급진화 덕분에 급진 좌파가 자신에게 우호적인 상황에서 운동에 개입하고 있음을 보여 준다. 둘째, 바로 이런 급진화 때문에, 우파가 운동을 지배하면 정치적 공백이 생길 것이고 유럽 전역의 수많은 청년들을 디소베디엔티의 품으로 몰아넣을 것이다. 혁명적 마르크스주의자들이 카상, 니코노프와 자율주의자들 둘 모두와 다른 급진적 대안을 제시한다는 것을 실천에서 입증하지 못하면 하트, 네그리와 홀러웨이에 대한 다니엘 벤사이드의 훌륭한 이론적 비판도 현실적 힘을 상실하고 말 것이다.

오늘날의 혁명적 정당

어떤 면에서, 반자본주의 운동 안에서 발전하는 정치적 분화에 대한 이런 분석은 오래 전에 레닌이 말한 진실, 즉 대중운동이 자생적으로는 혁명적 사회주의 정치로 이끌리지 않는다는 사실을 다시 확인하는 것에 불과하다. 지금 같은 급진화 시기에는 청년 활동가들과 나이 든 활동가들이 모두 새로운 견해들을 받아들이지만, 최상의 견해가 자동으로 득세하는 것은 아니다. 오히려 1960년대 말 미국에서는 마오쩌둥주의의 파괴적 형태들이 거대한 정치[적 급진]화 물결의 주된 수혜자가 됐다(비록 단명에 그치긴 했지만 말이다). 새 세대를 설득하려면 혁명적 사회주의자들은 스스로 운동의 일부가 돼야 하고 우리 사상의 타당성을 구체적으로 입증해야 한다. 바로 이것이 시애틀 시위 이후 우리가 줄곧 주장해 온 바다. 우리는 다양한 경향들이 바로 이 과제에 어떻게 대처하는지를 보고 그들을 판단한다. 무엇보다, 혁명적공산주의자동맹 동지들이 금융거래과세시민연합과 세계사회포럼에 깊이 뿌리내리고 있었으므로 우리가 여러분에게 다가갈 수 있었던 것이다.

그러나 뿌리내리기만으로는 충분치 않다. 여러분 자신이 대중 동원과 그 정치적 표현 사이의 간극을 강조했다. 정치조직이 필요하다. 혁명적 정당을 옹호하는 고전적 근거는 그것이 구체적 투쟁의 경험을 일반화하고, 이런 일반화를 바탕으로 운동을 전진시킬 수 있는 강령과 전략을 정식화하고, 이 광범한 개념들을 현실에서 구현하기 위해 조직적으로 개입한다는 것이다. 상황이 좋다면 — 지난 몇 년 동안 우리에게는 반전운동의 상황이 가장 좋았다 — 혁명가들이 운동에서 배울 뿐 아니라 운동을 강화하고 운동에 방향을 제시하기도 하는 상호 발전 과정이 전개된다.

사회주의노동자당의 당 건설 방식에 대한 여러분의 이견은 무엇인가? 여러분은 "중요한 것과 부차적인 것, 전략 문제와 전술 문제를 구분해야 한다(이것이 항상 쉬운 일은 아니다). 그러지 않으면, 차이를 바탕으로 한없이 파편화하는 종파주의의 논리를 벗어나지 못하는 고통을 겪게 된다. 이 차이는 몇 년(심지어 몇 달) 후 되돌아보면 그다지 중요하지 않았음이 드러날 것이다" 하고 경고한다. 그리고 1971년 혁명적공산주의자동맹이 분열해서 '공산주의노동자조직-혁명파OCT-Revolution'가 건설된 것, 더 최근에 미국 국제사회주의자단체와 국제사회주의경향이 결별한 것을 그런 사례로 들고 있다. 이 [종파주의의] 논리는 "경향이나 분파 건설을 당 건설과 동일시"한 결과라고 여러분은 주장한다. 이런 파괴적 태도를 피할 수 있는 대안은 다원주의적 당 개념 — 다양한 경향의 권리를 제도화하고, 필요하다면 "상시적 경향들이 존재하는 체제"(이것이 가장 바람직한 상황은 아니라는 것을 여러분은 강조하지만)를 제도화하기 — 이라는 것이다.[15]

먼저, 여러분은 "한없이 파편화하는 종파주의의 논리"가 사회주의노동자당의 당 건설 방식의 결과라고 주장하는데, 그렇다면 그 증거를 제시해야 한다. 사회주의노동자당의 역사에서 최근의 가장 심각한 분열은 1975년에 있었다. 우리 국제 경향이 경험한 단연 가장 중대한 분열은 미국 국제사회주의자단체가 국제사회주의경향에서 축출당한 것이다. 여러분은 시애틀 시위나 반전운동에 대한 견해 차이는 "그런 가혹하고 갑작스런 분열을 정당화하지" 못한다고 말한다.[16] 우리도 완전히 동의한다. 부디 여러분의 견해를 미국 국제사회주의자단체 지도부와 그리스의 그 동조 세력인 국제노동자좌파에게 알려 주기 바란다. 국제사회주의자단체 운영위원회야말로 2001년 초에 국제사회주의경향의 나머지 조직들과 견해가 같은 국제사회주의자단체 회원들을 축출하고 그 뒤 그리스의 우리 자매 조직인 사회주의노동자당에서 국제노동자좌파가 떨어져 나간 것을 공개 지지해서, 정치 전망에 대한 국제적 이견을 조직적 분열로 만든 당사자였다. 그리스 조직의 분열은 특히 부적절한 일이었다. 왜냐하면 국제사회주의자단체를 지지한 그리스 동지들은 그리스 사회주의노동자당 협의회에서 논쟁할 수 있도록 자신들의 이견을 제출하지도 않은 채 한꺼번에 탈당했기 때문이다. 그 뒤 미국 국제사회주의자단체를 축출하기로 한 국제사회주의경향의 결정은 이렇게 "파편화하는 종파주의의 논리"가 국제사회주의경향 전체로 널리 확산되는 것을 막기 위한 방어 조처였다. 다행히도 우리는 그런 확산을 저지하는 데 대체로 성공했다.[17]

그럼에도 여러분은 우리가 '당'과 '분파'를 혼동한다고 비난한다. 이런 비난은 좌파 일반에게 의미가 있다기보다는 제4인터내셔널이 1970년대 이후 발전시킨 독특한 정치 담론에서 더 의미가 있다. 우리가 이해하는 바로는, 여러분의 주장인즉 혁명적이든 개혁주의적이든 좌파 정당이라면 당내에 분명하고, 이데올로기적으로 일관되고, 상시 존재하는 경향들을 포용할 수 있어야 한다는 것, 그리고 이것은 원칙 문제라는 것이다. 그러나 우리가 보기에 여기서는 당의 정치적 성격에 따라 엄청난 차이가 난다. 혁명적이지 않은 강령을 가진 광범한 노동자 정당 ― 브라질 노동당이 그렇고, 스코틀랜드 사회당도 그렇게 되기를 염원한다 ― 에서는 서로 다른 경향들을 포용하고 따라서 각 경향의 권리를 당이 보장할 수 있는 것이 정말 중요하다. 당이 노동자 운동을 다양하게 반영한다고 표방하면 할수록 당내에서 서로 다른 사회주의 그룹들이 독자적으로 조직하고 의견을 표명할 수 있도록 허용하는 것이 그만큼 더 중요해진다.

그러나 혁명 정당의 목표는 계급 전체를 대표하는 것이 아니다. 오히려 혁명 정당은 당면한 투쟁과 운동에 개입하고 노동계급과 그 밖의 피억압 사회집단들을 더욱 광범하게 혁명적 사회주의 강령 쪽으로 끌어들이기 위해서 혁명적 사회주의 강령에 거의 완전히 헌신하는 사람들을 조직하려 한다. 혁명 정당의 기능은 [계급을] 대표하는 것이 아니라 [계급투쟁에] 개입하는 것이다.[18] 다니엘 벤사이드는 이 점을 다음과 같이 매우 잘 표현했다. 레닌은 "전략적 행위자이자 계급투쟁의 변속기와 전철수轉轍手* 구실"을 하는 당은 역사가 "단절된 시기, 즉 사건들을 배태한, 난제와 상흔으로 가득 찬 격변기"와 씨름한다고 봤다.[19] 이런 기능을

---

* 철도의 선로바꿈틀을 조작하는 사람.

하려면 상대적으로 매우 높은 수준의 이데올로기적 응집력이 필요하다. 세계에 대한 공통된 이해에 근거한 응집력이 없다면 혁명적 조직은 레닌이 "역사의 급격한 전환기"라고 부른 시기에 내부 이견과 분파적 책략으로 완전히 마비될 수 있다.

이데올로기적 응집력이 효과를 내려면 그것을 행정적으로 강요해서는 안 된다는 점을 이해해야 한다. 마르크스주의 전통에 근거를 둔 혁명 정당이 그 전통을 어떻게 지속할 것인가 하는 문제는 항상 선택의 문제다. 역사는 자신의 본 모습을 분명하게 드러내면서 이론의 여지 없는 자명한 해석을 제시하지는 않는다. 마르크스주의를 이용해 현재 상황에 대처하려면 마르크스주의 전통의 풍부한 자원들 중에서 선택(마르크스주의의 어떤 측면들이 가장 현실 적합성이 있는지를 결정하는 것)해야 할 뿐 아니라 항상 수정을 허용하는 방식으로 그 전통을 발전시키기도 해야 한다. 토론과 논쟁이 이 과정에서 필수적이고 본질적이다. 이 과정 자체가 조직의 구체적 투쟁 개입 경험을 평가하는 것과 분리될 수 없기 때문이다. 따라서 논쟁이 분파 간 투쟁으로 양극화할 가능성은 항상 존재한다. 특히 당이 돌발 상황 — 다니엘 벤사이드가 말한 '비약' — 에 직면했을 때는 더욱 그렇다. 사회주의노동자당의 역사는 볼셰비키의 역사와 마찬가지로 그런 위기들로 점철돼 있다. 물론 볼셰비키가 겪은 위기가 사회주의노동자당이 겪은 것보다 훨씬 더 규모가 컸지만 말이다.

다니엘 벤사이드는 당과 당이 처한 상황의 상호작용에 대한 매우 비슷한 개념으로 여러분의 주장을 뒷받침한다.

"정치가 선택과 결정의 문제라면, 정치는 조직적 다원성을 함축한다. 이것은 조직 원칙의 문제다. 기회들의 미궁에서 길을 안내하는 원칙이라는 실을 놓치지 않는다면, 조직 시스템은 구체적 상황에 따라 다양할 수 있다. 그렇게 본다면 레닌주의에서 말하는 그 악명 높은 행동 규율도 절대적으로 중요한 것은 아니다(사실 그것이 레닌주의의 지상 원리라는 주장도 일종의 신화다). 우리는 지노비에프와 카메네프가 무장봉기를 공공연하게 반대해서 규율을 위반했다는 것을 알고 있다. 그러나 그들은 자신의 직책에서 완전히 쫓겨나지는 않았다. 레닌 자신은, 극단적 상황에 처했을 때, 당에 복종하지 않을 개인의 권리를 주저 없이 요구했다. 그래서 그는 기층 당원들 사이에서 '선동할 자유'를 되찾기 위해 자신의 직책에서 사퇴하는 것을 고려했다. 결단의 순간에 그는 중앙위원회에 대놓고 다음과 같은 편지를 써 보냈다. '나는 당신들이 내가 가지 않기를 바라는 곳(스몰니*)으로 갑니다. 안녕.'"[20]

혁명 정당이라는 이름값을 하는 정당이라면 다양한 견해의 다원성을 포용해야 한다는 다니엘 벤사이드의 말은 완전히 옳다. 동질성은 상대적 개념이다. 비록 혁명적 조직이 다른 좌파 경향

---

* 10월 혁명 당시 노동자·병사 소비에트의 본부 건물.

들보다 이데올로기적 응집력이 더 있을지라도, 앞서 말한 이유들 때문에, 또는 사회적 상황이라는 더 광범한 압력이 조직에 침투한 결과로, 또는 개인들의 서로 다른 계급 지위와 성격·역사·견해 등 때문에 구체적 문제들을 다루는 태도에는 항상 미묘한 차이가 있다. 우리가 이미 말했듯이, 특히 "역사의 전환점에는" 지금까지 미미했던 강조점의 차이가 극단적 충돌로까지 발전할 수 있다. 그런 일이 일어나면, 필요하다면 공식 또는 비공식 분파집단들을 통해서라도 당내에서 이견을 공개적으로 논쟁하는 것 말고는 달리 방법이 없다. 그러나 혁명 조직이 이 정도로 다원적이어야 한다는 것을 인정한다고 해서 조직 내에서 발전할 수밖에 없는 차이들을 상시적으로 제도화해야 한다는 말은 아니다.

다니엘 벤사이드는 볼셰비키당의 내부 투쟁 역사를 언급했지만, 볼셰비키당의 역사에서 두드러진 특징 가운데 하나가 당내 동맹 관계의 변화와 교차였다. 예컨대, 레닌과 트로츠키는 1917년 10월 무장봉기 때는 단결해서 봉기를 지지했지만(비록 세부적 전술 문제들에서는 상당한 이견이 있었음에도), 브레스트-리토프스크 조약에 서명할지 말지, 1920년 여름 폴란드를 침공할지 말지를 둘러싸고는 견해 차이가 있었고, 1921년 10차 당대회 때는 노동조합 문제를 둘러싸고 격렬한 논쟁을 벌이면서도 그와 동시에 신경제정책NEP 문제나 3월 행동으로 드러난 초좌파주의에 맞서 싸울 필요성에 대해서는 견해가 같았다. 당 대對 분파 식 구별은 이런 수렴과 분산에 영향을 미치는 다양한 상황이나 변수들의 미묘한 상호작용을 놓친다. 지노비에프·카메네프·부하린·스탈린 등 다른 볼셰비키 지도자들과 당내의 더 광범한 경향들의 태도 변화까지 고려할 때 보게 되는 훨씬 더 복잡한 그림을 놓치는 것은 말할 것도 없다.

따라서 혁명적 조직은 다원성을 포함할 수밖에 없다. 더욱이 민주적 논쟁은 견해와 상황을 평가하고 위기를 극복할 때 반드시 필요한 메커니즘이다. 그러나 우리가 보기에 여러분처럼 당 대 분파 식으로 원칙상의 구별을 근거로 삼아 그런 구별의 논리적 결론으로 상시적 경향 결성 권리를 주장하게 되면, 견해와 상황을 평가하고 위기를 극복하는 데 필요한 메커니즘 구실을 하는 내부 토론이 가로막히게 된다. 만약 당원들이 자신들을 지속적 정체성을 가진 분파의 일원으로 여긴다면 그들은 분파의 일반적 관점이라는 프리즘을 통해 구체적 쟁점과 논쟁에 대처하기 쉽다. 그리 되면 쟁점들이 그 자체의 가치를 바탕으로 토론되지 않고 내부 분파들의 세력균형에 미치는 영향이라는 관점에서 다뤄지기 쉽다. 그렇다면 다니엘 벤사이드가 말한 '조직적 다원성'은 미국 정치학자들이 미국 사회의 특징으로 내세우는 다원주의 비슷한 것, 즉 이익집단들 간의 실용주의적 경쟁과 거래로 전락할 위험이 있다. 사실, 냉소적인 사람이라면 당 대 분파 식의 형이상학이 1970년대에 제4인터내셔널이 다양한 경향들 사이의 분파적 교착 상태를 정당화하기 위해 발전시킨 것이라고 말할지도 모른다. 당시 [제4인터내셔널] 통합서기국USec은 유럽의 '다수파', 미국 사회주의노동자당, 모레노 파, 랑베르 파 등의 경향을 끌어들였거나 끌어들이려 했다(다니엘 벤사이드 자신은 1979년의 제4인터내셔널 제11차 대회가 "진정한 애정이 없는 정략결혼을 축하하는" 이 정책이 최고조에 달한 대회로서 기획됐지만 실제로는 그 정책이 붕괴한 대회로 끝나고 말았다고 재치있게 묘사했다[21]).

여러분은 우리가 상시적 경향의 존재를 거부한 채 응집력을 관료적으로 강요해서 분열을 낳을 수밖에 없을 것이라고 넌지시 암시한다. " …… 만약 분파의 구체화가 위기나 난관에 봉착한다면, 조직상의 분리는 당의 '동질성'을 재확립해서 위기를 극복하는 최상의 방법이 아니다."[22] 우리의 경험으로 보건대 '분파의 구체화'를 다루는 최상의 방법은 정치적 논쟁을 벌이는 것이다. 우리는 사회주의노동자당의 역사에서 몇 안 되는 분열이 일어났을 때 정치적 논쟁으로 분열에 대처할 수 있었다. 여러분은 우리의 조직 방식이 '수직적'이라고 비난하지만, 지난 25년 동안 사회주의노동자당 당원들이 개인적 비행 때문이 아니라 정치적 이견 때문에 축출된 경우는 극소수였다.[23] 여러분이 말하는 우리의 '수직주의'는 우리가 매우 규율 있게 조직적으로 운동에 개입하는 것을 두고 하는 말일 것이다. 그러나 우리에게 이런 규율의 기초는 관료적으로 강요된 응집력이 아니라 마르크스주의 전통에 근거를 둔 공통의 정치적 이해에서 비롯하며, 같은 조직의 틀 안에서 협력한 경험과 공개적 논쟁의 전통으로 뒷받침되는 상호 신뢰다.

당 조직 개념에 대한 혁명적공산주의자동맹과 사회주의노동자당의 견해 차이는 물론 단지 학술적 문제가 아니다. 그 차이는 실천적 결과도 낳는다. 국제 반자본주의 운동의 발전이 가져다준 큰 이점 하나는 우리 두 조직이 공통의 지형 위에서 활동하면서 서로 협력할 수 있고(실제로 협력하고 있다) 또 서로 상대방의 실천을 살펴볼 수 있게 됐다는 점이다. 이것은 커다란 진전이지만, 그로 말미암아 중대한 의견 차이가 부각될 수 있다. 그래서 여러분은 피렌체에서 우리가 한 행동을 강력하게 비판했다. 마찬가지로, 우리도 운동 안에서 여러분이 활동하는 방식에 문제가 있다고 본다. 우리의 비판은 혁명적공산주의자동맹 동지들이 유럽사회포럼 공간에서 활동하는 방식을 근거로 제기한 것이다. 혁명적공산주의자동맹 동지들이 유럽사회포럼 내에서 활동하는 방식이 혁명적공산주의자동맹의 모든 것을 말해준다고 볼 수는 없다. 예컨대 노동조합 내에서 혁명적공산주의자동맹의 활동 방식은 이와 다를 수 있기 때문이다(후자에 대해 우리는 많이 배우고 싶지만 아는 바가 별로 없다).

그럼에도 우리는 유럽사회포럼 프로세스에서 혁명적공산주의자동맹 측의 어떤 응집력 있는 개입도 볼 수 없었던 것에 적잖이 놀랐다. 유럽의 반자본주의 네트워크 안에서 좌파와 우파가 잇따라 격렬하게 충돌했을 때 프랑스 금융거래과세시민연합(이미 말했듯이, 유럽 반세계화 운동의 우파 지도부를 형성하고 있는)의 태도를 가장 앞장서서 옹호한 주요 인사들 가운데 한 명이 혁명적공산주의자동맹의 지도적 회원이었다. 다른 유명한 혁명적공산주의자동맹 동지들은 저마다 자신의 개인적 프로젝트를 추구했거나 좌파와 우파 사이의 논쟁에 개입할 때도 비교적 모호한 방식으로 개입했다. 처음에 우리는 이런 혼란이 단지 우연이거나 아니면 조직이 엉성해서 생긴 일일 거라고 생각했다. 따지고 보면 사회주의노동자당 당원들끼리도 항상 손발이 잘 맞는 것은 아니기 때문이다. 그렇지만 혁명적공산주의자동맹의 경우는 이런 일이 비일비재한 것 같다.

더욱이, 우리는 혁명적공산주의자동맹 중앙위원회가 '아래로부터 사회주의'를 통합하는 문제에 대한 결정을 연기하면서 "대중조직들(노동조합과 사회단체) 안에 있는 혁명적공산주의자동맹 투사들에게 '당의 규율'을 강요하지 않기로 한 혁명적공산주의자동맹의 선택은 사회운동의 자체 구조와 주장·결정의 리듬에 따라 사회운동의 자율성을 존중하겠다는 의지로 이해돼야 한다"는 것을 '원칙 문제'로 다시 확인했다는 사실에 적잖이 놀랐다.[24] 우리가 보기에 이것은 기묘한 관점이다. 물론 여러분이 말하는 '당 규율'이 지시와 축출 위협으로 회원들을 조직의 의지에 복종시키는 것이라면, 그런 기계적 절차에 의존하는 것은 기껏해야 실패를 자인하는 것일 뿐이다. 비록 그런 기계적 절차에 의존하는 것을 선험적으로 배제할 수는 없지만 말이다. 예컨대, 노동조합 활동은 가끔은 오직 징계 조처로만 다스릴 수 있는 유혹들로 가득하다. 그러나 우리에게 훨씬 더 중요한 것은 해당 노조나 운동에서 당이 취해야 할 태도를 결정하는 데 직접 관련이 있는 동지들과 지도부가 함께 참가하는 정치적 토론이다. 그런 정치 토론이 조직되지 않으면 힘이 분산되거나 기껏해야 똑같은 당의 당원들이 공공연하게 서로 다른 태도를 취하는 사태가 벌어질 것이다.

후자의 경우에 문제는 혁명적 마르크스주의자들이 바보처럼 보이고 효율성이 떨어지는 데서 그치지 않는다. 훨씬 더 심각한 것은 혁명가들의 비효율적 행동이 좌파를 약화시키고 우파를 강화할 수 있다는 것이다. 우파는 아주 기꺼이 '사회운동의 자율성'을 찬양하는 사탕발림을 늘어놓으면서도 그들 자신의 주장을 관철하기 위해 뻔뻔하고 가차없이 투쟁한다. 이 점은 지금 금융거래과세시민연합 내 우파가 하고 있는 일에서 분명히 드러난다. 비극은 우파가 그들 나름의 목적을 위해 단결을 냉소적으로 이용하고 있는 상황에서 좌파가 단결을 존중하는 데 구속돼 결국은 우파의 더러운 일을 대신 해 주게 된다는 것이다. 금융거래과세시민연합 내의 일부 동지들, 특히 혁명적공산주의자동맹 회원들에게 이런 일이 벌어질 위험은 매우 크다. 우리가 이미 말했듯이, 우파에 대항하기 위해 좌파는 조직해야 한다. 혁명가들은 (그들의 정치가 일관되고 급진적이기 때문에) 이 과정에서 핵심적 구실을 해야 한다. 그것은 운동을 강화하는 데 반드시 필요하다. 이런 기능을 수행하기 위해 혁명적 마르크스주의자들은 조직화해서 효과적으로 개입해야 한다. 그것이야말로 우리가 혁명적 조직에 몸담고 있는 주된 이유가 아니겠는가?

개혁과 혁명

반자본주의 운동 내 좌파와 우파 사이의 긴장을 살펴보면 개혁과 혁명이라는 오래된 문제가 드러난다. 예컨대 금융거래과세시민연합 지도부는 이 문제가 더는 현실 관련성이 없다고 말하기를 좋아한다. 가령 피에르 칼파는 운동의 단결이 유지될 수 있었던 것은 다음과 같은 이유에서였다고 주장한다.

"과거의 해방운동들과 달리 다른 세계를 향한 운동은 권력을 추구하지 않고, 대항 권력*의 영역을 벗어나지 않는다. 따라서 그 운동은 과거의 해방 운동들을 심각하게 분열시켰던 '개혁과 혁명' 같은 많은 전략적 논쟁들을 피할 수 있었다. 그러므로 정당의 존재에서 비롯한 문제도 피할 수 있었고, 정당이 추구하는 목

---

* 자율주의의 개념으로서 국가권력을 포함한 '권력' 일체를 부정하는 '권능'을 의미한다.

표에 신경 쓰지 않아도 됐으며, 정당, 더 나아가 정치권을 그저 불신하는 것 외에 그들과 어떻게 관계 맺을지를 골치 아프게 고민할 필요도 없었다. 이런 불신이 더욱 중요한 이유는 다른 세계를 향한 운동이 자신의 제안을 실행하려면 자신과 견해가 다른 정당들에 의존할 수밖에 없기 때문이다."[25]

이 단락은 자율주의적 미사여구가 어떻게 개혁주의 정치를 정당화해 줄 수 있는지 보여 주는 흥미로운 사례다. 반자본주의 운동은 '대항 권력의 영역'에 속하고 정치를 경멸한다. 그 실천적 결과는 사회포럼에서 정당(특히 복수 좌파 소속 정당들)이 공식적으로는 배제되지만 우리가 요구하는 개혁들을 입법화할 때는 그런 정당들에 의존할 수밖에 없다는 것이다. 이런 공식에 따라 반자본주의 운동은 모종의 충성스런 야당으로, 사회자유주의 정당들에 대한 압력 집단으로 변모한다.

이런 개혁주의 논리에 저항하려면 혁명적 관점이라는 것이 무엇을 의미하는지 분명히 해 둬야 한다. 실제로 여러분은 다음과 같은 문제를 제기했다. "21세기의 문턱에서 혁명가가 된다는 것은 무엇을 뜻하는가? …… " 여러분은 약간 에둘러 대답하면서 "지금 유행하는 세 가지 '혁명' 개념"을 구분한다. 첫째, "해방과 풍요를 염원하는 매우 오래된 소망"이다. 둘째, 여러분이 오늘날 "가장 적절하다"고 주장하는, "두 가지 적대적인 사회적 논리 사이의 대립"이라는 개념이다. 셋째, "전략적 의미"의 혁명이 있는

데, 이것은 "전략과 전술, 진지전과 기동전, 총파업과 무장봉기, 이중권력 등 일련의 경험과 주제들"로 표현된다. 이런 주제들은 '단기短期 20세기'(1914~1991년)에 노동자 운동의 역사에서 중요한 구실을 했지만 1970년대 말 이후 "희미해졌다." "전략적 논쟁이 …… (유럽에서는) 원점으로 돌아갔기 때문이다."[26]

이런 명료화는 유용하지만, 우리가 보기에는 불완전하다. 가장 큰 어려움은 '혁명'의 두 번째 의미와 세 번째 의미 사이의 연관에서 비롯한다. 우리는 체제 변혁 — 여러분이 말했듯이, 하나의 사회적 논리를 다른 사회적 논리로, 즉 경쟁적 축적에 따라 움직이는 경제를 개인과 집단의 필요에 대한 민주적 결정을 바탕으로 움직이는 경제로 대체하는 것 — 개념이 오늘날에도 여전히 정치적으로 가장 중요하다는 데 동의한다. 그러나 이런 혁명 개념은 혁명이 취할 수 있는 정치 형태를 구체적으로 특정하지 않은 채 남겨 둔다. 카우츠키와 좌파 사회민주주의자들은 더 일반으로 '사회혁명'(부르주아지를 경제적으로 수탈하는 것)을 옹호했지만, 그런 사회혁명이 의회 민주주의의 틀 안에서 가능하다고 주장했다. 레닌은 자본을 전복하려면 모종의 평의회 민주주의를 통해 스스로 조직화한 노동자들과 피억압 집단들이 억압적 국가권력 기구들을 강제로 해체해야 한다고 주장함으로써 혁명 개념을 전략적으로 구체화하는 데 결정적으로 기여했다. 여러분은 다음과 같이 말한다. "[전략적 — 캘리니코스] 개념의 내용이 희미해진 것은 분명히 우리가 겪은 패배 때문이기도 하지만 전략적 좌표들이 수정돼서 경험의 새로운 순환이 시작될 때 우리가 그런 좌표를 거의 측정하지 못했기 때문이기도 하다."[27]

새로운 운동의 건설에 참여할 때 엄청나게 많은 가능성이 여전히 열려 있다는 것과 그런 가능성은 오직 미래의 투쟁 과정에서만 결정될 수 있다는 것은 사실이다. 그럼에도 일부 '전략적 좌표들'은 변하지 않은 듯하다. 우리가 보기에는 레닌의 주장도 그런 것들 가운데 하나다. 실제로 지난 25년 동안 자본의 세계적 통합이 증대한 결과, 어떤 개혁 운동이라도 부르주아지의 격렬하기 이를 데 없는 저항에 부딪힐 가능성이 더욱 커졌다. 그런 저항은 조직된 대중 동원, 특히 강압 수단의 국가 독점을 분쇄하려는 대중 동원으로만 극복할 수 있다. 이런 사실을 인정해야만 자율주의자들에게 효과적으로 대응할 수 있다. 그들은 정치권력 문제를 회피함으로써 자신들의 전략 부재를 정당화하려 하기 때문이다. 물론 자본주의 국가와의 충돌이 어떤 형태로 전개될 것인지는 토론의 여지가 많다. 오늘날의 노동계급은 20세기 초의 위대한 혁명적 경험에서 핵심적 구실을 했던 프롤레타리아는 말할 것도 없고 1960년대 말과 1970년대 초에 투쟁을 고양시킨 노동계급과도 사뭇 다르다. 여러분이 넌지시 암시했듯이, 우리에게 가장 절실히 필요한 것은 우리의 생각에 구체적 형태를 부여해 줄 새로운 경험들이다. 그럼에도 우리가 레닌과 트로츠키가 남긴 유산에서 핵심적인 전략적 교훈들을 끌어내 흡수할 때만 여러분이 말하는 혁명에 대한 "규정적 개념"은 응집력을 얻을 수 있다.

여러분은 "혁명적 관점"이 "우리의 길을 안내하는 실과 같아, 그것을 통해 우리는 …… 용납할 수 있는 필요한 타협과 용납할 수 없는 배신을 구분할 수 있고, 우리를 최종 목표에 더 가깝게 데려다 주는 것과 우리를 최종 목표에서 멀어지게 만드는 것을 구별할 수 있다"고 말한다.[28] 다시 말해, 혁명적 사회주의는 우리가 모종의 장기적인 추상적 이상에 몰두하게 만드는 것에 불과한 것이 아니다. 혁명적 사회주의는 지금의 현실과 관련 있는 구체적인 정치적 함의도 갖고 있다. 두 가지 사례를 들고자 한다. 첫째, 카상의 개혁주의와 그의 유럽 군국주의 지지 사이에는 연관이 있다. 우리가 체제 변혁이 불가능하다고 믿고 기껏해야 자본주의에 대한 규제 강화가 최선이라고 믿는다면 대중 동원으로 미국 제국주의의 군사력에 대항할 수 있다는 생각에 회의적일 것이다. 이런 관점에서 보면, 미국에 맞설 대항력을 기존 체제 안에서 찾으려 하는 것은 아주 자연스럽다. 그리고 그럴 만한 적임자는 바로 유럽연합이다. 제국주의 체제의 가장 강력한 행위자뿐 아니라 제국주의 체제 전체를 표적으로 삼는 혁명적 관점만이 그런 논리에 저항할 수 있는 기본 원칙을 제공할 수 있다.

둘째 사례는 브라질의 룰라 정부다. 이것은 그 자체로 자세한 분석과 논의가 필요한 엄청난 주제다. 분명히 지금 브라질에서 일어나고 있는 일은 국제 노동자 운동과 좌파에게 엄청나게 중요한 경험이다. 지난 세대의 가장 중요한 사회운동의 성과 중 하나인 정당이 지금 남반구[제3세계]에서 가장 강력한 국가 중 하나에서 집권했다. 그러나 금융시장의 선제적 압력(선제공격 전쟁은 여러 가지 형태를 띤다)을 받은 룰라 진영은 [2002년] 10월 말 대통령 선거 훨씬 전부터 노동자당의 강령을 내팽개치고 신자유주의 의제들을 수용했다. 〈파이낸셜 타임스〉는 룰라 취임 후 100일쯤 됐을 때 다음과 같이 보도했다.

"겨우 6개월쯤 전만 해도 브라질은 …… 외채 디폴트[채무불이행]와 금융 시스템 붕괴라는 암초에 걸려 난파할 것이라는 두려움이 널리 퍼져 있었다. 거의 정반대 현상이 일어났다. 월스트리트에서 브라질이 유행하고 있다. 지난해에는 브라질 주식과 채권을 멀리하던 증권사들과 투자자들이 지금은 앞다퉈 매입하고 있다. …… "

"왜 이런 일이 일어났는가? 가장 큰 이유는 집권 노동자당의 정치가 급속히 바뀐 것이다. 2001년 12월 당내 표결에서 전임 페르난두 엔히크 카르도수 대통령이 도입한 '신자유주의' 경제 모델과의 '단절' 방침을 통과시켰던 노동자당은 놀라운 속도로 정치적 스펙트럼의 중간을 향해 다시 나아갔다. …… 일부 지역들에서 현 정부는 전임 정부보다 훨씬 더 엄격한 긴축 정책을 시행하면서 부채 상환 전의 1차 재정 흑자 목표치를 국내총생산의 3.75퍼센트에서

4.25퍼센트로 높여 잡았다. 미국 은행 뱅크보스턴의 수석 영업 이사 출신인 엔히크 메이렐리스 브라질 중앙은행 총재는 지난해 헤알화 평가절하에 따른 인플레 압력을 억제하기 위해 금리를 인상했다. 룰라 다 실바 대통령은 카르도수 전 대통령의 의제들을 대부분 수용했고 지금은 조세와 연금 개혁에 박차를 가하고 있다."[29]

이런 사정에 비춰 보면, 제4인터내셔널의 브라질 지부인 사회주의적민주주의DS의 회원 미겔 호세투가 룰라 정부에서 농업부 장관직을 받아들인 것은 명백히 오류였다. 우리는 포르투알레그레에서 만난 사회주의적민주주의 동지들을 대단히 존경한다. 분명히 사회주의적민주주의는 혁명적 투사들의 만만찮은 조직이다. 우리는 종파주의적 비난의 정치나 브라질 정부가 민중전선인가 아닌가 하는 형이상학적 논쟁에는 관심이 없다. 우리는 룰라의 승리가 대중의 승리라는 광범한 정서에 공감하면서도 룰라의 정책에 맞서 싸우는 것이 간단한 과제가 아니라는 것을 이해한다. 그럼에도 혁명가가 신자유주의 강령에 헌신하는 정부에 입각하는 것은 "우리를 최종 목표에서 멀어지게 만드는" 것이다. 이 점은 특히 정부의 연금 제도 개악 추진과, 노동자당의 2001년 12월 강령을 옹호하는 당내 극좌파 소속 의원들 — 예컨대, 사회주의좌파운동MES의 루시아나 젠루와 사회주의적민주주의 자체의 엘로이자 엘레나 — 에 대한 당의 징계 조처나 징계 위협들을 감안하면 더욱 그렇다. 우리는 사회주의적민주주의 소속 의원들이

루시아나의 노동자당 의원단 직무 정지 표결에서 찬성표를 던졌다는 사실을 알고 경악했다.[30] 브라질뿐 아니라 다른 곳에서도 혁명가들의 과제는 노동자당 지도부의 당내 좌파 공격에 맞서 좌파들을 방어하고 그들을 지원하는 것이어야 한다. 그리고 무토지농업노동자운동 같은 운동들과 협력해서 신자유주의와의 진정한 단절을 지지해야 한다.

이런 사례들은 오늘날 혁명적 사회주의자가 된다는 것이 모종의 추상적 교의를 떠받드는 문제가 아니라 우리 주위에서 발전하고 있는 운동들에 실질적으로 관여하는 문제라는 것을 보여 준다. 우리가 앞서 말했듯이, 우리는 고전적 마르크스주의 전통에 대한 배타적 소유권을 주장하지 않는다. 우리는 이런 전통을 지속면서도 운동들의 운동에 참여하는 다른 경향의 혁명가들과 대화하고 협력하려 한다. 우리가 강조하고 싶은 것은 우리가 이런 과정을 "트로츠키주의자들의 재결집" 과정으로 여기지 않는다는 것이다. 이것은 과거에도 흔히 시도됐지만 보통은 (우리가 앞서 거론한 사례처럼) 진정한 결합보다는 급속한 이혼으로 끝나고 말았다. 우리는 스탈린주의 출신의 일부 경향들과 가까워질 수 있는 가능성을 미리 배제하지 않는다. 우리는 반전운동에서 영국 공산당 동지들과 원활하게 협력해 왔다. 국제 수준에서 우리는 이탈리아의 재건공산당 지도부와 매우 생산적인 관계를 유지해 왔다. 남반구의 마르크스-레닌주의 조직* 출신 인사들이 소중한 협력자라는 것이 입증될 수도 있다. 그런 광범한 세력들과 대화를 추구한다고 해서 무원칙하게 논쟁을 회피한다는 뜻은 아니다. 심지어 혁명적공산주의자동맹과 사회주의노동자당처럼 공통점이 많은 두 조직 사이에도 분명히 중요한 차이점이 있다. 그러나 우리의 논쟁은 협력의 심화를 위한 기반을 허심탄회하게 모색하는 맥락 속에서 발전해야 한다.

이 지점에서 우리 두 조직은 특별한 책임이 있다. 유럽의 두 지도적인 혁명적 마르크스주의 조직들이기 때문이다. 우리는 또, 부분적으로는 각자가 속한 경향** 내에서 하는 구실 때문에 비교적 높은 국제적 지명도를 갖고 있다. 우리는 지리적으로 가깝고 실천적 협력 경험도 증가하고 있다. 그런 경험이 긴장과 이견을 불러일으킬 수도 있지만 말이다. 우리는 최근의 제4인터내셔널 세계대회에서 올리비에가 다음과 같이 말한 것에 완전히 동의한다. "혁명가들의 단결은 사회운동의 동원과 정치적 재편이라는 전반적 과제를 지향할 때만 의미가 있다."[31] 우리는 이미 혁명적공산주의자동맹과 사회주의노동자당이 급진 좌파의 국제회의를 주도적으로 발의하자고 제안한 바 있다. 2004년 1월 뭄바이와 2005년 다시 포르투알레그레에서 열릴 다음 두 차례 세계사회포럼에서 그렇게 할 수 있

---

* 마오쩌둥주의 단체들을 말한다.
** 혁명적공산주의자동맹은 제4인터내셔널 경향의 선두 주자고, 사회주의노동자당은 국제사회주의경향의 선두주자다.

기를 바란다.* 단기적으로 긴급한 과제는 [2003년] 11월 파리 생드니에서 열릴 유럽사회포럼에서 급진 좌파가 최대한 강력한 세력으로 등장할 수 있도록 우리가 서로 협력하는 것이다. 우리는 여러분이 이런 제안들에 긍정적으로 응답하기를 바란다. 우리의 대화가 이미 불러일으키기 시작한 기대의 일부라도 우리가 충족시키지 못한다면 우리는 가혹한 심판을 면치 못할 것이다.

동지애를 담아 행운을 빌며,
사회주의노동자당(영국) 중앙위원회를 대변해서 알렉스 캘리니코스가

주

1 D Bensaïd et al, 'A Letter from LCR Comrades', *International Socialist Tendency Discussion Bulletin*, no 2, January 2003, p13.
2 같은 인용문.
3 J Rees, The Conquest of Iraq, *Socialist Review*, May 2003.
4 D Bensaïd et al, 'A Letter from LCR Comrades', p 16.

* 실제로 두 세계사회포럼 기간 중에 국제 급진 좌파 회의가 열렸다. 한국 측에서는 '다함께'와 여타 활동가들이 이 회의에 참석했다.

5 같은 인용문.
6 A Callinicos, 'Regroupment, Realignment and the Revolutionary Left', *International Socialist Tendency Discussion Bulletin*, no 1, July 2002[이 책의 2장], 'Regroupment and the Socialist Left', ibid, no 2, January 2003[이 책의 3장], J Rees, 'The Broad Party, The Revolutionary Party and the United Front', *International Socialism* 2:97(2002) 참조.
7 D Bensaïd et al, 'A Letter from LCR Comrades', p 18.
8 같은 글, pp 18, 19. 또한 L Aguirre, 'Mouvement altermondialisation: Retour sur Florence', Rouge, 19 December 2002와 알렉스 캘리니코스와 L 아기레(Leonce Aquire), 프랑수아 뒤발(Francois Duval)이 주고받은 글, 'Mouvement social et partis politiques', 같은 신문, 6 February 2003.
9 D Bensaïd et al, 'A Letter from LCR Comrades' 참조. pp 18, 15.
10 특히 L Caramel, 'Forum de Florence: Offensive de la gauche radicale', *Le Monde*, 16 November 2002 참조.
11 T Conway, 'We are the Majority: Lessons of the Anti-War Movement', *International Viewpoint*, 349, May 2003.
12 D Bensaïd et al, 'A Letter from LCR Comrades', p 18.
13 같은 글, p19n5.
14 B Cassen, 'Trois questions pour ATTAC', www.attac.org
15 같은 글, p18.
16 같은 인용문.
17 더 자세한 배경은 A Callinicos, T*he Anti-Capitalist Movement and the Revolutionary Left*(London, 2001)[이 책의 1장] 참조.
18 C Harman, 'Party and Class', in T Cliff et al, *Party and Class*(London, 1997) 참조.
19 D Bensaïd, 'Leaps! Leaps! Leaps!', *International Socialism* 2:95(2002), p 76.
20 같은 글, p 79.
21 D Bensaïd, *Les Trotskysmes*(Paris, 2002), p 108.
22 D Bensaïd et al, 'A Letter from LCR Comrades', p 18.
23 1970년대 중반에 심각한 정치적 견해 차이에서 비롯한 대대적 축출이 몇 차례 있기는 했다. 당시의 견해 차이를 다룰 때 축출이 과연 최선의 방식이었는지는

분명 논쟁의 여지가 있지만, 중요한 것은 이미 50년을 넘긴 사회주의노동자당의 역사에서 이 같은 사례가 극히 예외적이었다는 점이다.

24 'Resolution adopte par le Comite Central de la LCR', 19 January 2003.
25 P Khalfa, 'La Guerre en Iraq, et apres?', *Le Grain de sable*, no 422, 9 May 2003, www.attac.org에서 2003년 5월 28일자 *Sand in the Wheels*를 찾아보면 다소 엉성한 영어 번역본이 있다.
26 D Bensaïd et al, 'A Letter from LCR Comrades', p 17.
27 같은 인용문.
28 D Bensaïd et al, 'A Letter from LCR Comrades', p17.
29 R Lapper and R Collitt, 'Lula's 100 Days: Can Hunger Plans and Consensual Politics Keep the Honeymoon Going?', *Financial Times*, 8 April 2003.
30 *International Socialist Tendency Discussion Bulletin*에서 루시아나 젠루의 언급 참조.
31 F Ollivier, 'Introductory Report on the World Political Situation', 15th World Congress of the Fourth International, *International Viewpoint*, 349, May 2003.

05 유럽 급진 좌파와 선거

'The European Radical Left Tested Electorally',
International Socialist Tendency Discussion Bulletin 5 (July 2004).
http://www.istendency.net/pdf/bulletin_5_2004.pdf

유럽 급진 좌파와 선거

유럽 급진 좌파의 선거 경험은 하나의 역설을 보여 준다. 1999년 이후 유럽에서는 중요한 사회·정치 운동들이 잇따랐다. 반자본주의 운동의 등장(특히 2001년 7월 제노바 시위와 그 뒤 유럽사회포럼의 발전), "테러와의 전쟁"에 반대하는 대규모 운동의 폭발적 성장(가장 두드러진 것으로는 2003년 2월 15일의 대규모 시위와 2003년 3월 20일 개전 당일의 시위, 그리고 [2004년] 이라크 전쟁 1년 항의 시위), 2003년 5~6월 프랑스 대중파업 등이 그런 예들이다. 그러나 많은 나라들에서 급진 좌파들의 2004년 6월 유럽의회 선거 결과는 1999년보다 더 나빴다.[1]

가장 두드러진 사례는 프랑스 노동자투쟁당과 혁명적공산주의자동맹의 연합 공천이었다. 이들은 1999년 선거에서는 네 석을 얻었으나 이번 선거에서 모두 잃었다. 스페인의 좌파연합과 그리스의 쉬나스피스모스Synaspismos*도 의석을 잃거나 득표율이 하락했다(비록 그리스 공산당의 득표율이 약간 오르기는 했지만). 이런 양상의 가장 중요한 예외는 이탈리아의 재건공산당이었다. 재건공산당의 득표율은 1999년 4.3퍼센트에서 2004년 6.1퍼센트로 상승했고, 유럽의회 의석수는 네 석에서 다섯 석으로 늘었다.

십중팔구 이런 결과는 이탈리아의 격렬한 투쟁이 반영된 것이다. 유럽의 다른 나라들과 달리 이탈리아에서는 대규모 반전운동과 대규모 파업이 모두 일어났다. 다른 나라들의 일반적 양상은 반전운동(영국과 스페인)이나 대규모 파업(프랑스) 둘 중 하나만 발전한 것이었다. 그러나 동시에, 이탈리아 재건공산당의 성과는 약간 모호한 측면도 있다. 재건공산당 지도부는 일련의 지그재그를 해 왔다. 재건공산당은 제노바 시위 때는 [반자본주의] 운동과 하나가 됐지만, 최근에는 우경화해 이탈리아 차원에서는 사회자유주의 노선인 올리브나무 동맹 쪽으로 기울었고 유럽연합 차원에서는 덜 재건된 옛 공산당들과 함께 유럽좌파당European Left Party을 결성해 유럽의회 선거에 출마하는 쪽으로 나아갔다.

이번 선거에서 확인할 수 있는 것은 사회·정치 투쟁들과 선거 과정의 관계가 지극히 복잡하고 간접적이며 매개적이라는 사실이다. 제도적 요인들이 일정한 구실을 했다. 유럽연합이 중동부 유럽으로 확장돼 기존 유럽연합 회원국들의 유럽의회 의석수가 줄어들었다. 이런 의석수 축소에서 비롯한 진입 장벽은 더 작

---

* 그리스어로 '연합'이라는 뜻.

은 정당들과 급진 좌파에 불리하게 작용했다.

그러나 선거 제도의 복잡함만으로 모든 것을 설명할 수는 없다. 2002년 4월 21일 프랑스 대통령 선거 1차 투표에서 혁명적 좌파 후보들 — 주로 노동자투쟁당의 아를레트 라기예르와 혁명적공산주의자동맹의 올리비에 브장스노 — 의 득표율은 10퍼센트가 넘었고, 둘 다 프랑스 공산당의 후보 로베르 위보다 더 많은 표를 얻어 역사적 돌파구를 마련했다. [그러나] 2004년 3월 프랑스 지방선거에서 라기예르와 브장스노가 이끄는 노동자투쟁당과 혁명적공산주의자동맹의 연합 후보들은 주요 지역들에서 프랑스 공산당에 뒤졌고, 전국 득표의 5퍼센트 미만을 얻었을 뿐이다. 3개월 뒤 유럽의회 선거에서 노동자투쟁당과 혁명적공산주의자동맹의 연합 후보들은 겨우 2.4퍼센트만을 득표했다. 이는 그들이 1999년에 득표한 5.2퍼센트의 절반에도 미치지 못하는 수치였다. 이런 결과는, 이 토론 회보에 실린 스타시스 쿠벨라키스의 첫 번째 글*에서 지적했듯이 패배로 볼 수밖에 없을 듯하다.

그러나 유럽 차원의 그림은 한결같이 부정적이지만은 않다. 이탈리아를 제외하고도, 2004년 1월에 잉글랜드와 웨일스에서 결성된 급진 좌파 선거 연합인 리스펙트는Respect는 출범한 지 몇

---

* S Kouvelakis, "Some Hypotheses on the Reasons For a (Not Merely) Electoral Defeat", International Socialist Tendency Discussion Bulletin 5(July 2004). 쿠벨라키스는 프랑스 반자본주의신당 당원으로 저명한 마르크스주의 정치학자다.

달 만인 6월 10일 유럽의회 선거와 런던 시의회·시장 선거에서 의석을 확보할 만큼 충분한 동력을 구축하지는 못했지만 리스펙트의 성과, 특히 영국의 양대 도시인 런던과 버밍엄에서 거둔 성과는 2000~2001년 사회주의자동맹의 성과나 그보다 앞서 1970년대 사회주의노동자당이나 사회주의자연합Socialist Unity의 성과 등과 비교해 보면 대약진이라고 할 수 있다. 런던 시 ― 세계적 금융 중심지, 문화적으로 엄청나게 다양하면서도 흔히 빈곤한 도심 지역, 부유한 교외 지역이 결합된 서유럽 최대의 광역도시 ― 선거에서 리스펙트의 평균 득표율은 4.8퍼센트였다. 런던 동부의 타워햄리츠 자치구와 뉴엄 자치구에서 리스펙트의 득표율은 20퍼센트가 넘었다. 버밍엄에서 리스펙트의 득표율은 평균 7퍼센트였으며, 레스터에서는 9퍼센트 이상을 득표했다.[2]

여기서 유럽 전역의 급진 좌파 각각의 선거 경험을 자세히 분석할 수는 없다. 그리고 선거 직후에 그렇게 하려 하는 것도 어리석은 짓일 것이다. 이 글의 나머지 부분에서 나는 더 광범한 전략적 문제를 집중적으로 다룰 것이다.

세 가지 모델

급진 좌파가 선거에서 이용한 세 가지 상이한 모델을 살펴보자.

분명히 한쪽 끝에는 프랑스 모델이 있다. [프랑스의] 정치 문화는 공산당 정치가 여전히 상당한 정당성을 확보하고 있고 아주 빈번한 선거에서(이 토론 회보 지난 호에 실린 혁명적공산주의자동맹 문서에 따르면, 1995~2004년에 프랑스에서는 전국 선거가 여덟 차례나 있었다!) 부르주아 우파와 사회자유주의 경향의 좌파가 엎치락뒤치락하는 특징을 갖고 있다. 혁명적 좌파는 아주 오랫동안 그런 풍토에서 선거운동에 참여해 왔다. 1968년 5~6월의 대규모 폭발 직후인 1969년에 알랭 크리빈이 새로 결성된 공산주의자동맹(혁명적공산주의자동맹의 전신)의 대통령 후보로 출마했다. 아를레트 라기예르는 1974년 이후 모든 대통령 선거에 출마해 국가적 유명 인사가 됐다.

선거 과정에서 노동자투쟁당과 혁명적공산주의자동맹 둘 다 공공연한 혁명적 사회주의 조직이라는 그들의 정체를 숨기지 않았다. 그러나 둘 사이에는 상당한 정치적 차이가 숨어 있다(비록 스타시스 쿠벨라키스는 이 토론 회보에 실린 그의 두 번째 글*에서 두 조직 모두 특정한 "반反정치적" 입장을 공유하고 있다고 주장하지만 말이다). 노동자투쟁당은 선별된 작업장 주변에서 일사불란하게 활동하는 당 건설 노선을 추구해 왔다. 그러면서 (중앙의 지도 아래) 매주 작업장 소식지들을 발행하고 모종의 영원한 진실

---

* S Kouvelakis, "A New Political Cycle", *International Socialist Tendency Discussion Bulletin* 5(July 2004).

들(특히 공산당과 사회당의 반反노동계급적 성격)을 반복하는 사회경제적 선동과 선전에 집중해 왔다.

반면에, 혁명적공산주의자동맹은 기동성이 훨씬 더 뛰어난 듯하고 그 투사들은 광범한 정치 운동들에 참여하면서 정치적 주도력을 보여 줬다. 예컨대, 혁명적공산주의자동맹은 유럽의 반자본주의 운동 건설에 적극 참가하는 반면, 노동자투쟁당은 그 운동이 쁘띠부르주아 보호무역주의자들이나 공상적 사회주의자들의 운동이라며 기피한다. 자연히 두 조직 간의 선거 협정들은 할리우드 스타들 간의 결혼 계약서처럼 세세한 사항들을 신중하고 주의 깊게 협상한 결과물이다. 그리고 그들은 우아하고 정중하게 모욕을 주고받은 뒤에 때때로 각자 제 갈 길을 간다. 예컨대, 2001년 지방선거와 2002년 대통령 선거, 국회의원 선거의 경우가 그랬다.

스펙트럼의 다른 쪽 끝에는 리스펙트 모델이 있다. 첫째, 리스펙트는 단일 정당이 아니라 다원적 연합이다. 둘째, 2004년 1월 리스펙트 창립 대회에서 채택된 강령은 전면적인 혁명적 사회주의 강령이 아니라 전쟁·신자유주의·인종차별·여성차별에 반대하는 더 제한적인 강령이다.[3] 셋째, 리스펙트는 다양한 정치 세력들을 포함하고 있다. 그 주요 세력은 세 부분인데, 노동당 좌파 출신의 정치 활동가들이나 노동조합 활동가들, 사회주의노동자당과 더 소규모의 극좌파 조직들과 무소속 활동가들, 그리고 진보적 무슬림 지도자들이다. 외관상 이질적인 이런 결집은 공동의 반전운동 경험이라는 역사를 반영하는 것이다. 이 문제는 나중에 다시 다루겠다.

[프랑스 모델과 리스펙트 모델의] 중간에는 스코틀랜드 사회당이 있다. 밀리턴트 경향(잉글랜드·웨일스 사회당의 전신)에서 점차, 그러나 고통스럽게 발전해 나온 스코틀랜드 사회당 창립자들이 하나의 뚜렷한 정치적 조류로 처음 등장한 것은 1990년대 초 주민세에 반대한 대규모 반란 뒤에 글래스고 여러 지역에서의 사회적 선동을 통해서였다. 지역사회 정치와 선거 정치를 창조적으로 결합한 그들은 스코틀랜드 의회(부분적으로 비례대표제를 토대로 구성되는) 창설과 신노동당에 대한 노동계급의 이반에서 비롯한 기회를 이용해 1998년과 2003년 홀리루드 선거에서 각각 1석과 6석을 확보했다. 오늘날 스코틀랜드 사회당은 아주 모순적인 현상이다. 광범한 사회주의 강령을 가진 성공한 의회주의 정당이면서도 당을 창립한 극좌파가 여전히 강력하게 통제하는 그런 정당이다.

비록 스코틀랜드 사회당 지도부가 다른 곳에서도 본받을 만한 모범으로 스코틀랜드 사회당을 띄우는 경향이 있지만, 이 세 모델 중 어느 하나가 — 또는 다른 어떤 모델들이 — 보편적 타당성을 갖고 있다는 주장은 그다지 사려 깊지 않은 듯하다. 분명히 혁명적공산주의자동맹과 노동자투쟁당의 방법은 매우 특수한 상황의 산물이다. 즉, 혁명 — 1789년부터 1968년까지 — 이 계속 어떤 기준점 구실을 하고 라기예르가 선전한 아주 추상적인 마르크스주의조차 다수의 지지를 받을 수 있는 나라에서, 분명한 혁명적 사회주의에 기초해 출마하는 것은 그럴듯한 출발점처럼 보인다.

그러나 상황이 모든 것을 결정하지는 않는다. 사실, 현재 상황 — 제국주의 전쟁, 신자유주의 공세, 쇠퇴하는 사회민주주의 — 은 기꺼이 위험을 무릅쓸 각오가 돼 있는 혁명가들에게 21세기의 좌파 재구성에 일조할 기회를 제공하고 있다. 그렇다면, 여기서 사회주의노동자당이 리스펙트 전략을 추구하기로 결정한 이유를 설명하는 것도 유익할 것이다. 거듭 말하지만, 그것은 리스펙트가 보편적 모델이기 때문도 아니고 리스펙트에 대한 비판의 여지가 없기 때문은 더더욱 아니다. 다만, 그런 전략적 분석이 다른 경우에도 영향을 미칠 수 있기 때문이다.

리스펙트를 탄생시킨 것은 근본적으로 두 가지 현상 — 노동당 정치의 위기와 부시 정부의 상시적·세계적 전쟁 — 의 수렴이었다. 분명히 이 둘의 지위는 동등하지 않다. 영국 사회민주주의의 쇠퇴는 그 기원이 1950년대까지 거슬러 올라가는 장기적 과정인 반면, "테러와의 전쟁"은 훨씬 최근의 현상이다. 비록 제국주의의 발전이라는 더 큰 배경 아래 진행된 것이기는 하지만 말이다. 이 둘을 결합해 현재 영국 정치의 가장 유력한 현상으로 만든 것은 물론 토니 블레어다. 신노동당은 정책 홍보 전문가들의 도움을 받아 영국의 사회민주주의를 사회자유주의로 다시 포장해 사회민주주의를 구출하겠다고 약속했다. 2001년 총선 때 이

외관상의 치료법이 사실은 치료하는 것이 아니라 죽이는 것이라는 점이 분명해졌다. 블레어 노선은 노동계급을 더욱 이반케 하고 대다수 평당원들의 사기를 떨어뜨려 노동당 정치의 위기를 가속화하고 있었던 것이다.

그 뒤 전쟁이 터졌다. 진주만 공격 이래로 영국 지배계급의 전략이 미국 제국주의를 등에 업고 세계적 역할을 유지하는 것이었음을 고려하면, 노동당 소속의 총리는 누구라도 부시 정부의 전쟁몰이에 어떻게든 동참했을 것이다. 그러나 블레어가 "테러와의 전쟁"을 포용하는 데서 보여 준 독선적 열렬함에서 확인할 수 있는 것은, 1999년 코소보 전쟁 당시 있으나 마나 했던 정치인이 자신의 허전함을 달랠 커다란 대의명분을 결국 도덕적 제국주의에서 발견했다는 것이다. 그래서 블레어는 부시의 이라크 전쟁이라는 제국주의 모험에 신노동당을 끌고 들어갔고, 그럼으로써 비교적 느리게 진행되던 정치 위기를 임박한 단기적 재앙으로 바꿔 놓았다. 영국 정치의 관점에서 보면, 2004년 6월 10일 선거의 중요한 의미는 노동당이 재앙적 결과를 얻었다는 것이다.[4]

사회주의자동맹, 그리고 노동당 정치의 오랜 쇠퇴

영국 반전운동의 규모와 그 안에서 사회주의노동자당이 한 주도적 구실을 고려하면, 재앙적 결과를 얻은 신노동당과는 다른 믿을 만한 정치적 대안을 발전시키는 문제는 매우 절박하다. 물론 전에 우리가 그런 과제를 무시했던 것은 아니다. 오히려 2000~2001년에 우리는 사회주의자동맹을 그런 대안으로 발전시키기 위해 (잉글랜드와 웨일스에서) 매우 적극적으로 노력했다(물론 스코틀랜드 사회당은 이미 몇 년 전부터 스코틀랜드에서 비슷한 선거 전략을 추구해 오고 있었다). 2000년 5월 런던 시 선거에서 런던사회주의자동맹이 얻은 표는 조금 희망적인 것이었다. 2001년 6월 선거에서 사회주의자동맹의 실적은 두드러진 것은 아니었지만 적어도 출발로는 괜찮은 것이었다.

그럼에도 사회주의자동맹은 그 가능성을 충분히 실현하지 못했다. 전략적 관점에서 보면, 영국에서 대규모 사회주의 정당이 발전할 수 있으려면 노동당 지지 기반의 상당한 부분이 노동당에서 떨어져 나와야만 한다. 왜냐하면 노동당이 비록 쇠퇴하고는 있지만 노동계급 조직들과 거주 지역에 여전히 깊이 뿌리내리고 있기 때문이다. 사회주의자동맹의 의도는 극좌파의 분별 있는 사람들을 (새로운 종류의) 공동전선으로 결집시키고 그 공동전선이 노동당 출신의 상당한 세력에 직접 호소해 그들을 끌어당기려는 것이었다. 그래서 사회주의노동자당은 사회주의자동맹의 강령을 명백히 혁명적인 것으로 만들려는 시도에 반대했다. 개혁이냐 혁명이냐 하는 문제를 열어 둠으로써 우리는 노동당에 환멸을 느낀

지지자들에게도 문을 열어 두려 했던 것이다.[5]

일부 지역이나 개인을 예외로 하면 이 전략은 유효하지 않았다는 점을 말해야겠다. 그 전략이 실패한 이유를 해명하는 것은 더 큰 문제들을 제기한다. 혁명적 마르크스주의 전통에서 1920~1921년에 독일 공산당KPD이 대중정당으로 전환한 것은 일정한 본보기 구실을 했다. 중간주의 독립사회민주당USPD은 1920년 10월에 열린 할레 전당대회에서 분열해, 다수파는 공산주의인터내셔널에 가입하기로 결정했고 소수파인 우파는 주류 사회민주주의로 되돌아갔다. 독립사회민주당 다수파와 통합한 독일 공산당은 당원이 50만 명으로 늘어났다.[6] 이 사례에서 보편적으로 타당한 것은 대중적 혁명 정당들은 무엇보다도 개혁주의 정당들의 위기 덕분에 발전할 가능성이 크다는 점이다. 그러나, 그렇다고 해서 그런 위기들이 반드시 갑작스런 재앙적 분열의 형태 — 1920~1921년에 독립사회민주당이 겪은 것과 같은 — 를 띠는 것은 아니다.

오늘날 노동당 정치의 쇠퇴는 분명히 그 형태가 다르다. 노동당은 지구온난화 때문에 점차 녹아내리는 거대한 빙산 같다. 당원 규모, 사회적 뿌리, 득표 기반이 꽤 꾸준히 감소하고 있다. 토니 블레어가 2001년 총선에서 압도 다수 의석을 확보했지만, 그 득표수는 1992년 선거에서 닐 키녹이 패배했을 때보다 더 적었다. 그러나 녹아내리고 있긴 하지만, 그 빙산 자체는 여전히 꽤나 응집력이 있다. 노동당 정치가 아직까지 버틸 수 있는 것은 노동조합

— 여전히 노동당의 사회적 기반인 — 의 지속적 힘, 당 지도부가 미사여구, 후원과 인사권, 매우 제한적인 사회 개혁 등을 결합해 활동가들을 회유할 수 있다는 점, 그럭저럭 상황이 정말로 나아질 것이라고 요행을 바라는 국회의원들, 당 활동가들, 노조 간부들의 안이한 태도 덕분이다. 사기 저하한 활동가들은 떨어져 나가고 환멸을 느낀 지지자들은 투표하지 않는 일련의 개인적 결정들이라는 마멸 과정을 거치며 노동당은 점차 쇠퇴하고 있다.

물론 카오스 이론은 이런 일련의 점진적 변화가 갑자기 재앙적 격변으로 바뀔 수 있음을 우리에게 가르쳐 준다. 어느 날 지구 온난화 때문에 빙산들이 쪼개지기 시작해 그 조각들이 대양으로 흘러오고 그래서 기후변화를 가속할 수 있다. 이미 진행 중인 공공서비스 사유화라는 극적인 과정을 "제3의 길"이라는 기치 아래 가속하려는 블레어 파 신노동당의 노력이 노조 관료들 사이에서 유력한 "노동당 재활용"론자들에게조차 너무 나간 것으로 받아들여질 수 있다는 점은 충분히 상상할 수 있는 일이다. 노동조합 대의원 대회들에서 정치자금 민주화나 심지어 노동당 탈당 주장이 점차 인기를 끄는 것(2004년에 철도노조RMT는 노동당에 도전했다가 축출당했고 소방수노조는 사실상 노동당 탈당을 의결했다)은 지각변동이 일어나고 있다 — 존 프레스콧[영국 부총리]의 유명한 표현 — 는 하나의 지표다.

그러나 당분간 노동당은 계속 버틸 수 있을 것이다. 놀랍게도,

노동당은 이라크 침략이라는 시험에 빠져서도 응집력을 유지했다. 2003년 3월 18일 노동당 하원의원 139명의 반란 — 1940년 5월 네빌 체임벌린을 실각시킨 유명한 "노르웨이 논쟁" 당시보다 더 큰 반란 — 에도 불구하고 토니 블레어가 살아남은 이유는 이라크 전쟁에 반대표를 던진 하원의원들이 대부분 블레어의 생존을 원했기 때문이다.[7] 일단 전쟁이 시작되자 그들이 영국 국기 아래로 몰려든 속도, 이라크 점령에 대한 온갖 환상에 사로잡혀 우리는 이제 전쟁에 대해 그만 떠들고 "계속 전진"해야 한다고 주장해 온 노동당 의원단의 심각하고 위험한 수준의 순진함, 오직 조지 갤러웨이만이 당의 방침을 거부해 제명당할 만큼 정치적 용기가 있었다는 사실, 이 모든 것은 노동당 정치의 끈질긴 응집력을 보여 준다.

노동당이 결속력을 유지한 반면, 사회주의자동맹은 내부적으로 모종의 어려움을 겪고 있었다. 옛 노동당 지지자들 상당수가 사회주의자동맹에 가입했다면 사회주의자동맹에는 개혁주의자들과 혁명가들의 양대 축이 형성됐을 것이다. 당연히 이 때문에 긴장이 조성됐겠지만, 그것은 적절히 다뤄진다면 갖가지 정치적 혁신을 촉진할 수도 있었을 것이다. 실제로, 해크니에서 프레스턴까지 지역의 성공 사례들이나 유익한 협력 관계들도 많았다. 그러나 옛 노동당 지지자들이 별로 없다 보니 사회주의자동맹은 구조적 불균형에 시달렸다. 다른 영국 극좌파를 모두 합친 것보다 사회주의노동자당의 비중이 훨씬 더 컸던 것이다. 늘 그랬듯이 우리가 양보 조처를 취해도 우리는 여전히 응접실의 코끼리 같은 존재였다. 우리가 강력히 주장하면, 그것이 아무리 민주적일지라도 우리는 분노의 대상이 됐다. 사회당과 몇몇 유명한 "독립 사회주의자들"은 "사회주의노동자당의 득세" 운운하며 사회주의자동맹에서 뛰쳐나갔다. 대체로 그들은 나름대로 이유가 있어서 사회주의자동맹을 떠났지만, 사회주의노동자당이 사회주의자동맹에서 득세한 것도 사실이었다. 물론 우리가 의도한 것이 아니라 개혁주의 세력들이 처음부터 충분히 많이 참여하지 않았기 때문에 어쩔 수 없었던 것이긴 했지만 말이다.

좌파 재구성

이런 난관을 돌파할 수 있는 기회를 제공한 것은 반전운동이었다. 전쟁은 노동당을 분열시키지는 않았지만, 전쟁저지연합이라는 형태로 새 조직 방식과 공동 행동 방식을 만들어 냈다. 어떤 객관적 기준 — 전국적 동원 규모, 지역 단체들의 대거 등장, 대규모 국제 시위들을 준비하고 블레어 정부의 위기를 촉진하는 데서 전쟁저지연합이 한 구실 — 을 따르더라도 전쟁저지연합은 대단한 성공이었다. 그러나 그 때문에 좌파가 둘로 갈라졌다. 대규모 정치적 격변이 일어나면 언제나 정치적 의제가 다시 설정되면서 행위자들은 과거보다는 새로운 상황을 반영하는 선택들을 할 필요가 있다. 이라크 전쟁이 영국 좌파에 미친 영향이 분명히 그랬다.

먼저, 오른쪽으로 가라앉은 사람들이 있었다. "친親제국주의 좌파" — 존 리즈가 그렇게 불렀다 — 는 비록 소수였지만, 닉 코언과 데이비드 아로노비치처럼 꽤나 유명한 언론인들을 포함하고 있었다. 그들은 지난 2년 동안의 저술을 대부분 반전운동 비난에 쏟아부었다. 둘째, 단연 최대 규모 집단은 전쟁저지연합으로 뭉친 새 정치 동맹을 환영하고 이에 열렬히 가세한 사람들이었다. 전쟁저지연합은 기존 평화운동, 노동당 좌파와 공산당 잔류 세력, 주요 노조, 무슬림 "공동체"라는 잘못된 이름으로 불리는 세력의 상당 부분, 인종차별과 억압에 시달리는 광범하고 다양한 사람들의 상당 부분, 혁명적 좌파(주되게는 사회주의노동자당이지만 사회주의자동맹의 다른 세력들도 포함하는)를 아우르는, 전례 없는 공동전선이다.

셋째, 다양한 부류의 급진 좌파가 있었다. 그들은 원칙적 반전 입장을 견지하면서도 전쟁저지연합에는 비판적이었다. 월간지 ≪레드 페퍼≫는 노동계급 운동의 좌파와, 소수이지만 시끄러운 자율주의 게토 사이에서 동요했는데, 후자는 "권위주의적" 레닌주의를 끊임없이 공격하고 설득력 없는 직접 행동 노력을 계속했다. 다양한 극좌 종파들은 반전운동이 아주 광범한 것을 보고 기회주의의 선험적 증거라고 여겼다. 이런 집단들은 모두 규모가 작았지만, 때때로 더 영향력 있는 행위자들이 그들의 목소리를 증폭시켰다. 예컨대, 코언은 이라크 전쟁을 둘러싸고 자유주의적 제국주의를 옹호하는 주장을 하면서 자칭 '노동자들의 자유를 위한 동맹'이라는 시온주의 종파의 자료들을 빈번히 이용했다.

우파와 사이비 "좌파"의 이런 측면 공격에도 불구하고 반전운동은 아주 성공적이었다. 그러나 반전운동의 성공 자체는 블레어와 미국 네오콘들의 잔혹한 협정이 불러일으킨 노동운동 내의 혐오감과 결합되면서 노동당 정치를 대체할 정치적 대안 개발을 훨씬 더 급박한 과제로 만들었다. 전쟁저지연합에 참여하는 사람들이 모두 이 프로젝트에 동의하지는 않았다. 제국주의와 그 전쟁에 반대하는 오래되고 명예로운 전통을 가진 노동당 좌파의 주요 인사들 — 예컨대 토니 벤이나 제레미 코빈 — 은 노동당에 계속 충성할 것임을 분명히 했다. 옛 영국 공산당의 후신인 새 영국 공산당CPB은 여전히 노조와 평화운동에 상당한 영향을 미치고 있다. 유감스럽게도, 공산당은 노동당에 대한 새로운 선거 도전을 지지하지 않기로 결정했다. 이른바 "골칫덩이들"인 좌파 노조 지도자들은 거의 다 고든 브라운의 지도 아래 "옛 노동당"으로 돌아가자는 공상적 계획을 계속 추구하고 있다. 녹색당도 적대적이었는데, 그 이유는 나중에 다시 얘기하겠다.

주요 좌파 세력 넷이 한데 뭉쳐 리스펙트를 결성했다. 첫 번째 세력의 대표적 인물은 조지 갤러웨이다. 그는 블레어 정부에 하도 넌더리 나서 자신들의 오랜 정당에서 떨어져 나올 준비가 돼 있는 노동당원들을 대표한다. 두 번째 세력은 종파주의에 눈멀지 않고 그래서 반전운동이 가져다준 역사적 기회를 깨달은 극좌파 세력들이다. 그 주요 세력은 사회주의노동자당이지만, 사회주의자동맹의 다른 세력들이나 탁월한 영화감독 켄 로치 같은 개인들도 여기에 포함된다. 세 번째 세력은 다양한 "인종 공동체ethnic community"의 활동가들과 지식인들이다. 무슬림 출신들이 가장 유명하지만, 터키와 쿠르드 조직들의 활동가들도 적지 않다. 마지막으로, 상당수 노동조합원들이 있다. "골칫덩이들"의 극좌에 속하는 공무원노조PCS의 마크 서워트카, 훨씬 더 모호하긴 하지만 철도노조의 밥 크로, 많은 지역 간부들과 현장 활동가들, 특히 철도노조와 소방수노조의 간부들과 활동가들이 바로 그들이다.

추악한 동맹?

내가 이미 지적했듯이, 이렇게 다양한 세력들의 결합은 다른 곳의 극좌파가 사용한 선거 모델들 — 예컨대, 프랑스의 혁명적공산주의자동맹과 노동자투쟁당이 추구한 공공연한 혁명적 선거운동이나 스코틀랜드 사회당 지도자들이 건설하려 하는 광범한 사회주의 정당 — 과 분명히 차이가 있다. 사실, 리스펙트가 이례적이다 보니 영국뿐 아니라 다른 곳의 극좌파들도 리스펙트를 "기회주의"나 "민중전선주의" 따위로 비판해 왔다. 처음은 아니지만, 종파주의적 좌파의 주요 비판을 가장 잘 표현한 것은 친제국주의 좌파가 〈옵서버〉 사설에서 리스펙트를 "극좌파와 반동적 이슬람 원리주의자들의 추악한 동맹"이라고 비난한 것이었다.[8]

이런 종류의 비판에 대해 지적해야 할 가장 중요한 점은, 1916년 더블린의 부활절 봉기를 쁘띠부르주아 민족주의자들이 지도했다는 이유로 지지하지 않은 종파주의적 볼셰비키 당원들을 레닌이 다음과 같이 비판했다는 것이다.

> 사회혁명이 식민지와 유럽에서 소수민족들의 반란 없이, 온갖 편견을 가진 쁘띠부르주아 일부의 혁명적 분출 없이, 지주·교회·왕정의 억압과 민족 억압 등등에 대항하는 정치의식 없는 프롤레타리아와 반#프롤레타리아 대중의 운동 없이도 일어날 수 있다는 생각, 이런 생각은 모두 사회혁명을 거부하는 것이다. 그렇다면 한편이 한 곳에 죽 늘어서서 "우리는 사회주의에 찬성한다"하고 말하고 다른 편은 다른 곳에서 "우리는 제국주의에 찬성한다"하고 말하는 것이 사회혁명일 것이다! …… '순수한' 사회혁명을 기대하는 사람은 살아생전에 결코 혁명을 보지 못할 것이다. 그런 사람은 혁명이 무엇인지 알지도 못한 채 말로만 혁명을 떠드는 사람이다.[9]

여기서 레닌이 지적하는 것은 대중의 급진화가 단선적이지 않고 복잡한 방식으로 나타난다는 사실이다. 즉, 해당 사회의 특정한 계급 구조와 세계 자본주의의 모순적 발전이 낳은 더 크고 때때로 재앙적인 변화를 모두 반영하는 식으로 말이다. 혁명가들이 해야 할 일은 실제 운동의 구체적 형태들에 대응하는 것이지, 자신들의 머릿속에 들어있는 추상적 개념들을 따르는 것이 아니다. 20세기가 우리에게 가르쳐 주는 것은 역사가 모호하고 모순적인 방식으로 발전한다는 것이다. 창조적 정치 지도는 당면 상황이 제기한 현실적 대안 — 그런 가능성이 아무리 뜻밖의 형태를 취할지라도 — 에 근거해 선택해야지, 결코 우리 자신의 개인적 희망에 따라 선택해서는 안 된다.

특히, 리스펙트가 민중전선이라거나 민중전선이 되기를 열망한다는 생각은 우스운 것이다. 스탈린주의 정당들은 노동자 정당들과 부르주아지의 "진보적" 분파를 단결시키려 하는 민중전선들을 건설했고, 이것은 실천에서 노동계급의 이익을 종속시키거나 억압하는 결과를 낳았다.[10] 그러나 리스펙트의 부르주아 동맹들은 어디에 있는가? 물론 지역에서 듣도 보도 못한 일부 아시아계 기업인들이 리스펙트를 지지하긴 하지만 리스펙트는 처음부터 압도적으로 노동운동의 성격을 띠었다는 점이 두드러진 특징이었다. 사실, 리스펙트 초기부터 참여했던 반자본주의 저술가 조지 몽비오가 나중에 리스펙트를 떠난 이유 중 하나는 사회주의 좌파와 노동조합 좌파의 영향력이 너무 강력하다는 사실 때문이었다.

조지 갤러웨이는 종파주의적 좌파의 혹독한 비판에 시달려 왔다. 그의 말쑥한 옷차림 때문이기도 하고, 성性 문제에 대한 그의 견해 때문이기도 하다. 물론 갤러웨이는 혁명적 사회주의자의 세계관이나 생활 방식을 갖고 있지 않다. [그러나] 그가 왜 그래야 하는가? 그는 노동당 활동가와 국회의원이라는 경력을 갖고 있다. 그렇다고 해서 그가 원칙 — 미국과 영국 제국주의에 대한 일관된 반대 — 을 토대로 노동당과 결별했다는 사실이 바뀌는 것은 아니다. 좌파를 재구성하려 할 때 중요한 것은 사람들의 과거나 그들의 현재 신념에 대한 엄밀한 검사가 아니라 그들이 어느 방향으로 움직이고 있는가 하는 것이다.

이를 보면 리스펙트에 관한 더 큰 진실을 분명히 알 수 있다. 즉, 다양한 세력들이 한데 뭉쳐 리스펙트를 구축한 토대는 추상적 토론 과정을 통해 만들어진 총체적 강령이 아니라, 오늘날 세계 정치의 초점이 된 구체적 쟁점들 — 특히 제국주의 전쟁과 신자유주의 워싱턴 컨센서스 — 에 대한 공동의 정치적 대응이라는 점이다. 여러 점에서 리스펙트는 실제 형성되기 전부터 하나의 뚜렷한 정치적 실체로 구체화하기 시작했는데, 그 토대는 전쟁저지연합 내의 매우 다양한 배경을 가진 행위자들 사이에서 실천을 통해 발전한, 핵심 문제들에 대한 공동의 대처 방식이었다.

리스펙트의 현재 강령은 이 과정을 반영하고 있다. 그것은 혁명적 강령도 아니고 명백히 사회주의적인 것도 아니다. 그러나 반전 선언 이상이다. 리스펙트 강령의 초점이 된 쟁점들 — 전쟁, 신자유주의, 인종차별, 여성차별 — 은 지난 유럽사회포럼들에서 집중적으로 부각된 문제들이기도 하다. 리스펙트의 광범한 이데올로기는 사실 여러 의미에서 반자본주의 운동 — 유럽에서 특히 제노바 시위 이후 발전한 — 의 이데올로기다. 다양한 경향들(개혁주의, 사회주의, 자율주의 등)의 다원성을 아우르면서도 원칙을 토대로 단결한 운동 말이다. 물론 상황이 역동적이기 때문에 리스펙트의 강령적 견해는 그것과 겹치는 더 큰 반자본주의 운동의 강령적 견해와 마찬가지로 구체적 도전들에 직면해서 더 치밀해지고 더 구체적으로 발전할 것이다. 그러나 리스펙트가 정치적·조직적으로 미완성이라는 사실이 리스펙트를 일축하는 근거가 될 수도 없다. 예컨대 리스펙트가 처음부터 사회주의 정당을 자처하지 않았다는 비난이 그런 것이다.[11]

다른 종파주의적 기우杞憂, 즉 이른바 "반동적 이슬람 원리주의자들"이 리스펙트로 몰려들었다는 걱정은 또 어떤가? 특히 프랑스 극좌파의 비난 — 점차 빈번해지고 있는 — 은 참기 힘들다. 즉, 노동자투쟁당과 혁명적공산주의자동맹 회원들이 우파 정권이나 사회당과 같은 편에 서서, 히잡[머리 수건]을 쓴 무슬림 여학생들을 국공립학교에서 쫓아내라고 요구하고, 그래서 자연히 많은 무슬림 여성들을 이른바 "[프랑스 문화 전통으로의] 통합

론자들"의 품으로 밀어 넣음으로써(이것이야말로 진정한 민중전선이다) 자신들의 조직을 모욕하고, 더 나아가 혁명적 마르크스주의 전통 자체를 모욕하는 정치 환경에서 나온 그런 비판은 참기 힘들다.

그러나 이 논쟁은 그럼에도 지속할 만한 가치가 있다. 그런 비난의 이면에는 무슬림 가정에 태어나 영국에서 동질적 공동체를 형성해 살고 있는 사람들에 대한 근본주의적이고 준(準)인종차별적인 견해가 숨어 있다. 즉, 무슬림 배경을 가진 사람은 누구든지 필연적으로 알카에다나 다른 급진 이슬람주의 경향의 정치를 주장할 것이라는 편견 말이다. 그런 견해는 현실과 거의 무관하다. 영국의 무슬림들을 이해하는 가장 좋은 관점은 그들을 초기 이주민들 ─ 150여 년 전의 아일랜드인들과 20세기 초의 유대인들 ─ 과 비교하는 것이다. 그들은 다수파 "토박이들"과 종교적 신앙이 서로 다른 노동계급 사람들과 빈민이 압도적이었고, 이런 이유로 그리고 영국에서 겪은 인종차별 경험 때문에(아일랜드인의 경우는 매우 최근까지, 무슬림의 경우는 지금도 계속되는 고국의 제국주의 억압 경험 때문에) 노동운동과 사회주의 운동 활동가들을 많이 배출했다.

그렇다고 해서, 오늘날 정치적으로 각성한 무슬림의 필연적 운명이 혁명적 좌파라는 말은 아니다. 결코 그렇지 않다. 빈곤·인종차별·제국주의의 경험과 제한적이나마 실질적인 사회적 이동 가능성 때문에 젊은 무슬림들은 일련의 선택 기회를 얻게 됐다. 상대적으로 틀에 박힌 지역사회 활동, 노동당 기구(다른 이주민들에게도 그랬듯이 무슬림들을 득표 기반으로 취급해 온)로의 편입, 사회적으로 출세하려는 더 개인적인 노력, 다양한 형태의 자의식적 이슬람주의 조직(급진 분파들은 그중의 한 형태일 뿐이다), 세속적 좌파에 참여 등이 그런 선택이다. 중요한 것은 이런 것들이 선택 사항, 즉 여러 대안 중 하나라는 점을 이해하는 것이다.

본질적으로 세속 급진 좌파가 조직한 대규모 반전 시위에 수많은 무슬림이 참가한 것은 급진 이슬람주의자들의 영향력에 대한 위협이었다. 급진 이슬람주의자들은 반전 시위에 참가하기를 거부하고, "무신론적 마르크스주의자들"의 영향력에 맞서 싸우기 위한 초기 저항 동맹들에 참여했다. 그들이 사용한 슬로건들 ─ 예컨대 "자본주의가 아니라 칼리프 체제" ─ 을 보면, 그들 스스로 무슬림 청년들의 마음과 정신을 사로잡기 위한 이데올로기 투쟁을 하고 있다고 생각했음을 알 수 있다. 그 투쟁에서 그들은 사회주의노동자당 같은 마르크스주의 조직들이 아니라 바로 자신들이 진정한 반자본주의자들임을 입증해야 했다. 최근에 급진 이슬람주의자들은 반전 시위를 보이콧하고, 이를 비난하는 유인물을 무슬림 지역들에 뿌렸다. 그런 관점에서 본다면, 많은 무슬림들이 리스펙트를 적극적으로 지지한 것은 그들의 진정한 패배다.

우리의 관점, 즉 영국 같은 오랜 제국주의 나라의 혁명적 사회주의자들의 관점에서 보면 사정이 어떤가? 다른 선진 자본주의 세계의 사회주의자들과 마찬가지로 우리는 노동계급 — 적어도 도심에서는 피부색, 출신 민족, 종교적 신앙이 점차 다양해지는 — 의 지지를 획득해야 한다. 지난 세대 동안 인구 통계상의 변화, 제국주의의 중동 정책, 국내의 인종차별 때문에 무슬림 출신의 이 도심 노동계급에 대한 관심과 주의가 증대했다. 그들은 (당연하게도) 자신들이 "테러와의 전쟁"의 표적이라고 느낀다.

그들의 곤경을 인정하지 않는 것, 주로 세속 급진 좌파가 주도하는 광범한 반전운동에 그들을 끌어들이기 위해 노력하지 않는 것, 그들의 고통에 대한 해결책을 이슬람 움마(공동체)가 아니라 자본주의와 제국주의에 반대하는 공동의 투쟁 속에서 추구하는 정치적 프로젝트 쪽으로 그들 중 가장 진보적인 세력들을 끌어당기려고 노력하지 않는 것, 이 모든 것은 인민의 호민관이 돼야 한다 — 레닌이 ≪무엇을 해야 하는가?≫에서 주장했던 — 는, 혁명가들로서 우리의 임무를 포기하는 것이다. 이른바 "무슬림 문제"는, 30년 전의 노동계급이나 우리가 읽은 책에 나오는 노동계급이 아니라 현실의 노동계급과 연관 맺으려는 혁명가들의 능력에 대한 리트머스시험지라고 할 수 있을 것이다. 지금까지 드러난 증거로 볼 때, 모든 사람들이 이 시험을 통과하고 있는 것 같지는 않다.

전략적 방향

리스펙트의 전략적 근거를 분명히 밝혔어도 다른 많은 쟁점들이 여전히 남는다. 여기서 나는 세 가지를 이야기하겠다. 첫째, 리스펙트의 성공은 오로지 무슬림의 지지에만 달려 있지 않다는 점을 이해하는 것이 중요하다. 오히려 리스펙트는 다른 이주민 출신 사람들의 지지뿐 아니라 많은 백인 노동계급의 지지도 — 꽤나 많이 — 받고 있다. 이것은 노동당 정치의 점진적 쇠퇴를 반영하는 것이다. 둘째, 리스펙트의 성공은 실질적인 것이긴 하지만 불균등하다. 이 글 서두에서 얘기한 탁월한 성과도 있지만, 일부 지역들의 실적은 사회주의자동맹의 성과보다 전혀 나아진 게 없다. 이런 차이들을 객관적 요인들로 설명하는 것은 별로 설득력이 없다. 특정 지역들에서 객관적 기회들을 이용했느냐 못 했느냐 하는 것은 주관적 요인 — 지역에 따라 다양한 저항 네트워크들을 동원한, 과감하고 창조적이며 일관된 선거운동 — 이 결정적으로 좌우한 듯하다. 이 교훈은 리스펙트의 지역 조직이 강화되고 확대될 때 특히 유념할 필요가 있다.

마지막으로, 녹색당 문제가 있다. 1980년대 말 이후 영국 녹색당은 영국 정치에서 소규모이긴 하지만 실질적인 지지층을 확보했다. 일부는 주로 환경문제에 관심이 있는 사람들이었고, 일부는 더는 노동당을 참을 수 없었던 광범한 좌파 성향의 사람들이었다.

6월에 사우스이스트에서 유럽의회 의원으로 재선출된 캐럴린 루커스 같은 유명한 활동가들은 환경 운동을 더 광범한 반자본주의 의제와 연관시킬 수 있었던 덕분에 당연하게도 널리 존경을 받고 있다. 프랑스나 독일의 녹색당과 달리 영국 녹색당은 사회자유주의 연합에 참여하지도 않았고 제국주의 전쟁을 지지하지도 않았다. 영국 녹색당은 광범한 의미에서 급진 좌파의 일부다.

그러나 단점도 있다. 전쟁이라는 핵심 문제에서 녹색당은 영미 제국주의의 대안으로 유엔을 지지하고, 따라서 이라크 점령에 모호한 태도를 취했으며, "연합군"의 즉시 철수가 아니라 유엔 책임을 주장했다. 더욱이, 녹색당과 실제로 접촉해 본 사람은 누구나 알고 있듯이 그들의 활동 방식은 때때로 놀라우리만큼 종파주의적이다. 비교적 온건한 사례를 들겠다. 반전 집회에서 녹색당의 연설은 흔히 노골적 투표 호소와 다를 바 없다. 리스펙트가 제안한 모종의 신사협정이나 유럽연합 선거 연합 공천을 녹색당이 일고의 가치도 없다며 거절하고 우리의 계획 전체에 지독한 적대감을 보인 것은 바로 이런 정치적 방식의 결과다. 그래서 영국 독립당UKIP의 우파 포퓰리스트들이 사상 최대의 성공을 거둔 선거전에서 급진 좌파 지지층이 분열했던 것이다. 이것은 리스펙트와 녹색당이 앞으로 해결해야 할 과제다. 자신들을 지지하는 수십만 명에게 진지한 대안으로 받아들여지기를 바란다면 말이다.

이렇게 특별히 영국적인 문제들 외에도, 내가 마무리 짓고 싶은 더 광범한 문제들이 둘 있다. 첫째, 이 분석의 중요한 객관적 조건 중 하나가 사회민주주의의 쇠퇴라는 점이다. 소멸이 아니라 쇠퇴다. 스타시스 쿠벨라키스는 이 내부 회보에 기고한 글에서 자신이 "자족적 '급진 좌파'의 자아도취적 비전"이라고 부른 것, 즉 사회당과 공산당이 급격히 쇠퇴했으며 어쨌든 분명히 부르주아지 편으로 넘어가 버렸다는 가정이 혁명적공산주의자동맹 내에 너무 널리 퍼져 있다고 지적한다. 그런 분석은 스코틀랜드 사회당이 훨씬 더 분명하게, 그리고 일면적으로 표명했는데, 스코틀랜드 사회당은 노동당이 사실상 또 다른 자본가 정당일 뿐이라고 비판한다.[12]

그러나 스페인과 프랑스의 최근 선거 결과는, 집권 당시 신자유주의 정책들을 추진함으로써 신뢰를 상실했던 사회민주주의 정당들이 야당이 되면 우파 정부들에 대한 대중의 불만을 이용해 노동계급의 지지를 다시 확보할 수 있음을 보여 준다. 쿠벨라키스가 옳다면, 지방선거와 유럽의회 선거에서 노동자투쟁당-혁명적공산주의자동맹 후보들이 그토록 실망스런 결과를 얻은 이유 하나는 우파에 반대하는 대중의 광범한 정서로부터 고립을 자초했다는 것이다(사회당은 그런 분위기를 이용할 수 있었는데 말이다). 우리의 과제를 특히 복잡하게 만드는 것은 우리가 독립적 급진 좌파를 건설해야 함과 동시에, 개혁주의가 쇠퇴하면서도 여전히 모순적인 기능 — 자본주의에 대한 노동계급의 저항을 표현하면서도 그 저항을 봉쇄하는 ― 을 계속하고 있다는 것을 끊임없이 의식해야 한다는 점이다.

그렇다면 이것은 두 번째 문제로 연결된다. 때때로 혁명적 좌파의 성장과 발전을 더 광범한 급진 좌파의 재결집과 대립시키는데, 이것은 잘못이다. 지난해 10월 혁명적공산주의자동맹 대의원대회를 앞두고 벌어진 논쟁에서 지도부의 다수파는 올해 지방선거와 유럽의회 선거에서 노동자투쟁당과의 연합 공천 계획을 옹호했다. 이것은 소수 우파의 강력한 반발에 부딪혔다. 부분적으로는 노동자투쟁당에 대한 강한 반감 때문이었고, 부분적으로는 옛 복수 좌파 일부와 더 가까워지려는 전략적 방향 때문이었다. 소수파의 지도자였던 〈루주Rouge〉*의 편집자 크리스티앙 피케는 더 큰 변화를 위해서 혁명적공산주의자동맹이 (앵글로-색슨) 자본주의 세계화의 침입에 맞서 민주적·사회적 성과들을 보존하고 프랑스의 공화국 전통을 옹호한다고 자처하는 세력들인 더 광범한 급진 좌파와 합병해야 한다고 주장했다.[13]

물론 첫 번째 태도가 두 번째 태도보다 더 바람직하다. 피케의 전략적 방향이 [혁명적 사회주의를] 청산하고 프랑스 노동자 운동의 좌파에서 여전히 강력한 민족 개혁주의의 한 변형으로 전환하자는 것이었기 때문만은 아니다. 프랑스 좌파를 재편하려는 외향

---

* 혁명적공산주의자동맹의 기관지.

적 전략은 모두 노동자투쟁당을 끌어들일 방법을 찾아야만 한다. 노동자투쟁당은 그 추상적 종파주의에도 불구하고 노동계급에 진정한 뿌리를 내리고 있으며 비교적 성공적인 선거 개입의 강력한 전통을 가진 조직이다. 그러나 가장 좋기로는, 노동자투쟁당과의 동맹은 옛 복수 좌파의 좌파를 분열시키고 해체해, 그 파편의 일부를 혁명적 좌파 쪽으로 끌어당기기 위한 지렛대 구실을 해야 한다. 혁명적공산주의자동맹 다수파는 이런 생각을 별로 하지 않는 듯하다. 그래서 흔히 우파가 형식적으로 올바른 주장을 한다. 예컨대, 혁명적공산주의자동맹이 지방선거 결선투표에서 사회당과 그 동맹들에게 투표하라고 호소해야 한다는 주장이 그랬다. 노동자투쟁당과의 협정 때문에 혁명적공산주의자동맹은 결선투표에서 누구에게 투표하라는 호소를 전혀 할 수 없었다. 따라서 1차 투표 뒤에 혁명적공산주의자동맹이 결선투표에서 좌파 투표를 호소해야 한다고 주장했던 소수파의 운동은 노동자투쟁당과의 선거 협정을 파괴하려는 꽤 노골적인 시도였던 셈이다.

좋든 싫든 영국의 우리에게는 노동자투쟁당처럼 강력하면서도 경직된 극좌파 조직이라는 문제가 없다(옛 밀리턴트가 노동자투쟁당과 동일한 특징을 조금 갖고 있었지만, 오늘날 사회당은 점차 자멸적인 일련의 선택 때문에 두어 개의 지역 기반을 가진 종파주의 잔당으로 전락하고 말았다). 이런 이중의 과제 — 급진 좌파를 영국 정치에서 점차 강력한 구심점으로 만듦과 동시에 그 안에서 더 강력한 혁명적 좌파를 건설하는 것 — 를 추구하는 관점에서 보면 리스펙트의 구조는 분명히 장점이 있다. 리스펙트는 연합체다. 즉, 개인들도 가입할 수 있고 소속 단체들의 자율성이 보장되는 연방적 조직이다. 리스펙트의 강령은 원칙적이지만 상대적으로 최소한이고, 이것은 리스펙트가 내부에 다양한 견해가 공존하는 다원적 조직이라는 것을 뜻한다.

이 구조는 리스펙트 내 기존 세력들의 공동 활동에 필요한 여유 공간을 위해서도 결정적으로 중요하지만, 다른 세력들 — 특히 노동조합 운동의 더 광범한 부분 — 을 끌어들이기 위해서 훨씬 더 중요하다. 그러나 동시에, 이 다원적 연합체 안에는 조직된 혁명적 사회주의자들, 더 구체적으로는 사회주의노동자당이 있다. "민중전선주의"나 "청산주의"에 대한 온갖 이야기들이 그토록 어리석은 이유 하나가 바로 이것이다. 우리의 목표는 리스펙트를 지배하는 것이 아니라 노동계급 대중에 기반을 둔 리스펙트를 건설하는 것이다. 그 속에서 당연히 우리의 영향력은 줄어들겠지만, 그와 동시에, 우리는 리스펙트라는 합창 속에서 강력한 혁명적 마르크스주의의 목소리가 확실히 들리도록 노력할 것이다. 그리고 이것이 뜻하는 바는 리스펙트를 건설하면서 사회주의노동자당도 — 리스펙트의 일부로서, 그리고 그것을 더 효과적으로 만드는 하나의 수단으로서 — 건설한다는 것이다.

다시 한 번 말하지만, 이 중에 어떤 것도 모델이 아니다. 우리는 모두 우리가 살아가는 특정한 역사의 포로들이다. 그래서 쿠벨라키스는 자신이 현대 프랑스 극좌파의 "반反정치"라고 부른 것이 훨씬 더 장기적 양상으로 변하고 있다고 암시한다. 우리는 특수한 역사적 기회들을 가장 잘 이용해야 한다. 그러나 유럽뿐 아니라 세계 전역(예컨대 브라질)의 수많은 혁명가들이 공통의 문제들에 직면했다는 것은 아주 인상적이다. 예컨대, 사회자유주의의 대안을 둘러싸고 좌파를 어떻게 재결집시킬 것인가? 어떻게 혁명적 사회주의 조직을 더 광범한 과정의 동력으로 만들 것인가? 따라서 영국에서 우리가 한 경험은 그 특수성에도 불구하고 이런 문제들을 다루는 데 도움이 될 것이다.

주

1. 이 글에서 말하는 "급진 좌파"는 신자유주의와 제국주의 전쟁에 맞선 저항에 적극적으로 동조하고 "사회자유주의"와는 다른 대안을 발전시키려 하는 세력들을 가리킨다. "사회자유주의"는 '제3의 길'처럼 신자유주의를 받아들이는 사회민주주의로서 토니 블레어가 가장 좋은 사례다. "혁명적 좌파"는 사회주의 혁명에 헌신하는 조직들과 경향들 ― 오늘날 유럽에서는 거의 전적으로 트로츠키주의자들이다 ― 을 말한다. 따라서 혁명적 좌파 ― 사회주의노동자당과 혁명적공산주의자동맹 같은 조직들 ― 는 더 광범한 급진 좌파의 일부다.
2. 6월 선거에서 리스펙트가 거둔 성과에 대한 자세한 분석은 *Socialist Review*,

July 2004 참조.
3. 리스펙트의 강령은 www.respectcoalition.org 참조.
4. J Kampfner, *Blair's Wars*, updated edn(London, 2004) 참조.
5. J Rees, 'Anti-Capitalism, Reformism and Socialism', *International Socialism* 90 (Spring 2001) 참조.
6. P Broué, *Révolution en Allemagne 1917-1923*(Paris, 1971), ch 21, and C Harman, *The Lost Revolution*(London, 1982), pp 194~198[국역 : ≪패배한 혁명 : 1918~1923년 독일≫, 풀무질, 2007].
7. 1940년 5월 8일 [보수당의] 국민정부 하원의원 41명이 야당인 노동당과 공조해, 체임벌린에 반대표를 던졌고 40명 이상이 기권했다. 그 반란 표는 집권당 평의원 전체의 5분의 1이 넘는 수치였다. G Stewart, *Burying Caesar*(London, 2000), p 414 참조. 이와 대조적으로, 2003년 3월에 "반란을 일으킨 노동당 하원의원 139명은 '비(非)공직' 의원 — 관직을 맡지 않은 하원의원 — 264명의 절반 이상이었다. 그러나 알라스테어 캠벨(Alastair Campbell)의 교묘한 술책 덕분에 언론은 이것을 총리의 승리라고 떠들어 댔다." Kampfner, *Blair's Wars*, p 309 참조. 이 교묘한 술책이 먹혀든 이유는 노동당 각료들과 평의원들이 그것을 원했기 때문이다.
8. *The Observer*, 6 June 2004.
9. V I Lenin, 'The Discussion on Self-Determination Summed Up', in *Collected Works*, XXII(Moscow, 1965).
10. F Claudin, *From Comintern to Cominform*(Harmondsworth, 1975) 참조.
11. 오늘날 반자본주의 운동의 맥락에서 강령 문제를 다룬 더 상세한 논의는 A Callinicos, *An Anti-Capitalist Manifesto*(Cambridge, 2003), ch 3 참조.
12. 혁명적공산주의자동맹의 공식 견해와 스코틀랜드 사회당의 공식 견해에는 상당히 미묘한 차이가 있다. D Bensaïd et al, 'A Letter from LCR Comrades', *International Socialist Tendency Discussion Bulletin*, no 3, January 2003 참조. 스코틀랜드 사회당의 견해에 대한 비판적 논의는 J Rees, 'The Broad Party, the Revolutionary Party and the United Front', I*nternational Socialism* 97(Winter 2002) 참조.
13. C Picquet, *La République en tourmente*(Paris, 2003).

06 오늘날의 혁명 전략

'What Does Revolutionary Strategy Mean Today?',
International Socialist Tendency Discussion Bulletin 7 (January 2006).
http://www.istendency.net/pdf/ISTbulletin7.pdf

오늘날의 혁명 전략

전략 논쟁의 재개

다니엘 벤사이드는 최근 저작에서 "전략적 이성의 쇠퇴"라는 말을 했다.[1] 이것은 급진적·혁명적 좌파가 1960년대 말~1970년대에 처한 상황과 오늘날의 상황이 사뭇 다르다는 것을 여실히 보여 주는 그럴듯한 표현이다.

당시에는 혁명 전략을 둘러싼 논쟁이 풍부하고 치열하게 전개됐다. 이 과정에서 제2인터내셔널과 제3인터내셔널 시기의 고전적 논쟁들 — 룩셈부르크·카우츠키 대 베른슈타인의 논쟁, 룩셈부르크 대 카우츠키의 논쟁, 레닌·트로츠키 대 카우츠키의 논쟁, 러시아·독일·중국 혁명과 반反파시즘 투쟁과 민중전선 등을 둘러싼 논쟁들 — 이 다시 발견되기도 했고, 당시 상황, 특히 남유럽 독재 체제의 종식, 포르투갈 혁명, 이탈리아 좌파의 약진 전망 등에 직면한 극좌파의 과제를 도출하려는 노력도 치열했다.[2]

1970년대 말쯤 이런 논쟁은 중단됐다. 논쟁에서 제기된 다양한 가설과 주장이 실천의 검증을 거치며 틀린 것은 탈락하는 등 자연 도태되고 정리돼서 전략적 대안들이 몇 가지로 좁혀졌기 때문이 아니라 반동의 물결이 전략 논쟁 자체를 정치적으로 무의미하게 만들었기 때문이다.

이탈리아의 역사적 타협은 전면적 탄압을 승인하는 협약으로 전락했고, 1980년 피아트 노동자들은 역사적 패배를 경험했고, 대처와 레이건의 집권과 함께 신자유주의 공세가 시작됐고, 폴란드의 대중 노동자 운동인 연대노조는 군부 쿠데타로 분쇄됐고, 프랑스의 미테랑 정부는 시장에 굴복했다. 이런 상황에서 강제와 동의가 부르주아 헤게모니를 유지하고 전복하는 데서 하는 구실의 균형을 둘러싼 논쟁, 반자본주의 투쟁에서 사회주의 요구와 민주주의 요구의 상대적 중요성을 둘러싼 논쟁, 의회와 소비에트를 결합할 수 있는지 없는지를 둘러싼 논쟁, 혁명가들이 좌파 정부에 참여해야 하는가 말아야 하는가를 둘러싼 논쟁은 아주 추상적인 수준으로 밀려났고, 굳이 이런 논쟁에 참여한 사람들도 거의 없었다.

그 뒤 좌파와 노동자 운동의 후퇴가 전반적 패배로 이어지고, 냉전 종식 이후 신자유주의적 제국주의가 전 세계에서 득세함에 따라, 벤사이드가 "전략적 원점"이라고 부른 상태가 20세기 말까지 지속됐다.[3]

그러나 이제 급진 좌파들 사이에서 전략 논쟁이 다시 벌어지고 있다. 가장 분명한 사례는 좌파 정부에 참여하는 문제가 또다시 뜨거운 쟁점으로 떠오르고 있다는 것이다. 이것은 이탈리아 재건공산당이 오는 4월 총선에서 중도좌파가 승리할 경우 연립정부에 참여하기로 결정한 데서 비롯한 측면도 있지만, 다른 요인들도 이 논쟁에 영향을 미쳤다. 특히, 제4인터내셔널 브라질 지부인 사회주의적민주주의의 한 회원이 룰라 정부의 장관으로 재직하고 있는 것과 프랑스 혁명적공산주의자동맹LCR 안팎에서 사람들이 장차 복수 좌파 정부에 혁명적공산주의자동맹이 참여해야 한다고 은밀한 운동을 벌이는 것 등이 그런 사례다.[4] 이 새로운 전략 논쟁의 위상을 정확히 인식하는 것이 중요하다.

분명히, 1970년대 말과 1980년대에 노동자 운동에 불리하게 형성된 계급 세력 저울이 근본적으로 역전된 것은 아니다.

1995년 11~12월 프랑스 공공 부문 파업은 신자유주의에 맞선 저항이 질적으로 새로운 국면에 들어섰음을 보여 줬다. 그러나 1968년 프랑스의 5~6월, 1969년 아르헨티나의 코르도바소◆, 1969년 이탈리아의 '뜨거운 가을', 1970~1974년 영국의 히스 정부에 반대한 투쟁, 1974~1975년 포르투갈 혁명, 1975~1976년 스페인 프랑코 독재 말기의 대중파업 등과 견줄 만한 공세적 노동자 투쟁은 아직 재개되지 않았다.

◆ 1969년 5월 아르헨티나 제2의 공업 도시 코르도바에서 일어난 총파업과 민중 항쟁.

대개 노동자 투쟁은 여전히 분산적이고 방어적이며, 역사적 기준으로 볼 때 (안타깝게도 영국을 비롯한) 몇몇 나라에서는 노동자 투쟁이 아주 드물다. 이런 상황의 원인은 마르크스주의적 분석과 논쟁의 가장 중요한 주제들 가운데 하나이지만, 뭐라고 설명하든 선진국 노동계급이 상대적으로 비非전투적이라는 사실 자체는 근본적인 전략적 한계다.

그럼에도 1994년 1월 멕시코 치아파스에서 시작되고 시애틀과 제노바에서 폭발한 투쟁의 궤적을 따라 대안 세계화 운동이 출현한 것은 신자유주의에 맞선 저항의 일반화·급진화를 뜻하는 것이었다.

이 운동은 아프가니스탄·이라크 전쟁 반대 운동과 결합되면서 반제국주의적 성격이 분명해졌고, 이라크 점령에 직접 연루된 유럽 각국에서 전례 없는 대중적 지지를 받고 있다.

최근의 두 가지 사태 전개는 특히 강조할 만하다. 첫째, 라틴아메리카 일부 지역에서 저항은 질적으로 새로운 수준에 이르렀다. 특히, 2005년 5~6월 대통령 카를로스 메사를 몰아낸 볼리비아 민중운동 ― 수도 라파스 위에 있는 빈민들의 도시 엘알토를 중심으로 한 ― 의 자기 조직화, 지속적 대중행동, 요구는 1970년대 중반 이후 최고 수준이었다.

둘째, 신자유주의에 맞선 저항이 사회민주주의의 훨씬 더 장기적인 위기와 맞물리기 시작하면서, 사회자유주의에 반대하는 급진 좌파가 훨씬 더 강력해질 수 있는 정치적 재편의 조건이 형성되기 시작했다.

2005년 이후의 가장 중요한 사례들로는 유럽헌법을 둘러싼 프랑스 국민투표에서 좌파의 반대 운동이 승리한 것, 독일 연방선거에서 좌파당Linkspartei이 약진하고 (그보다는 훨씬 낮은 수준이지만) 영국 총선에서 리스펙트가 약진한 것, 포르투갈 좌파블록과 덴마크 적녹동맹의 인기가 상승한 것, 룰라에 실망한 브라질 노동자당PT 당원들이 신생 정당인 '사회주의와자유당P-SoL'으로 옮겨 온 것 등이 있다.

이 모든 경우에 혁명적 마르크스주의자들은 급진 좌파의 새로운 정치 결집체를 실제로 건설하거나(앞서 인용한 대다수 경우가 그렇다) 적어도 결집체 건설로 이어질 수 있는 토론 과정에 관여하고(프랑스의 상황이 그렇다) 있다.

따라서, 적어도 북반구에서는 노동자들의 공세적 투쟁과 승리가 상당한 규모로 나타나지는 않고 있지만 그럼에도 우리는 새로운 정치적 급진화 시기를 경험하고 있고 그 속에서 급진적·혁명적 좌파가 상당한 구실을 하고 있다.

물론 이렇게 모순적이고 취약한 상황에서 기고만장하는 태도는 금물이다. 노동자들이 기업주들에게 부분적·일시적 반격을 가하는 데서 더 나아가 자신들에게 유리하게 계급 세력 저울을 역전시키는 투쟁을 벌이지 않는다면 이와 같은 정치적 급진화는 십중팔구 일시적 현상으로 그치고 말 것이다.

그러나 이 모든 단서와 경고를 인정한다 하더라도, 우리가 1980년대나 1990년대와는 사뭇 다른 정치 세계에서 살고 있는 것만은 분명한 사실이다.

더욱이, 이 정치 세계에서는 급진적·혁명적 좌파의 구실이 중요하다. 물론 아직까지는 우리가 원하는 만큼 뭔가 대단한 구실을 하고 있는 것은 아니다. 예컨대, 반신자유주의 좌파 중에서 가장 크고 정치적으로 가장 이질적인 정당인 재건공산당과 좌파당조차 이탈리아와 독일의 중도우파나 중도좌파의 유력 정당들과 비교하면 소규모 정당이고, 두 나라 모두에서 조직된 혁명가들은 더 미약한 세력이다.

그러나 몇몇 경우에는 우리의 규모와 기반 덕분에, 더 중요하게는 다양한 저항운동에서 우리의 투사들이 하는 구실 덕분에 우리는 좌파의 발전 과정에 어느 정도 영향을 미칠 수 있다.

이것이 바로 전략 논쟁을 다시 한 번 벌일 만한 이유다. 우리가 궁지에 몰렸을 때는 주로 마르크스주의에 대한 일반적 이해와 살아남기 위한 인내와 의지가 필요했다. 그런데 이제 우리에게 좌파를 갱신하는 데 일조할 수 있는 기회가 찾아왔다. 사정이 더 좋아졌고, 따라서 더 복잡해졌다. 그렇다면 우리는 무엇을 해야 하는가?

과거의 그림자

이 문제에 답하려 할 때, 우리는 먼저 과거의 전략 논쟁이 현재 상황에 얼마나 적합한지를 평가하는 문제에 직면하게 된다.

이것이 혁명적공산주의자동맹의 앙투안 아르투와 세드릭 뒤랑이 쓴 글들(혁명적공산주의자동맹 이론지인 ≪크리티크 코뮤니스트Critique Communiste≫[**공산주의 비평**]에 게재됐고 이 토론 회보[*]에 전재한)의 주된 관심사다.

이들이 주목한 역사적 참고 대상은 두 가지다. 1960년대 말과 1970년대에 혁명적공산주의자동맹이 발전시킨 전략 모델, 그리고 이 모델 자체의 역사적 참고 대상인 혁명적 마르크스주의 흐름(러시아 혁명에서 시작해 독일 혁명과 초기 코민테른을 거쳐 트로츠키의 좌익반대파로 이어지는)이 그것이다. 아르투는 다음과 같이 썼다.

> 혁명적공산주의자동맹이 그저 러시아 혁명 모델만을 추구했다는 말은 완전한 편견이다. 혁명적공산주의자동맹은 스탈린주의가 득세하기 전의 코민테른과 그 뒤의 트로츠키(와 다른 사람들)가 정교하게 발전시킨 성과를 되살려서 서유럽의 혁명적 과정에 적

---

[*] *International Socialist Tendency Discussion Bulletin* 7(January 2006).

용하고, 이를 당시의 경험(칠레·포르투갈 등)과 관련지어서 러시아와 사회구조가 다른 나라들에도 적용하려 했다.

아르투의 주장은 1970년대 영국 사회주의노동자당의 전략적 성찰에도 적용될 수 있다.

그렇다고 해서 우리가 받아들인 혁명적 과거가 혁명적공산주의자동맹과 똑같았다는 말은 아니다. 우리는 혁명적공산주의자동맹의 다른 참고 대상, 예컨대 아르투와 뒤랑이 모두 주목한 마오쩌둥과 체 게바라 식의 게릴라전을 분명히 거부했다.

이러한 차이는 전통에 의존하는 것이 선택적 과정일 수밖에 없다는 것을 보여 준다. 왜냐하면 누구나 남들과는 다른 구체적 조건을 매개로 과거와 관계를 맺기 때문이다. 예컨대, 혁명적공산주의자동맹과 사회주의노동자당의 차이도 트로츠키주의 운동에서 기원했다.[5]

전통에 의존하는 것이 항상 선택을 함축한다는 사실은, 과거의 혁명적 경험을 참고하려면 반드시 본질적인 것과 일시적인 것, 현실 관련성 있는 것과 시대에 뒤떨어진 것을 구분하려는 치열한 노력이 필요함을 보여 준다.

1970~1980년대에 고전적 마르크스주의를 중심으로 한 과거 경험과 현재 투쟁의 관계를 둘러싸고 시작된 논쟁은 대부분 그람시라는 인물에 초점이 맞춰졌다.

이런 사례를 든 것은 무오류의 정설을 내세워 과거에 대한 선택적·비판적 태도를 배척하기 위함이 아니다.

오히려 나는 그런 태도가 불가피하다고 분명히 밝혔다. 그럼에도 유로코뮤니스트들의 그람시 해석을 보면, 단절과 혁신을 주장하는 것이 사실은 익숙하지만 실패한 전략들을 은폐하는 것임을 알 수 있다. 결국 유로코뮤니즘은 사회민주주의로 후퇴했고, 그 사회민주주의 자체는 이제 사회자유주의로 전락하고 말았다.

어쨌든, 아르투와 뒤랑은 혁명적공산주의자동맹의 전략적 참고 대상 두 가지 ― 1970년대 혁명적공산주의자동맹 자체의 과거, 그리고 러시아 혁명과 결부된 혁명적 마르크스주의의 경험 ― 에 대해 문제를 제기한다. 아르투의 문제 제기는 비교적 온건하다. 그는 다른 혁명적공산주의자동맹 동지들이 사용한 다음과 같은 공식을 되풀이한다. "현재 시기의 특징은 1917년 10월에 시작된 역사적 순환이 끝났다는 것이다."[7]

아르투는 "지금은 새로운 역사적 시기이며", 따라서 "전에는 혁명적공산주의자동맹이 권력 장악 투쟁에 대한 전략적 사고방식 덕분에 혁명 조직을 자처할 수 있었지만 이제는 그럴 수 없게 됐다"고 주장한다.

뒤랑의 비판은 이론적으로 상당히 광범하고 그 정치적 결론은 꽤나 혁신적이다. 그는 혁명적 마르크스주의 전통이 근본적으로 문제시된다고 주장하며 그 이유로 두 가지를 들고 있다. 첫째, 혁명적 마르크스주의 전통의 고유한 이론적·정치적 결함, 특히 그가 약간 기묘하게 정치권력 장악에 대한 '단계론적' 집착이라고 부른 결함과, 둘째, 과거 세대의 사회적·경제적 변화 때문에 노동계급이 파편화하고 투쟁이 다원화·분권화한 것을 지적한다.

아르투와 뒤랑의 글 중에 뒤랑의 글을 다루기가 더 어렵다. 특히, 이렇게 지면 제약이 있을 때는 더욱 그렇다.

그 이유는 주제 자체의 어려움 때문이 아니다. 뒤랑의 글이 지난 몇십 년 동안 주로 포스트모더니즘 옹호자들이 제기한 낯익은 마르크스주의 비판을 다시 끄집어내면서, 이매뉴얼 월러스틴이나 앨프리드 허시먼* 같은 다양한 사람들의 말을 권위 있게 인용하는 이론적 절충주의를 과시하기 때문이다.

뒤랑의 이런 비판이 흥미로운 것은 주로 대안 세계화 운동에서 지적으로 유력한 분파의 '고정관념'을 분명히 보여 주기 때문이다. 특히, 정치권력 문제를 제기하려는 일체의 시도에 적대감을 드러낸다.

존 홀러웨이의 유명한 책**의 제목 '권력을 장악하지 않고 세상을 바꾸기Change the World without Taking Power'가 대안 세계화 운동 안에서 널리 반향을 불러일으켰다. 나는 뒤랑이 제기한 쟁점

---

* 미국의 경영 이론가.
** 국역 : ≪권력으로 세상을 바꿀 수 있는가≫(갈무리, 2002).

들을 모두 다루며 지면과 에너지를 낭비하기보다는 그의 정치적 결론에 초점을 맞추겠다. 그렇다고 해서 여기서 다루지 않은 그의 주장들이 옳다고 생각하는 것은 아니다. 오히려 그 반대다.

오늘날의 국가와 혁명

뒤랑의 정치적 요지는 다음 구절에서 가장 잘 드러난다.

> 오늘날 대안 세계화 운동은 광범한 논쟁, 다양한 사회 세력들의 결집, 조직적 혁신 덕분에 노동자 운동과 사회운동이 반反체제 저항으로 수렴되는 주요 공간이다. 바로 이 대안 세계화 운동 안에서 헤게모니 사명을 가진 역사적 블록이 형성될 수 있다.
>
> 따라서 우리 같은 정치조직은 이런 정치적 공간 안에서 이론적 논쟁을 벌이면서, 우리 경향의 건설과 관계 있는 러시아 혁명과 '현실 사회주의'의 유산을 넘어서려고 노력해야 한다.
>
> 이런 맥락에서 두 가지 전략적 가설이 나온다. 첫째는 정치적 행동의 일시성이다.
>
> 오로지 혁명이라는 결정적 순간을 준비하는 데만 집중해서는 안 되고, 사회변혁의 과정이 시작될 수 있도록 노력해야 한다. 그 과정에서 혁명적 위기는 한 단계일 뿐이다.

둘째, 국가권력을 장악하기 위한 단일한 대결 공간이 아니라, 상호 연관되면서도 부분적으로 자율적 논리와 동학을 따르는 다양한 전략적 공간들을 분명히 해야 한다.

뒤랑이 대안 세계화 운동은 정치적 맥락을 바꾸고 있는 중요한 운동이라고 강조한 것은 옳다. 나는 더 나아가 대안 세계화 운동이 정치적 **행동**의 틀로서도 중요하다고 강조하고자 한다.

우리는 지난 몇 년 동안 혁명적공산주의자동맹 동지들에게 대안 세계화 운동에 완전히 투신하라고 설득해 왔다. 정당에 맞서 사회운동의 독립성을 지킨다는 공상적 이상을 좇아, 대안 세계화 운동 안에서의 활동을 소수의 동지들에게 맡겨 두지 말고 더 적극적으로 뛰어들라고 촉구해 왔다.[8]

그러나 뒤랑이 대안 세계화 운동 안에서의 활동은 새로운 정치 공간으로의 도약이라며 그 운동 안에서는 20세기의 해묵은 논쟁들이 완전히 사라졌다고 생각한다면 그것은 순전한 자기기만일 뿐이다.

[대안 세계화] 운동은 정치적 이견과 조직적 경쟁으로 얼룩져 있고, 정치적인 것과 운동의 관계 문제 때문에 점차 고통을 겪고 있다.

이 점을 잘 보여 준 것은 룰라 정부가 2005년 포르투 알레그레 세계사회포럼을 노골적으로 조종하려 했고, 다가오는 아테네 유럽사회포럼이 2006년 4월 이탈리아 총선 일정과 겹치지 않도록 연기돼야 하는지 아닌지를 둘러싸고 유럽사회포럼 준비 과정이 지금 마비됐다는 사실이다.[9]

뒤랑의 '전략적 가설들'로 말하자면, 혁명적공산주의자동맹이나 그 밖의 진지한 혁명 조직의 실천이 "오로지 혁명이라는 결정적 순간을 준비하는 데만 집중"한 적이 과연 있었던가?

이것은 혁명적공산주의자동맹과 사회주의노동자당이 모두 혁명적 미사여구와 개혁주의적 실천 사이에서 고통을 겪고 있다고 시사하는 아르투와의 차이 문제만은 아니다.

우리가 코민테른을 어떻게 평가하든 공동전선은 대체로 1920년대 초에 코민테른 지도자들이 부분적 요구를 둘러싼 투쟁에서 혁명가들과 개혁주의 투사들을 단결시킬 목적으로 발전시킨 것이다.

물론 이것은 더 장기적으로는 대중의 자신감과 전투성을 북돋우고 개혁주의 지도부의 대중 장악력을 약화시켜서 혁명을 준비하기 위한 것이지만, 당면 투쟁과 그 요구를 진지하게 고려하지 않고 이렇게 혁명을 준비하려는 노력은 실패할 수밖에 없다. 1930년대 초에 독일 공산당은 쓰라린 경험을 통해 이 사실을 깨달았다(전 세계도 그 대가를 치러야 했다).

뒤랑의 첫 번째 '가설'의 나머지 부분도 마찬가지로 잘못된 양극화라는 인상이 짙다. 물론 "혁명적 위기는" 더 커다란 "사회변혁의 과정"에서 "한 단계일 뿐이다." 바로 이렇게 주장하면서 마르크스는 자코뱅주의나 바뵈프주의와 결정적으로 결별했다.

그러나 그렇다고 해서 순간적 혁명 개념을 광범한 변혁 과정 개념과 대립시키려는 시도가 이론적·정치적으로 해롭지 않다는 말은 아니다. 예컨대, 카우츠키가 정치혁명과 사회혁명을 대립시킨 것은 급격한 단절이나 불연속성 없는 유기적 과정으로서 점진적으로 성장하는 사회주의 개념을 정당화하려는 시도였다.

이런 맥락에서 레닌의 독창성은 이중적이다. 첫째, 레닌은 정치적인 것을 사회적인 것으로 환원할 수 없다고 강조했다. 벤사이드는 그 점을 이렇게 잘 표현했다. "레닌은 정치적 영역의 특수성을 깨달은 최초의 인물들 가운데 한 명이었다. 즉, 정치적 영역은 다양한 권력과 사회적 적대 관계들이 상호작용하면서 정치 자체의 언어로 표현되는데, 그 정치의 언어는 바꿔치기, 요약, 실언으로 가득 차 있다."[10]

벤사이드도 주장했듯이, 정치적인 것의 특수성을 이렇게 이해하면 전략적 사고 — 온갖 우여곡절, 우회로, 막다른 골목으로 가득 찬 정치적 미로에서 혁명적 변혁의 끈을 찾아 나가는 끈질기고 끊임없는 노력 — 는 필수적이다.[11]

둘째, 레닌은 ≪국가와 혁명≫에서 혁명을 자기 해방의 순간으로 파악한 마르크스의 순간적 혁명 개념을 재발견했다. 아르투는 그런 책들이 "점차 신화적으로" 받아들여지고 있으므로 "비판적으로 읽어야" 한다고 불평한다. 아르투의 주장에 동의하지 않을 사람은 없을 것이다.

그러나 ≪국가와 혁명≫을 찬찬히 읽어 보면 그것이 정치적 변화에 대한 제2인터내셔널과 사실상 제3인터내셔널의 지배적인 개념 — 뒤랑이 말한 권력 장악을 사실상 프롤레타리아의 대표를 자처하는 당이 기존 국가기구를 통제하는 것으로 이해하는 개념 — 과 얼마나 어긋나는지 알 수 있을 것이다.

레닌의 ≪국가와 혁명≫은 핼 드레이퍼가 말한 또 다른 '사회주의 정신', 즉 아래로부터 사회주의 — 혁명은 대중이 정치 영역으로 침입하는 것이고 자기 해방 과정의 결정적 순간이라는 사상 — 를 표현한 것이다.[12]

그래서 레닌은 기존 국가기구의 장악이 아니라 파괴, 근본적으로 민주주의적인 형태의 대중적 프롤레타리아 권력을 바탕으로 한 새로운 국가 건설을 강조했다.

물론 그렇다고 해서 ≪국가와 혁명≫이 완결판이라거나 문제가 전혀 없다는 말은 아니다. 그러나 우리는 ≪국가와 혁명≫을 있는 그대로 읽어야지 그 책을 통해 볼셰비키의 경험 전체를 개괄한 뒤 그것을 역사의 쓰레기통에 처박으려는 유행을 따라서는 안 된다.

소비에트 권력의 현실이 어떻게 '코뮌 국가' — ≪국가와 혁명≫에서 "엄밀한 의미에서 더는 국가라고 할 수 없는 국가"라고 말한 — 와 사뭇 다른 것이 돼 버렸는지를 탐구하려면 아르투 와 뒤랑이 '단기 20세기'의 암울했던 시절의 일로 묻어 두고 싶 어 하는 낯익은 논쟁들까지 아주 멀리 나아가야 할 것이다.

그러나 그렇다고 해도 레닌의 정치관과 혁명관이 오늘날에도 여전히 적절한지 아닌지 하는 문제는 여전히 남는다. 국가권력에 집착하지 말고 '다양한 전략적 공간들'을 주목하라고 촉구하는 뒤 랑의 두 번째 '전략적 가설'은 레닌의 정치관과 혁명관이 오늘날 적절하지 않다고 암시한다.

그러나 지금의 저항운동이 국가권력 문제를 회피할 수 있다고 보는 것은 잘못이다.[13]

대안 세계화 운동의 유력한 세계화 담론에서는 국민국가가 급 격하게 쇠퇴하고 있다는 명제가 상식이 됐다. 그러나 이런 주장 은 진지한 비판적 분석의 검증을 견뎌 낼 수 없다.

그런 주장은 사유화, 규제 완화, 유연화 등 신자유주의 정책들 의 세계적 확산에서 특정 국가, 즉 미국이 결정적 구실을 했다는 사실을 망각하고 있다. 지난 몇 년 동안 미국이 막강한 군사력을 과시한 것도 국가가 아직 죽지 않았음을 상기시켜 준다.[14]

더 일반적으로, 자본주의 국가는 국민경제의 관리자보다는 경 쟁력과 구조조정의 조직자 구실을 하도록 재편됐지만, 그럼에도 국가는 여전히 핵심적인 사회정치적·경제적 행위자다.[15]

이러한 현실은 세계 도처의 구체적 투쟁에서 뚜렷이 드러난다. 유럽헌법에 대한 프랑스 국민투표는 스타시스 쿠벨라키스가 "정치적인 것의 승리"라고 말한 것을 분명히 보여 줬다.

한편으로, 프랑스의 대안 세계화 운동은 유럽헌법에 반대하는 운동을 펼침으로써 정치 영역에 결정적으로 진입했다. 헌법보다 더 국가 중심적인 것이 있을까?

다른 한편, 금융거래과세시민연합의 일부 지도자들은 유럽헌법 반대 운동의 승리가 자신들의 공이라고 주장하지만, 정당과 정치적 사태 전개가 이러한 승리를 쟁취하는 데서 결정적 구실을 했다. 특히 사회당의 분열, 그리고 유럽헌법에 반대한 일부 사회당 지도자들과 공산당과 혁명적공산주의자동맹의 공동전선이 그랬다.

올바르게도 뒤랑은 유럽헌법 반대 운동에서 올리비에 브장스노가 한 구실을 칭찬한다. 브장스노가 사회운동을 대표한 것이 아니라 혁명적공산주의자동맹이라는 정당의 대변인 구실을 했는데 말이다.[17]

국가와 정치적인 것을 회피할 수 없다는 사실은 저항운동이 가장 진전된 라틴아메리카에서 부정적으로도 긍정적으로도 입증됐다.[18]

아르헨티나에서 2001년 12월 민중 항쟁에 참여한 급진 좌파의 상당 부분은 사회운동의 자율성이라는 미명 아래 대통령 선거를 무시했다.

그 때문에 페론주의 정치를 앞세운 네스토르 키르치네르가 주도권을 장악할 수 있었고, 키르치네르는 한편으로는 IMF에 맞서 국가주권을 방어하는 척하고 다른 한편으로는 피케테로스 운동을 분열시켜 그 일부를 흡수할 수 있었다.

볼리비아에서 사유화 반대 투쟁은 신자유주의 대통령들과 잇따라 충돌할 수밖에 없었다. 2005년 5~6월의 운동은 볼리비아 탄화수소 자원을 다시 국유화하라는 요구로 집중됐다. 다시 말해 국가에 대한 요구를 둘러싸고 투쟁이 벌어진 것이다.

자율주의의 강력한 주창자들 가운데 하나인 사파티스타가 사회자유주의로 전향한 민주혁명당PRD과의 암묵적 동맹을 청산하고 2006년 대선에 개입하는 방안의 일환으로 '다른 캠페인'을 시작한 것도 아마 이런 논리를 인정했기 때문일 것이다.

뒤랑의 글에 대한 미발표 논평뿐 아니라 쿠트로의 책에 대한 논의를 보면, 아르투가 국가권력 문제를 회피할 수 없음을 인정한다는 사실을 분명히 알 수 있다. 그가 옳게 주장하듯이, 만약 생산의 민주화가 사유재산에 대한 침범을 요구한다면, 국가 개입 없이 생산의 민주화가 가능할까?

그러나 물론 이 쟁점에서 합의가 이뤄지더라도, 고전 마르크스주의의 사회주의 혁명 개념이 오늘날 얼마나 적절한가 하는 문제는 여전히 남는다.

이 문제는 다양한 추상 수준에서 다룰 수 있다. 여기서는 두 가지 수준에서만 다루겠다. 먼저 더 추상적인 수준에서 시작해 보자. 자본의 논리를 다른 사회적 논리로 대체하려는 운동이 기존 국가와의 폭력적 대결을 회피할 수 있을까? 내가 보기에는 문제 자체에 답이 들어 있다.

지난 세대 동안 국가를 재편한 주된 동기는 국가를 더 효율적인 자본의 도구로 만드는 것이었다. 이런 제도적·기능적 재편과 함께 정치 엘리트와 대기업과 상업 언론의 유착이 훨씬 강화됐다. 그래서 국가를 단지 자본의 도구로 보는 것 이상의 정교한 마르크스주의 국가론이 필요했다. 이런 종류의 국가가 진지한 사회변혁 운동에 대해 카베냐크·티에르·히틀러·프랑코·피노체트·수하르토 시대의 국가보다 덜 부드럽게 저항할 것 같지는 않다. 아르투가 인용한 혁명적공산주의자동맹 '선언문' 초안의 9-1 단락은 "혁명적 분출"을 아주 잘 설명한다.

진정한 어려움은 더 구체적인 수준에 있다. 혁명이 여전히 필요하다면, 오늘날 혁명은 어떤 형태를 취할까?

여기서 가장 중요한 문제는 혁명 주체의 문제다. 과거의 혁명적 시기에는 **역사적으로 특수한 노동계급** ― 차티스트 운동의 대중적 기반인 잉글랜드 북부의 섬유 공장 노동자들, 1848년과 1871년 하층 대중과 결합한 파리의 프롤레타리아와 반半프롤레타리아, 러시아 혁명과 독일 혁명 시기의 페트로그라드·베를린·토리노·글래스고의 숙련 금속 노동자들, 1960년대 말과

1970년대 고양기에 2차 산업혁명의 주역이었던 반半숙련 '대중 노동자들' — 이 정치적 주체로 등장했다.

이 마지막 정치 주체 — 사실 자기 의식적으로 혁명을 추구하지는 않았지만, 자기 조직화와 전투성이 최고조에 이르렀을 때는 반자본주의적 논리를 은근히 드러내서 자본가들들 엄청난 공포에 빠뜨리고 결국은 마거릿 대처 같은 인물이 등장할 수 있게 만든 — 는 해체되고 흩어졌다.

한편으로는 패배가 문제다. 예컨대, 영국 노동계급은 아직도 1984~1985년 광원 파업 패배의 악몽을 떨쳐 버리지 못하고 있다.

다른 한편으로는, 뒤랑이 묘사한 파편화·유연화·비정규화 과정의 문제이기도 하다. 또, 선진국에 남아 있는 상당수의 공업 노동계급이 자본의 세계적 경쟁 격화로 말미암은 가차없는 구조조정 압력에 시달리고 있는 문제이기도 하다.

새로운 혁명 주체의 발전은 중대한 이론적·정치적 과제다. 그러나 그것이 전례 없는 일은 아니다. 엥겔스가 마르크스의 ≪프랑스의 계급투쟁≫ 1895년 서문에서 대중적 프롤레타리아 조직의 시대에는 1848년 시가전 전술이 맞지 않는다고 말한 것을 떠올려 보라.

뒤랑은 현재의 파편화를 역사적으로 전례 없는 것으로 묘사하는데, 이는 잘못이다. "실제로 존재하는" 노동계급은 항상 다양한 임금노동자들의 이질적 집합이었다. 그러나 이들은 생산관계에서 공통의 객관적 지위를 차지하고 있다.

특정한 노동계급이 자신을 단순한 임금노동자들의 집합 이상으로, 즉 정체성과 이해관계가 동일한 정치 주체라고 생각하기까지 투쟁, 조직화, 정치적 개입이라는 복잡한 과정이 항상 필요했다.

지금은 그런 주체를 재구성하는 과정의 매우 초기 단계라고 생각한다. 그리고 이 과정의 미래 모습에 대해 우리가 알지 못하는 것도 많을 것이다.

아르투가 "계급투쟁과 관련한 중요한 경험 없이는 이런 문제들에서 상당한 진전을 이룰 수 없다"고 주장한 것은 옳다. 그러나 "그렇다고 해서 우리가 과거의 경험을 모두 잊어야 한다"거나 뒤랑처럼 가상의 총체적 혁신을 선언해야 한다는 "말은 아니"라고 주장한 것도 옳다.

강령과 당

이제 우리가 지금 무엇을 해야 하는지의 문제로 넘어가자. 여기서는 아르투가 이행기 강령에 대해 말한 몇 가지 점을 살펴보는 것이 적절할 듯하다.

나는 ≪반자본주의 선언≫에서 [11개의 이행기 강령을] 제시했다. 아르투는 친절하게도 이 "약간 놀라운 이행기 강령"을 운운

하며 인용하는데, 그의 주장을 들어 보면 혁명적공산주의자동맹 내에서 전략적 사고가 파산했음을 알 수 있다.

> 11개의 긴급한 최소 요구들의 이행기적 효과는 그리 분명하지 않다. 이 요구들은 자본주의 소유관계는 모호하게만 처리하고 정치권력은 아예 다루지 않는다. 캘리니코스의 11개 제안과 비교하면 1970년대 프랑스 사회당과 공산당의 공동 정부 강령이 더 반자본주의적이다!
> 대체로 급진적인 긴급한 요구와 당이 천명한, 따라서 반드시 지켜야 할 혁명적 전망 사이에는 커다란 정책적 차이가 있다.

내가 《반자본주의 선언》에서 11개 강령은 "완성된 강령이라기보다는 토론을 자극하는 데 더 큰 의도가 있다"고 말했듯이,[19] 나는 결코 내 책에서 열거한 요구들을 고집하는 것은 아니다.

그러나 아르투의 논평은 솔직히 말해 약간 어리석게 들린다. 나는 프랑스 공산당이 좌파공동강령을 발표한 1971년 가을에 우연히 파리에 있었다.

당시의 세계는 오늘날과 완전히 달랐다. 그때는 전후 호황의 끝 무렵이었고, 1968년 직후였고, 케인스주의 경제 정설이 파산하기 전이었다. 그 뒤 30년도 더 지난 지금 내가 제기한 요구들이 그때와 약간 다른 것은 당연하다. 내가 말한 11개 강령은 다음과 같다.

(1) 제3세계 외채의 즉각 탕감
(2) 국제 외환 거래에 토빈세 도입
(3) 자본 통제의 회복
(4) 보편적 기본 소득 도입
(5) 노동시간 단축
(6) 공공서비스 보호와 사유화된 기업 재국유화
(7) 공공서비스 재원 마련과 부·소득 재분배를 위한 누진세
(8) 이민 통제 폐지와 시민권 확대
(9) 환경 재앙을 막기 위한 강령
(10) 군산복합체 해체
(11) 시민적 자유 방어

그런데 아르투는 내가 불완전하다는 것을 인정한 이 강령을 실현하는 일이 아주 간단한 문제라고 생각하는 듯하다. 그래서 그런 요구를 "긴급한 최소 요구들"로 여겨 기각하는 듯하다.

만약 그게 사실이라면, 그는 다른 별에 살고 있는 사람일 것이다. 위기에 처한 자본가계급이 급진적 강령의 일부를 받아들일 수 있다는 것은 항상 진실이었다. 예컨대, 1997~1998년 아시아 경제 위기 때 말레이시아 정부는 자본 통제 조처를 실시했다.

그리고 내가 제시한 강령이 사유화된 기업의 재국유화를 제안하는 것을 넘어서서 사회적 소유 문제를 직접 다루고 있지 않다

는 것도 사실이다. 물론 지금까지 신자유주의 반대 운동 가운데 가장 선진적인 운동인 2005년 5~6월 볼리비아 민중 항쟁이 바로 이 국유화 요구에 집중됐음을 감안하면, 사유화된 기업의 재국유화가 결코 사소한 문제는 아니지만 말이다.

모름지기 진지한 강령이라면 현재의 투쟁과 대중 의식에서 출발해야지 추상적 원칙에서 요구를 끌어내서는 안 된다. 그러나 앞서 말한 요구들을 쟁취하기 위한 현실의 투쟁은 개별적으로든 전체적으로든 현재 존재하는 자본의 논리와 직접 충돌할 것이다. 지금 여기 신자유주의적 제국주의 시대에는 분명히 그렇다.

내가 제시한 요구들의 내용과 완전함에 대해 이견이 있을 수 있겠지만, 어쨌든 그 요구들은 아르투가 주장한 민주화와 탈脫상품화라는 강령의 핵심 내용과 완벽하게 일치한다. 예컨대, 보편적 기본 소득이 모든 시민의 사회적 생계비를 충족시킬 수 있는 수준에서 결정된다면, 자본의 노동력 포섭은 급격하게 약화할 것이다.

아르투는 쿠트로를 비평한 글에서 신자유주의에 대한 진지한 저항은 반자본주의 논리를 추구하게 된다고 정확하게 지적했다. 특히, 민주화와 탈상품화를 실현하려면 사회적 소유의 발전을 통한 소유관계의 변화가 필요하기 때문이다.

이것은 내가 동의할 수 없는 제안이 결코 아니다. 왜냐하면 나 자신이 ≪반자본주의 선언≫에서 그렇게 주장했기 때문이다.[20]

아르투가 내 제안을 우스꽝스럽게 묘사한 이유에 대해 짚이는 바가 있지만 — 아마도 혁명적공산주의자동맹 내부 논쟁의 역학 관계를 반영한 듯하다 — 아르투처럼 부정확하게 설명하는 것은 진지한 논쟁에 도움이 안 된다.

아르투는 사회주의노동자당이 "자신의 혁명적 정체성을 강조하는 데 아주 열심이고, 가장 사소한 정치 논쟁에도 레닌이나 트로츠키를 끌어들이려 한다"고 말하며 사회주의노동자당을 약간 심하게 비웃는다.

그러나 내가 제안한 요구들에 대한 아르투의 비판을 보면, 그는 여전히 정설 트로츠키주의의 도그마 — [이행기] 강령에 모종의 마법 같은 힘이 있어서 그것을 요구하면 현재의 투쟁들이 곧바로 자본주의 전복과 연결될 수 있다는 생각 — 에 사로잡혀 있는 듯하다.

현실에서, 강령은 끊임없이 변하는 정치적·경제적 상황과의 역동적 관계 속에서 발전해야 한다.

내가 제시한 요구들과, 1972년의 공동 강령 같은 개혁주의 노동자 정당들의 문서에서 발견되는 국유화 등의 요구들의 차이는 뒤랑이 혁명적 마르크스주의의 사회변혁 개념에 반대하는 이유와 관련 있다.

프롤레타리아를 철저한 피지배계급으로 보는 것이 과연 옳을까? 이런 관점에서는, 봉건시대에 성과를 거둘 수 있었던 부르주아지와 달리 프롤레타리아는 자본주의 사회관계가 지배적인 한은 아무것도 쟁취할 수 없다. 따라서 권력 장악은 사회변혁의 전제 조건이 된다.

> 이런 가설은 옳지 않은 듯하다. …… 프롤레타리아는 이미 우리가 쟁취하려 하는 사회주의로 이어질 수 있는 지위들을 획득했다. 예컨대, 이미 존재하는 사회적 임금(연금·사회보장제도 등등)이나 공공서비스 같은 사회화 형태들이 그렇다. 물론 그런 것들이 훨씬 더 개선돼야 하긴 하지만 말이다.[21]

"프롤레타리아는 자본주의 사회관계가 지배적인 한은 **아무것도 쟁취할 수 없다**"는 생각을 혁명적 전통의 고유한 주장으로 여기는 것은 혁명적 전통에 대한 기묘한 해석이다. 예컨대, 부르주아 민주주의와 프롤레타리아 민주주의 사이의 연속성을 이야기한 룩셈부르크나 트로츠키의 말을 떠올려 보라.

물론 노동자 운동은 자본주의의 틀 안에서도 상당한 성과를 쟁취할 수 있다. 문제는 이러한 성과를 결코 영속적인 것으로 여길 수 없다는 사실이다. 이러한 성과는 항상 부르주아지한테서 쟁취해야만 하는 것이고, 또 상황이 불리해지면 — 지금처럼 경제 위기가 지속되고 노동자 운동이 심각한 패배를 겪는 시기에는 — 다시 빼앗기기 십상이다.

자본이 전에 노동자에게 양보했던 것을 이제는 경쟁력 향상의 장애물로 여겨 다시 빼앗으려는 것이 바로 뒤랑이 유연화와 비정규화로 묘사한 과정의 핵심이 아니라면 무엇일까?

영국의 경우는 이와 같은 부분적 성과의 취약성을 잘 보여 준다. 자본가계급은 노동자 운동이 한두 번 굴복하는 데 만족하지 않고 가차없이 압력을 가하면서, 한때는 확고한 개혁처럼 보였던 것들을 폐기하라고 거듭거듭 끊임없이 요구한다.

아르투가 인용한 올리비에의 말, 즉 "내가 혁명가인 까닭은 내가 진정한 개혁을 지지하기 때문이다"라는 말은 사람에 따라 다양하게 해석될 수 있지만, 분명한 사실은 과거에 노동자들이 이룩한 성과를 확실하게 지킬 수 있는 길은 혁명뿐이라는 것이다.

아르투는 또 나처럼 고전적인 혁명적 관점을 주장하면 "새로운 정치 세력 창출 계획을 사실상 — 실제로는 명백하게 — 혁명적 [세력의] 통일이라는 낡은 계획의 재탕으로 환원하게 된다"며 비판한다.

결코 그렇지 않다. 급진 좌파의 새로운 정당들 — 독일 좌파당, 영국 리스펙트, 포르투갈 좌파블록, 덴마크 적녹동맹 등 — 은 비교적 느슨하고 개방적인 조직들이고, 내부 구조는 흔히 준(準)연방적이다.

이들은 또, 혁명적공산주의자동맹 동지들이 정식화한 표현을 빌리면, "강령의 전략적 경계가 불완전한" 정당들이다. 예컨대, 이들은 개혁이냐 혁명이냐 하는 문제를 열어 두는 경향이 있다.[22]

이런 상황을 못 견디는 사람들도 있다. 예컨대, 제4인터내셔널 영국 지부의 한 회원은 이렇게 물었다. "리스펙트는 연합으로 남아 있어야 하는가, 아니면 진정한 정당으로 발전해야 하는가?"[23]

이것도 잘못된 대립이다. 신생 좌파 정당들의 연합체적 성격은 다음과 같은 두 가지 이유에서 현재 상황과 부합한다.

첫째, 이들은 매우 다양한 정치 세력을 끌어들인다. 예컨대, 독일 좌파당은 탈脫스탈린주의 정당인 민주사회당PDS, 사회민주당 출신 노동조합원들, 사회운동 활동가들, 혁명적 좌파를 모두 받아들였다. 비교적 느슨한 구조 덕분에 공동 활동을 통해 점차 신뢰를 쌓을 수 있는 좋은 틀이 마련된 것이다.

둘째, 신자유주의에 맞선 저항과 사회민주주의의 위기가 서로 맞물리면서 제2인터내셔널 소속 정당들의 당원 상당수가 동요하고 떨어져 나오기 시작했다. 따라서 이 사회민주주의의 난민들이 이주할 수 있도록 신생 정당들은 정치적·조직적으로 충분히 개방적이어야 한다.

그렇다고 해서 독립적인 혁명적 전망과 조직을 청산해야 한다는 말은 아니다.

신생 좌파 조직들의 정치적·조직적 이질성 때문에 중대한 전략적 문제들을 둘러싸고 조직 내부에서 심각한 이견이 생겨날 수 있다.

예컨대, 중도좌파 정부에 참여할 것인지를 둘러싸고 이탈리아 재건공산당 내부에서 벌어진 논쟁이나, 민주사회당과 오스카 라퐁텐 — 한때 사회민주당의 의장이자 총리 후보였던 — 이 얼마나 큰 비중을 차지해야 하는지를 둘러싸고 좌파당 내부에서 벌어진 논쟁 등을 보라.

따라서 혁명적공산주의자동맹이나 사회주의노동자당 같은 정당들이 더 넓은 저항운동과 급진 좌파의 정치적 결집체 안에서 혁명적 마르크스주의 경향을 계속 건설하는 것은 필수적이다.

그러나 이러한 과제를 너무 수세적 태도로 추구하지 않는 것이 중요하다. 내가 앞서 주장했듯이, 지금은 혁명적 마르크스주의자들이 좌파의 재결집 과정에 영향을 미칠 수 있는 실질적 기회들이 있다. 우리가 너무 조심스럽게 움직이다가는 이런 기회들을 날려 버릴 수 있다.

아르투가 전략과 강령 같은 더 광범한 문제들에 대해서는 혁명적공산주의자동맹 다수파를 비판하는 것처럼 보이지만, 프랑스에서 새로운 반자본주의 세력이 출현할 가능성에 대해서는 "기다려 보자"는 태도를 그들과 공유하는 듯하다. 아르투는 혁명적공산주의자동맹이 "새로운 세력을 창출하자고 제안"하는 것은 "명백히 …… 환상"이라고 말한다.

그러나 왜 이것이 그토록 "명백한" 환상인가? 물론 혁명적공산주의자동맹 자체는 광범한 급진 좌파 정당을 새로 건설하는 작업을 주도하기에는 너무 작다.

그러나 혁명적공산주의자동맹이 다양한 좌파 세력들을 끌어들여 건설한 역동적인 유럽헌법 반대 운동은 '좌파의 좌파' 사이에서 새로운 세력균형을 창출하는 데 일조할 수 있을 것이다. 어쨌든, 시도라도 해 봐야 결과를 알 수 있지 않겠는가?

그러나 혁명적공산주의자동맹 다수파는 유럽헌법 반대 운동에서 새로운 정치 세력이 등장할 가능성은 거의 없으므로 단기적으로 그런 성과를 얻으려고 힘써 노력할 필요는 없다고 결론지은 듯하다. 그래서 혁명적공산주의자동맹 다수파는 최근 유럽헌법 반대위원회들이 2007년 대통령 선거에 대해 특정 견해를 취하지 않기로 한 결정을 다른 좌파 정당들과 마찬가지로 환영했다.

이것은 투쟁이 일어나기도 전에 투쟁 결과가 미리 결정됐다고 보는 수동적 태도나 마찬가지이고 거의 퀴에티슴*에 가깝다.

이는 광범한 정당을 새로 건설하기 위한 노력의 비용만 보고 그런 세력을 건설하려는 운동이 비록 성공하지 못할지라도 그런 노력에서 얻을 수 있는 이득을 보지 못하는 것이다. 지금은 급진적·혁명적 좌파의 역사에서 중요한 순간이다. 이 기회를 놓치지 않으려면 우리는 기필코 대담해져야 한다.

❖ 인간의 자발적·능동적 의지를 최대한 억제하고 오로지 신의 뜻에 의지해야 한다고 주장한 17세기 후반의 종교적 신비주의.

주

1 D Bensaïd, *Fragments Mecreants*(Paris, 2005), p 17.
2 1970년대 중반에 나온 *Critique Communiste, Intercontinental Press, and International Socialism*은 이런 논쟁에 관한 풍부한 보고(寶庫)다. *Critique Communiste*에서 앙리 웨버(Henri Weber)가 많은 주요 좌파 지식인들과 한 인터뷰들(웨버 자신이 더 비옥하다고 여긴 토양을 위해 혁명적 마르크스주의를 포기하기 전에 한)이 특히 가치 있다. 크리스 하먼은 *The Lost Revolution*(London, 1983)에서 무엇보다 1918~1923년 독일 혁명기의 전략적 논쟁들을 재발견했다. 하먼의 나중 저작 *The Fire Last Time*(London, 1988)은 1960년대 말과 1970년대 초의 고양기를 다룬 마르크스주의 역사서 가운데 필독서다. 또, T Cliff, *Selected Writings*, I(London, 2001)에 내가 쓴 서문도 참조하라.
3 D Bensaïd, Une lente impatience(Paris, 2004), p 463.
4 혁명적공산주의자동맹 다수파의 지도자 프랑수아 사바도(Francois Sabado)의 반응을 참조하라. 'Demarche transitoire, Front unique, gouvernement ouvrier: Retour critique sur l'experience de la LCR, du MIR chilien et de la DS bresilienne', 30 September 2005, www.europe-solidaire.org.
5 인터넷 웹사이트 www.marxists.de에서 찾아볼 수 있는 A Callinicos, *Trotskyism*(Milton Keynes, 1990)과 D Bensaïd, *Les Trotskysmes*(Paris, 2002)를 비교해 보라.
6 E Laclau and C Mouffe, *Hegemony and Socialist Strategy*(London, 1985). 혁명적 좌파 진영의 유력한 개입 사례 두 가지는 P Anderson, 'The Antinomies of Antonio Gramsci', *New Left Review*, I/100(1976)과 C Harman, 'Gramsci versus Eurocommunism', *International Socialism* 1.98 and 1.99(1977) 참조.
7 예컨대, D Bensaïd et al, 'A Letter from LCR Comrades', *International Socialist Tendency Discussion Bulletin*, no 2, January 2003, p 13.
8 예컨대 SWP Central Committee, 'A Letter to LCR Comrades', *International Socialist Tendency Discussion Bulletin*, no 3, July 2003, pp 6~7 참조[이 책의 4장].
9 대안 세계화 운동에 대한 최근의 평가는 A Callinicos, 'The Future of the

Anti-Capitalist Movement', in H Dee, ed, *Anti-Capitalism: Where Next?*(London, 2004)와 *International Socialism* 근간에 실릴 크리스 나인햄의 글을 참조하라.

10 Bensaïd, *Une lente impatience*, p 121.

11 D Bensaïd, 'La politique comme art strategique', in *Un monde a changer* (Paris, 2003). 이 글의 영어 번역문은 'Leaps! Leaps! Leaps!', *International Socialism* 2.95(2002)이다. 또 T Cliff, *Lenin*, 1(London, 1975)[국역: ≪당 건설을 향하여: 레닌 1893~1914≫, 북막스, 2004] 14장 "전략과 전술"도 참조.

12 인터넷 웹사이트 www.marxists.org에서 찾아볼 수 있는 H Draper, 'The Two Souls of Socialism', 다른 개념의 정당에 대해서는 www.marxists.de에서 찾아볼 수 있는 C Harman, 'Party and Class', in T Cliff et al, *Party and Class*(London, 1997) 참조.

13 J Holloway and A Callinicos, 'Can We Change the World without Taking Power?', *International Socialism* 2.106(2005).

14 P Gowan, *The Global Gamble*(London, 1999)[국역: ≪세계 없는 세계화≫, 시유시, 2001].

15 C Harman, 'The State and Capitalism Today', *International Socialism* 2.51 (1991)[국역: "국가와 오늘의 자본주의", ≪오늘의 세계경제: 위기와 전망≫, 갈무리, 1996], P Hirst and G Thompson, *Globalization in Question* (Cambridge, 1996), L Weiss, *The Myth of the Powerless State*(Cambridge, 1998), and B Jessop, *The Future of the Capitalist State*(Cambridge, 2002) 참조.

16 S Kouvelakis, 'France: The Triumph of the Political', *International Socialism* 2.108(2005). 또한 쿠벨라키스의 앞선 글 두 가지, 'Some Hypotheses on the Reasons for a (Not Merely) Electoral Defeat'와 'A New Political Cycle', *International Socialist Tendency Discussion Bulletin*, no 5, July 2004 참조.

17 B Cassen, 'ATTAC against the Treaty', and S Watkins, 'Continental Tremors', *New Left Review*, I/33(2005).

18 아르헨티나·볼리비아·브라질·에콰도르의 최근 민중운동에 대한 자세한 연구(와 네그리-홀러웨이처럼 정치권력 문제를 회피하는 태도에 대한 비판)는 James Petras and Henry Veltmayer, *Social Movements and State Power*(London, 2005) 참조.

19 A Callinicos, *An Anti-Capitalist Manifesto*(Cambridge, 2003), p 132.
20 같은 책, pp 128~130.
21 고전적 '가설'에 대한 뒤랑의 두 번째 반론은 지금의 논의와 관계 없으므로 언급하지 않았다.
22 Bensaïd et al, 'Letter from LCR Comrades', p 16.
23 F LePlat, 'Respect se construit', *Rouge*, 2 December 2005.

07 프랑스 반자본주의신당(NPA) 창당에 부쳐

'Revolutionary paths: a reply to Panos Garganas and François Sabado', *International Socialism* 122 (Spring 2009). http://www.isj.org.uk/index.php4?id=538&issue=122

프랑스 반자본주의신당 창당에 부쳐

파노스 가르가나스*와 프랑수아 사바도**가 내 글 "급진 좌파는 어디로?"에 대해 각각 논평한 글이 이 잡지*** 지난 호에 실린 것을 보고 무척 반가웠다.[1] 그들의 글에서 볼 수 있듯이, 유럽의 급진 좌파가 처한 환경은 매우 다양하다. 몇 가지 점에서는 두 사람과 내 견해가 다르지만, 이런 차이는 매우 사소한 것이다.

영국 사회주의노동자당 당원인 우리는 반자본주의신당NPA을 열렬히 지지한다(이제는 해산한 프랑스 혁명적공산주의자동맹의 사바도와 그의 동지들이 반자본주의신당 창당에서 핵심적 구실을 했다). 나는 또, 그리스의 반자본주의전선Enantia 내에서 동맹을 맺고 있는 그리스 사회주의노동자당과 그 밖의 극좌파 조직들이 신

---

* 국제사회주의경향 소속인 그리스 사회주의노동자당의 리더.
** 프랑스 반자본주의신당의 리더.
*** *International Socialism*.

좌파경향NAR — 근래에 공산당에서 떨어져 나온 가장 중요한 조직 — 과 한데 뭉치는 재편의 중요성도 알고 있다. 나는 또, 내 이견을 약간 공손하게 말하고자 한다. 영국의 급진 좌파가 최근에 재앙적 경험을 겪었다고 해서,* 유럽 대륙의 다른 동지들에게 그 경험의 교훈을 알려 주지 못할 이유는 없기 때문이다. 이 글을 읽다 보면 알게 되겠지만, 내 견해는 논쟁을 통해, 그리고 반자본주의신당의 구체적 발전을 보면서 바뀌었다.

새로운 정당 모델?

논쟁에서 드러난 가장 중요한 점은 "급진 좌파 결집체"라는 일반적 용어에 사뭇 다른 두 가지 조직 유형이 담겨 있다는 점이다. 이 두 유형이 모두 지난 10년 동안 진행된 급진화의 산물이기는 하지만 말이다. 그리고 계급투쟁 수준과 좌파의 정치적 전통 덕분에 혁명적 마르크스주의자들이 혁명가를 자처하는 다른 사람들과 함께 새롭고 더 큰 결집체에서 단결하는 것이 가능한 경우

---

* 영국 리스펙트의 분열에 대해서는 Chris Harman, The Crisis in Respect, *Internatioanl Socialism* 117을 참고하시오. 이 글의 번역문은 다함께 웹사이트의 문서자료실(http://www.alltogether.or.kr/new/5_resource/1_resource_view.jsp?no =1132)에서 찾아볼 수 있다.

들이 있었다. 지금까지 이것이 결실을 맺은 유일한 사례는 반자본주의신당이다. 이 글 뒤에서도 다루겠지만, 반자본주의신당의 기본 원칙은 넓은 의미에서 혁명적이다. 그러나 다른 사례들도 있다. 사회자유주의를 거부하면서도 개혁주의와 완전히 단절하지는 않은 세력들의 경우가 그렇다. 독일의 디링케Die Linke[좌파], 옛 지도부와 새 지도부가 함께 이끄는 이탈리아 재건공산당, 그리스의 쉬나스피스모스, 포르투갈의 좌파블록 내의 일부 단체들이 여기에 해당한다.

가르가나스와 사바도는 모두 급진 좌파 프로젝트가 자본주의 자체가 아니라 신자유주의에 반대하는 "반신자유주의" 강령보다는 분명한 반자본주의 강령을 바탕으로 하는 전자의 모델을 따라야 한다고 주장한다. 그들은 1997~2001년의 프랑스 복수 좌파 정부와 2006~2008년의 이탈리아 프로디 정부 같은 중도좌파 연립정부의 부정적 경험을 지적하면서 자신들의 주장이 옳다고 강조한다. 또, 가르가나스는 노동자와 청년의 상당수가 "과거의 전통적 개혁주의"에 매력을 느끼지 않는다고 주장한다.[2]

나는 이런 주장에 타당한 점이 있다고 생각하는데, 그것은 유럽 각지의 계급투쟁과 노동운동이 다양한 경로를 거쳐 왔다는 점에서 비롯한다. 프랑스와 그리스는 유럽에서 지난 수십 년 동안 가장 격렬한 사회적 투쟁이 벌어진 나라들이다. 실제로, 그리스에서는 이런 투쟁이 어찌나 격렬하고 끈질겼던지(2008년 12월에 나라 전역을 휩쓴 청년 반란의 거대한 물결을 생각해 보라) 유럽 최대의(인구에 비해 상대적으로) 급진 좌파를 탄생시킬 정도였다. 게다가 프랑스와 그리스는 모두 사회민주주의가 다른 세력들과 경합하는 취약한 기반 위에서 좌파의 지배적 세력이 된 지가 고작 수십 년밖에 안 되고 공산당 전통이 강력한 사회들이다. 이런 상황에서 반자본주의 강령을 바탕으로 한 급진 좌파 정당 건설 추구는 전적으로 타당하다.

그러나 이 정당들이 여전히 개혁주의 문제와 씨름해야 할 것이라는 점도 사실이다. 노동계급 운동 역사의 주요 교훈 하나는 계급투쟁이 발전하면 노동계급의 새로운 부위가 계급의식적 활동에 끌려 들어와서 개혁주의 정치의 기반이 확대되는 일이 흔히 일어난다는 것이다. 왜냐하면 기존 체제의 변화 추구가 적어도 처음에는 현 상태를 수동적으로 묵인하는 것과 철저한 혁명 사이에 있는 그럴듯한 타협안처럼 보이기 때문이다. 그래서 지난 세기의 위대한 혁명 경험을 보더라도, 러시아 노동계급은 차르 체제 전복 후 처음에는 볼셰비키가 아니라 멘셰비키와 사회혁명당에 이끌렸던 것이다. 독일에서도 뿌리 깊은 개혁주의의 경험과 극좌파의 상대적 취약성 때문에 1918년 11월 혁명의 첫 번째 주요 수혜자가 사회민주당과 독립사회민주당이었던 것이다. 이런 경험은 제국주의 나라들에 국한되지 않는다. 제4인터내셔널에서 활동하는 사바도의 동지들은 브라질 노동자당을 개혁주의 조직이 아니라고 보면서 노동자당 건설을 지원한 바 있는데 그 당이 룰라 집권기에 어떻게 사회자유주의의 버팀목이 됐는지를 떠올려 보라.

그렇다고 해서 이러한 역사적 경험에서 숙명론적 결론, 즉 노동자 대중은 결코 개혁주의와 단절하지 못할 것이라는 결론을 도출해야 하는 것은 아니다. 그와 반대로, 볼셰비키는 겨우 몇 달 만에 러시아 노동계급 다수의 지지를 얻었고, 독일 공산당은 독립사회민주당의 다수를 설득해서 대중적 노동자 정당으로 성장할 수 있었다. 그럼에도 이 사례들을 보면, 반자본주의신당이나 그리스 사회주의노동자당, 영국 사회주의노동자당보다 훨씬 더 크고 사회적 기반도 탄탄한 혁명적 정당에게도 개혁주의는 여전히 전략적 문제로 남을 것임을 알 수 있다.

새로운 급진 좌파 정당들을 발전시킨 주된 추진력은 사회자유주의를 겪어 본 경험에서 나왔다. 토니 블레어, 리오넬 조스팽, 게르하르트 슈뢰더, 로마노 프로디 정권을 경험한 수많은 노동자·청년은 사회민주주의라는 "낡은 집"을 대체할 대안을 찾고 있다. 그렇다고 해서 그들이 사회민주주의 같은 개혁주의와 단절했다는 말은 아니다. 사실, 최근의 중도좌파 정부들이 신자유주의를 어찌나 강력히 받아들였던지 노동자인터내셔널위원회 같은 일부 극좌파 경향들은 영국 노동당, 독일 사회민주당, 프랑스 사회당 같은 정당들을 더는 개혁주의 정당으로 볼 수 없다고 주장하기까지 했다. 나는 그런 견해가 틀렸다고 생각하는데, 다른 것들은 제쳐 두고라도, 그런 견해는 노동계급의 다수가 어느 정도는 습관적으로, 그리고 어느 정도는 전통적 부르주아 정당의 더 강경한 신자유주의 정책이 두려워서 계속 사회민주주의 정당에 투표한다는 사실을 무시한다. 주류 사회민주주의 정당들의 급속한 우경화를 보면 이런 잘못된 주장이 제법 그럴싸하게 들리기도 하거니와, 이런 우경화로 말미암아 이 정당들의 왼쪽에 커다란 공간이 생겨났다. 이 공간은 이데올로기적으로 다양하고, 실제로 다양한 정치 조류들이 이 공간을 채우려 애쓰고 있다.[3]

그런데, 제4인터내셔널과 국제사회주의경향이 모두 보존하려해 온 혁명적 마르크스주의 경향이 지금 이 순간 대중적 세력은 아니라는 점을 덧붙여야겠다. 사바도는 그 이유가 "선진 자본주의 나라들에서 혁명적 상황이나 혁명이 일어날 가능성이 큰 상황을 경험한 지가 30년도 넘었기" 때문이라고 말한다.[4] 이것은 사실이다. 또, 혁명적공산주의자동맹이나 사회주의노동자당이 자신의 성과를 뭐라고 주장하든 간에 볼셰비키와 달리 우리는 성공적 사회주의 혁명은 고사하고 이렇다 할 대중적 노동자 투쟁조차 지도하지 못했다는 것도 사실이다. 게다가 우리는 스탈린주의의 후유증과도 투쟁해야 한다. 물론 이런 사실 가운데 어떤 것도 혁명적 마르크스주의 전통을 청산할 이유는 못 된다. 그러나 이런 사실들이 함의하는 바는 우리가 단기적으로는 혁명적 마르크스주의자들이 발전시킨 전략적 개념들을 되풀이하기만 하는 강령을 바탕으로 급진 좌파를 재편하려 해서는 안 된다는 것이다. 그렇다고 해서 이런 전략적 개념들이 중요하지 않다는 말은 아니다(이 문제는 나중에 다시 다루겠다).

이것은 구체적으로 무엇을 뜻하는가? 프랑스의 상황 덕분에 사바도와 그의 동지들은 혁명적공산주의자동맹의 세 배나 되는 정당을 결성할 수 있었다. 이 정당의 강령은 어떤 점에서는 여전히 전략적으로 열려 있지만, 그럼에도 명백히 자본주의와의 혁명적 단절을 요구한다. 다른 나라에서는 상황이 다르다. 영국과 독일의 노동자 운동을 보면 사회민주주의의 기반이 하도 확고해서 둘을 분간하기가 거의 힘들 지경이다.* 그래서 독일에서 디링케의 출현이 그토록 중요한 역사적 발전인 것이다. 사바도도 디링케의 출현이 독일 "노동자 운동의 일보 전진"이라고 인정하지만[5] 마지못해 그렇게 한다. 그는 디링케 프로젝트의 "좌파 개혁주의적" 성격이나 전에 스탈린주의 정당[동독 공산당]이었던 민주사회당이 디링케 안에서 차지하는 비중 등을 강조하면서 부정적 측면을 부각한다.

이 모든 것은 엄연한 사실이다. 그러나 이러한 지적은 사회민주주의가 쇠퇴해서 수십 년 만에 처음으로 심각한 분열이 일어났

---

* 영국의 경우 노동운동과 노동당이 같은 것처럼 여겨지고 있고, 독일의 경우 노동운동과 사회민주당이 같은 것처럼 여겨지고 있다는 뜻.

고 그중 일부가 좌경화했다는 근본적 사실을 무시한다. 물론 디링케의 정치는 좌파 개혁주의다. 그러나 독일의 세력균형에서 달리 무엇이 가능했겠는가? 다른 곳에서는 독일처럼 중대한 분열이 일어나는 수준까지 분해 과정이 진전되지 않았다. 내가 지난 글에서 지적했듯이, 영국에서 우리는 이 문제와 씨름하고 있다. 노동당 좌파의 사상이 수많은 사람들의 지지를 받는 한(80세를 훨씬 넘긴 토니 벤이 여전히 엄청난 인기를 누리는 데서 드러나듯이), 우리는 그들의 고질적이고 역사적인 취약성을 매우 중요한 문제로 다뤄야 할 것이다.

개혁주의의 지속적 영향력이 우리를 여러모로 제약한다. 리스펙트가 노동당의 중대한 분열을 불러일으키지 못했을 때 리스펙트의 운명은 결정된 것이나 마찬가지였다. 그러나 그런 일이 일어났다 해도 노동당 정치의 영향력은 계속 유지됐을 것이다. 사회주의노동자당이 2003~2004년에 리스펙트를 건설하기 위한 협상에서 가르가나스와 사바도가 옹호하는 모종의 반자본주의 강령을 고집했다면, 리스펙트 프로젝트는 처음부터 실패했을 것이다(또는 우리를 배제한 채로 진행됐을 것이다). 그래서 리스펙트라는 연합체 명칭 Respect에 "사회주의 socialism"를 뜻하는 단어의 머리글자 s를 포함시키기도 매우 어려웠던 것이다. 우리가 신자유주의·인종차별·전쟁에 반대한다는 더 온건한 강령을 바탕으로 리스펙트를 건설하려 한 것이 틀렸는가? 절대 그렇지 않다. 최종 결과에도 불구하고 그런 시도는 옳았다. 그러나 인간은 자신이 선택한 상황에서 역사를 만드는 것이 아니다. 당시 영국에서 반자본주의 정당이 의제에 오르지 않았다는 것은 분명하다.

마찬가지로 지금 독일에서도 반자본주의 정당은 의제에 올라 있지 않다. 그렇다면 〈마르크스21Marx21〉*의 우리 [국제사회주의 경향] 동지들이 디링케 건설에 열정적으로 투신했던 것이 틀렸는가? 이 또한 절대 아니다. 그들이 가장 전투적·역동적 방식으로 디링케를 발전시키려고 노력한 것은 옳았다. 사바도는 〈마르크스21〉이 "독일 사회민주당과 함께 연정에 참여하는 문제에 대해 디링케 지도부의 정책을 비판할 때 비교적 부드러운 논조를 취한다"고 비판하는데,[6] 이는 부당한 비판이다. 다행히도, 실제 상황은 사바도의 주장과 다르다. 우리 경향의 동지들은 중도좌파 정부에 참여하는 것에 반대하는 원칙적 태도를 취한다. 그러나 우리 동지들은 가령 노동자인터내셔널위원회의 독일 조직이 베를린과 기타 지역에서 사회자유주의 주州정부에 참여하는 민주사회당의 잘못된 정책을 빌미 삼아 디링케의 결성을 저지하도록 놔두지 않았다. 이 문제에서 〈마르크스21〉 동지들이 틀렸는가? 사바도가 "일보 전진"이라고 인정한 일이 일어나지 않았다면 더 좋았을까? 질문 자체에 답이 있다.

---

* 〈마르크스21〉이라는 저널을 중심으로 형성된 디링케 내 의견 그룹.

강경한 강령을 바탕으로 당을 건설할 수 있을 만큼 상황이 좋은 곳에서도 개혁주의 문제는 저절로 사라지지 않는다. 사바도는 프랑스 사회당 좌파의 지도자이자 2005년 유럽연합 헌법 반대 운동의 핵심 인물인 장뤼크 멜랑숑의 사례를 언급한다. 멜랑숑은 "프랑스판 디링케" 결성을 목표로 최근 프랑스 사회당에서 떨어져 나왔다. 사바도는 다음과 같이 묻는다. "우리가 프랑스 공산당과 동맹을 맺자는 멜랑숑의 제안과 계획을 지지하고 그와 함께 해야 할까? 공산당은 앞으로 사회당과 연립정부를 꾸릴 생각을 하고 있는데 말이다."[7] 물론 그래서는 안 된다. 프랑스의 세력균형에서는 반자본주의 좌파가 비교적 유리한 처지에서 멜랑숑과 관계 맺을 수 있다. 그럼에도 멜랑숑이 사회당에서 떨어져 나온 것은 의미심장한 사건이다. 이 사건은 2007년 프랑스 대선에서 니콜라 사르코지가 승리하자 개혁주의 좌파가 겪은 혼란과, 올리비에 브장스노라는 개인으로 표상되는 반자본주의신당의 흡인력을 보여 준다.

반자본주의신당이 발전하면 사회당뿐 아니라 공산당에서도 분열이 더 많이 일어날 수 있다. 반자본주의신당은 그런 일이 일어날 때 사람들에게 반자본주의신당 가입이냐 아니면 특정 쟁점을 둘러싼 "고전적" 공동전선 참여냐 중 하나를 선택하라고 제시하는 데 그쳐서는 안 되고 그 이상을 할 줄 알아야 한다. 반자본주의신당이 흥분을 불러일으킨 것은 사실이지만, 프랑스의 정치

무대와 노동자 운동에서 반자본주의신당은 상당히 작은 세력일 것이다(비록 혁명적공산주의자동맹보다는 훨씬 더 크지만 말이다). 따라서 사회적 투쟁이 실제로 분출할 때 이를 지도하는 데는 한계가 있을 것이다. 반자본주의신당의 엄청난 잠재력을 현실로 만들려면, 더 넓은 정치 영역에 기꺼이 개입해야 하고 때로는 다른 정치 세력들과 동맹도 맺어야 할 것이다(물론 그중 일부는 개혁주의 세력일 것이다). 그럼에도 나는 반자본주의신당 창당 대회에서 2009년 6월 유럽의회 선거를 위한 멜랑숑과의 선거 협정을 거부한 것이 십중팔구 옳았다고 생각한다. 반자본주의신당이 더 강력한 세력이므로 최대한 빨리 독자적 선거 기반을 구축하고 과시해야 하기 때문이다.

그럼에도 사바도의 주장에는 위험성이 은근히 숨어 있다. 그리고 옛 혁명적공산주의자동맹과 제4인터내셔널 각국 지부에서 활동하는 그의 동지들이 반자본주의신당을 일반적 모델로 삼아야 한다고 때때로 주장할 때 그런 위험은 분명히 드러난다. 자신보다 약간 오른쪽에 있는 세력들의 활동을 무시하는 사바도의 태도가 그런 위험을 증폭시킨다. 그는 이탈리아 재건공산당의 지난해 당대회에서 파우스토 베르티노티의 동맹 세력들이 [좌파에게] 패배한 것의 의미를 깎아내린다(베르티노티는 재건공산당 前 사무총장이고, 재앙적 결과를 자초한 것으로 입증된 프로디 정부 참여를 추진한 장본인이다). 사바도의 이러한 태도가 제4인터내셔널 회원들의 주도 아래 재건공산당에서 분열해 나온 좌파, 즉 '시니스트라 크리티카Sinistra Critica'[비판적 좌파]에게 과연 도움이 될지 모르겠다. '시니스트라 크리티카'가 추구해야 할 올바른 노선이 자기 오른쪽의 더 큰 세력의 압력에 맞서 자신의 정치와 사상을 예리하게 다듬어야 하는 혁명적 선전 그룹을 탄탄하게 건설하는 것이라면 그럴 수도 있겠다. 그러나 '시니스트라 크리티카'가 이탈리아에서 더 강력한 급진 좌파를 건설하기 위한 촉매 구실을 하려 한다면 재건공산당 내부의 상황을 더 신중하게 다루고 더 세심하게 관계를 맺어야 한다. 놀라운 사실은 사바도가 포르투갈의 좌파블록을 거의 언급하지 않는다는 것이다(좌파블록 지도부에 제4인터내셔널 회원들이 있다는 것이 널리 알려진 사실인데도). 좌파블록은 명백히 반자본주의신당과는 다른 방식을 추구하고 있다. 이 점은 베르티노티가 창설했고 이제는 디링케가 주도하는 유럽좌파당에 좌파블록이 가입해 있는 데서도 드러난다.

유럽에서 우리가 처한 상황이 다양하기 때문에 특정 정당을 일반 모델로 다루는 것은 오류다. 스코틀랜드 사회당 지도부가 자신의 당을 모델로 제시한 것은 오류였고, 마찬가지로 [잉글랜드의] 우리가 리스펙트를 대안 모델로 제시한 것도 오류였다. 나는 반자본주의신당의 미래가 훨씬 더 전도유망하다고 생각한다. 내가 각국의 구체적 상황이 중요하다고 강조한다 해서 모종의 일국적 실용주의로 되돌아가자는 말은 아니다. 우리가 활동하면서 부딪히는 문제들에는 공통점이 있고, 그 속에서 우리는 서로 비교하고 배울 수 있다. 게다가 우리는 대규모 혁명적 정당을 건설하려는 목표를 공유한다. 그러나 각국의 구체적 상황을 구체적으로 분석하는 것은 여전히 필수적이다.

혁명가들과 급진 좌파

여기서 우리는 존 리즈가 생각해 낸 유명한 공식, 즉 급진 좌파 정당들을 "특별한 종류의 공동전선"으로 봐야 한다는 공식을 떠올리게 된다. 사바도는 이 공식을 길게 비판한다. 그리고 리스펙트 붕괴의 교훈을 둘러싸고 사회주의노동자당 내에서 벌어진 논쟁을 통해 꽤 많은 사회주의노동자당 당원들도 이 공식을 좋아하지 않는다는 점이 분명히 드러났다. 사실, 존 리즈의 공식은 일종의 유비類比인데, 그것은 서로 다르지만 중요한 공통점이 있는 사물들을 비교하는 것이다. 급진 좌파 정당은 특정 쟁점이 아니라 폭넓은 강령을 바탕으로 한다는 점에서 "고전적" 공동전선과 다르다. 영국 전쟁저지연합의 목표는 전쟁 일반을 반대하는 것이 아니라 "테러와의 전쟁"에 반대하는 것이다. 전쟁을 낳는 자본주의 체제를 반대하는 것이 아니라는 점은 말할 것도 없다. 이와 달리, 리스펙트는 전쟁과 그 밖의 여러 쟁점들을 연결하고, 이 쟁점들을 모두 포괄하는 정치 강령을 바탕으로 선거에서 지지를 얻고자 했다.

그러나 급진 좌파 정당은 정치적으로 이질적인 세력들을 끌어모은다는 점에서는 고전적 공동전선과 비슷하다. 이것은 어느 정도는 급진 좌파 정당들의 강령의 성격이 비교적 개방적이기 때문인데, 일반으로 이러한 강령은 개혁이냐 혁명이냐 하는 선택을 솜씨 좋게 건너뛴다(물론 반자본주의신당의 강령은 그렇지 않다). 그러나 더 근본적으로는 이러한 강령이 현 시기, 즉 혁명가들이 중요한 구실을 하는 급진 좌파 정당으로 개혁주의 출신 세력들을 끌어들이는 것이 가능한 시기의 특징을 반영한다는 점이다. 강령의 개방성(사바도가 "불완전한 전략적 경계"라고 부른)은 개혁주의와의 단절을 당 가입 조건으로 삼으면 안 된다는 인식의 반영이다. 이러한 태도는 옳다. 그러나 여기에는 어느 정도의 정치적 이질성이라는 대가가 따른다.

이러한 현실의 함의를 살펴보기 전에, 사바도가 존 리즈의 공식을 비판하며 제기한 구체적 쟁점에 대해 몇 마디 하고자 한다. 사바도는 다음과 같이 물었다. "'최소 강령에 입각한 특별한 종류의 공동전선'이라는 개념 때문에 사회주의노동자당 지도부가 조지 갤러웨이와의 관계에서 무장해제된 것이 아닌가? 사회주의노동자당 지도부는 리스펙트가 '득표에 도움이 되는 무슬림 명망가들과의 동맹'을 유지해야 한다고 생각하지 않았던가?"[8] 먼저, "최소 강령에 입각한"이란 문구는 사바도 자신이 덧붙인 것이다. 아마 반자본주의신당과의 차이를 강조하기 위해서 그랬을 것이다. 그러나 사실, 정당의 강령에서 전략적 경계(더 쉽게 말해, 정치적 강경함)의 범위는 상대적으로 열려 있는 문제다. 당 강령이 반신자유주의인지 반자본주의인지 아니면 정말로 순도 100퍼센트의 혁명적 강령인지 하는 문제는 실질적 세력들을 원칙적이고 지속적인 동맹으로 단결시킬 수 있는 기반에 달려 있다.

사회주의노동자당 지도부가 리스펙트를 공동전선으로 봤다는 사실 때문에 우리가 갤러웨이를 대할 때 무장해제됐는가? 전혀 그렇지 않다. 사바도의 주장은 별로 설득력이 없다. 왜냐하면 공동전선 개념을 갖고 있으면 [급진 좌파] 정당 내의 긴장에 대해 민감해질 가능성이 크기 때문이다(사바도는 다른 글에서는 "지나치게 민감해진다"고 말한다). 게다가 간단한 역사적 사실 문제를 지적하자면, 사회주의노동자당과 갤러웨이 사이의 긴장은 이미 2005년 여름부터 증폭되고 있었다. 우리가 저지른 실수는 진짜로 너무 많이 양보했다는 것과, 정말이지 갈등의 악영향을 직접 받는 극소수 동지들을 제외한 나머지 모두에게 사태의 심각성을 드러내지 않다가 너무 늦게야 드러냈다는 것이다. 그러나 우리가 광범한 단일 사회주의 정당이라는 스코틀랜드 사회당 모델을 따르지 않고 또 사회주의노동자당을 청산하지 않은 것은 매우 옳았다. 우리가 그렇게 했다면, 탈선한 열차에서 뭐라도 건져 내기가 훨씬 더 어려웠을 것이다. 그런 재앙적 실수를 피한 것은 어느 정도까지는 공동전선 공식을 적용한 결과였다. 왜냐하면 공동전선에는 조직된 혁명적 구심이 있어야 하기 때문이다.

사바도는 또, 그 전에 쓴 글에서 다음과 같이 더 정교한 주장을 편 바 있다. "반자본주의 정당을 공동전선이라는 틀로 이해하는 것은 종파적 일탈을 낳을 수 있다. 비록 특별한 형태의 공동전선이라도 공동전선이 실현된다면 모든 것을 당이라는 채널을 통해 추진하려는 유혹에 빠져서 행동 통일을 위한 진정한 투쟁을 경시하게 되지 않을까?"[9] 이러한 주장도 그다지 설득력이 없다. 왜 우리가 특정 시기에 하나의 공동전선에만 참여해야 한다고 생각하는가? 지난 10년 동안 사회주의노동자당은 다양한 공동전선(리스펙트, 전쟁저지연합, 파시즘반대연합Unite Against Fascism, 공공주택옹호Defend Council Housing, '저항의 세계화')에 동시에 참가했다. 이런 공동전선에서 우리는 노동당 정치를 구현하려는 사람들과 함께 활동했다.

급진 좌파 정당이 특별한 종류의 공동전선이라는 공식을 옹호했음에도 나는 이 공식이 반자본주의신당에는 잘 맞지 않는다는 점을 인정한다. 반자본주의신당의 기본 원칙은 다음과 같이 선언한다. "국가와 현재의 국가기구들을 사회적·정치적 변혁을 위해 사용하는 것은 불가능하다. 부르주아 계급의 이익을 지키기 위해 만들어진 이 기구들은 전복돼야 하고, 노동자들과 대중을 위해 봉사하고 그들의 통제를 받는 새로운 기구들이 수립돼야 한다." 원칙은 다음과 같이 덧붙인다.

> 체제의 논리는 체제를 교화·규제·개혁하자거나 인간적인 것으로 만들자는 주장을 여지없이 무너뜨린다. 그런 주장이 진지한 것이든 위선적인 것이든 간에 말이다. 그와 동시에, 체제의 논리는 일상에서 복지·민주주의·평화가 주요 생산수단의 사적 소유와 양립할 수 없다는 것을 입증함으로써 체제 전복의 조건, 혁명적 사회변혁의 조건을 창출하는 데 일조한다.[10]

따라서 사바도가 반자본주의신당을 혁명적 정당이라고 말한 것은 옳다. 아래로부터 자본주의 전복을 추구한다는 넓은 의미에서 그렇다. 비록 그가 "이런 정의는 20세기의 혁명적 위기 때문에 크게 부각됐던 1970년대의 [전략] 논쟁에 틀을 제공한 전략적 가설이나 심지어 정치적·군사적 가설이라기보다는 일반적 가설"[11]이라고 인정하지만 말이다. 다시 말하면, 반자본주의신당에는 "전략적 강령과 전략적 경계가 있지만 이것들이 완성된 것은 아니다."[12] 사바도는 이를 다음과 같은 말로 정당화한다. "우리가 이용할 수 있는 사례들은 과거의 혁명을 바탕으로 한 것들이다. 그러나 우리는 21세기의 혁명이 어떤 모습일지 알지 못한다. 새로운 세대들은 경험에서 많이 배울 것이다. 그리고 많은 문제가 여전히 해결되지 않은 채로 남아 있을 것이다."[13]

물론 혁명적 마르크스주의 전통의 전략적 유산이 오늘날 얼마나 타당한가 하는 문제는 중요한 쟁점이다.[14] 혁명에는 항상 예상치 못한 새로운 결정적 요소가 있다는 것도 사실이다. 매우 일반적인 의미에서 "우리는 21세기의 혁명이 어떤 모습일지 알지 못한다." 그러나 그렇다고 해서 우리가 다니엘 벤사이드가 "전략적 원점"[15]이라고 부른 것에서 시작해야 하는 것은 아니다. "20세기의 혁명적 위기들"을 보면 특정한 전략적 교훈이 있다. 자본주의를 전복하려면 자본주의 국가를 강제로 전복해야 한다는 것, 이를 위해서는 노동자 권력과 민중 권력 기관들이 국가에 도전하는 기구로 발전해야 한다는 것, 혁명적 정당은 노동계급과 천대받는 사람들의 다수를 설득해서 이러한 목표를 쟁취하려고 노력해야 한다는 것이 그런 교훈이다. 사바도와 그의 동지들도 이러한 주장에 동의할 것이다. 그리고 이런 주장의 많은 부분이 반자본주의신당의 기본 원칙에 담겨 있다.

부차적이지만 중요한 다른 교훈들도 있다. 예를 들어, 레닌이 특히 ≪'좌파' 공산주의 유아적 혼란≫에서 발전시킨 교훈들이 그렇다. 즉, 다수 대중을 설득하려면 혁명가들이 노동계급 대중 단체에서 적극적으로 활동해야 하고, 심지어 이 단체가 흔히 (기껏해야) 개혁주의 지도부 아래 있더라도 그렇게 해야 하고, 특히 공동전선 전술이 필요한 부문적 요구를 둘러싼 투쟁들에서도 능동적으로 활동해야 한다. 그리고 제국주의와 민족 억압에 반대하는 투쟁과 관련된 복잡한 쟁점들도 있는데, 공산주의인터내셔널 1~4차 대회에서 이런 쟁점들을 둘러싸고 매우 유용한 논의가 집중적으로 이뤄졌다.

스탈린주의의 경험에서 얻은 교훈도 있다. 이 교훈은 사회주의 혁명이 자유주의적 자본주의가 제공한 민주주의보다 더 진보적인 민주주의를 바탕으로 할 때만 성공할 수 있다는 근본적 진실을 재확인하는 데서 그치지 않는다. 레온 트로츠키가 "대리주의"라고 부른 것도 거부해야 한다. 예를 들면, 다수를 설득하는 과제를 회피한 채 게릴라 전위부대에 의존해서 권력을 장악하려는 전략(이 지점에서 내가 사바도와 올리비에 브장스노에게 이견이 있을 수 있다. 특히 브장스노는 21세기 게바라주의를 강력히 지지한다)이 그런 "대리주의"의 사례다. 그리고 전략 문제라기보다는 분석의 전제가 되는 문제로서 마르크스주의 정치경제학이 있다. 이것은 자본주의의 발전과 구체적 계급 구조, 자본주의와 제국주의의 융합을 분석하고 종합한 것으로서, 우리가 21세기에 사회주의 혁명이 무엇을 의미하는지를 이해하려면 반드시 알아야 한다.

이런 전략적 교훈과 분석이 오늘날 혁명의 성격을 낱낱이 규명하리라는 생각은 최악의 교조주의일 것이다. 사실, 많은 문제가 미해결 상태로 남아 있다. 그럼에도 나는 혁명적 마르크스주의의 전략적 유산이 오늘날에도 여전히 필수불가결한 준거점이라고 생각한다. 사바도와 나는 혁명적 마르크스주의의 전략적 유산이 반자본주의신당이나 그 비슷한 정당의 강령적 기초를 제한해서는 안 된다는 점에 동의한다. 그러나 반자본주의신당 당원들이 이러한 혁명적 유산을 이용할 수 있어야 하고 미래의 전략·전술 논쟁에 그런 유산이 도움이 돼야 한다는 점에 대해서도 우리가 동의할 거라고 생각한다.

진정한 문제는 어떻게 이것을 실현할 것이냐다. 지난 글에서 나는 급진 좌파 결집체 내에서 혁명적 마르크스주의자들이 조직적 경향을 형성하거나 자율적 당 조직을 독자적으로 유지해야 한다고 주장했다. 사바도는 이것이 때로는 올바른 선택이라는 데 동의하면서도 반자본주의신당의 경우에는 다음 두 가지 이유에서 틀렸다고 주장한다. 첫째, "반자본주의신당은 넓은 의미에서 반자본주의적·혁명적 성격이 있고, 혁명적공산주의자동맹의 견해와 반자본주의신당의 견해가 대체로 동일하기 때문이다."[16] 둘째, "현재의 세력 관계에서 혁명적공산주의자동맹 출신자들이 반자본주의신당 내에서 따로 조직을 꾸리는 것은 새로운 정당 건설 과정에 장애가 될 것이기 때문이다. 그랬다가는 러시아 인형 체제가 만들어져서 불신과 역효과만 나타날 것이다."[17]

이러한 주장은 반자본주의신당 결성이라는 구체적 맥락에서는 좋은 주장이다. 반자본주의신당은 옛 혁명적공산주의자동맹의 질적 확장과 변형이기도 하고 정치와 지도부 수준에서 둘 사이에는 상당한 연속성도 있다. 게다가 새 정당에서 혁명적공산주의자동맹 출신들이 상대적으로 큰 비중을 차지하기 때문에 그들이 끊임없이 따로 모이면 위험한 "편 가르기" 분위기가 나타날 수 있다. 작은 연못 속의 큰 물고기 신세는 사회주의노동자당이 리스펙트 내에서 씨름했던 난제다. 우리의 독자적 조직을 유지한 것이 절대적으로 옳았지만 그것이 성공을 보장하는 비결이 아니었다는 것도 분명하다. 또, "현재 반자본주의신당의 정치적 경계를 볼 때 관료들의 개혁주의 경향이 당에 가입하거나 구체적 조직 형태로 결집할 가능성은 매우 낮다"[18]는 사바도의 주장이 적어도 단기적으로는 십중팔구 맞을 것이다.

그럼에도 지난 글에서 내가 제기한 문제들은 여전히 남아 있다. 반자본주의신당이 성공할수록 안팎에서 개혁주의의 압력을 받기가 더 쉬울 것이다. 이러한 압력에 대처하는 일은 흔히 어려울 것이고, 이를 위해서는 정치적 명확성과 전술적 유연성을 결합해야 할 것이다. 더 넓게 보면, 적어도 1848년 이래로 대중투쟁에 직면한 혁명가들의 경험은 모두 이런 압력이 투사들을 서로 다른 방향으로 끌어당길 수 있음을 보여 준다. 초좌파주의에 대한 오래된 논쟁, 중간주의와 신디컬리즘, 보르디가 류의 회피적 순수주의의 유혹, 착취와 억압의 관계에서 비롯한 문제들(히잡 착용을 둘러싸고 우리가 벌인 논쟁의 핵심 쟁점)이 제기될 수밖에 없다.

따라서 혁명적 마르크스주의 배경 출신자들은 어느 반자본주의 정당 내에서도 자신의 주장을 개진해야 한다. 안토니오 그람시가 지적했듯이, 자생성은 항상 지도의 상이한 요소들을 포함하기 마련이다. 신당의 문제는 전략적·전술적 결정을 긴급하게 내려야 할 때 이 상이한 요소들이 어떻게 당의 대응 방안을 결정할 것인가 하는 것이다. 물론 혁명적 마르크스주의자들은 자신의 사상을 다른 사람들에게 상명하달 식으로 강요하거나 반자본주의 신당의 모든 회합을 종파적 다툼으로 만드는 것을 피해야 한다. 그러나 혁명적 마르크스주의자들은 신당에서 자신의 주장을 분명히 밝혀서 다른 사람들을 설득해서 자기편으로 만들 수 있도록 스스로 조직화하는 방법도 찾아야 한다.

따라서 "다른 좌파들을 전진시킬 수 있는 정치적 이니셔티브와 교육의 원천인 혁명적 조직을 유지해야 한다"는 파노스의 주장은 옳다.[19] 반자본주의신당이 옛 혁명적공산주의자동맹의 혁명적 내용을 많이 넘겨받았다는 점 때문에 상황은 단순하지 않고 복잡하다. 그럼에도 당장 혁명적공산주의자동맹 출신이 아닌 반자본주의신당 당원들이 혁명적 마르크스주의의 이론적·전략적 유산을 공개적·비판적으로 접할 수 있게 되는 정치교육이 시급히 필요하다. 훌륭한 마르크스주의 이론지인 《콩트르탕CotreTemps》[뜻밖의 사건과 혁명적공산주의자동맹의 저널인 《크리티크 코뮤니스트》의 통합은 매우 환영할 만한 일로, 이러한 필요성을 인식한

것이다. 그러나 저널이 아무리 훌륭해도 교육과 논쟁이라는 훨씬 더 광범한 과정을 대체할 수는 없다.[20]

지금까지 내가 단 이러한 단서들은 사바도와 그의 동지들이 시작한 모험의 중요성을 내가 인정하는 것에 비하면 부차적이다. 우리는 그들이 성공하기를 바란다. 그들의 성공은 우리의 성공이기도 하다. 똑같은 문제들과 씨름하고 서로 토론하고 협력함으로써, 우리는 서로 배울 수 있다. 우리가 서로 상호작용한 이러한 토론과 논쟁이 이 과정에 기여할 것으로 생각한다.

주

1   Sabado, 2009, Garganas, 2009, responding to Callinicos, 2008.
2   Garganas, 2009, p 154.
3   가르가나스는 이런 조류의 하나로 자율주의를 거론하면서 "청년들은 '노동당 좌파'의 사상보다는 자율주의자들의 영향을 더 많이 받을 수 있다"고 썼다. 이것은 많은 유럽 나라들에서 명백히 사실이다. 그러나 자율주의자들이 정치권력 문제를 회피한다는 바로 그 이유로 그들의 사상은 흔히 모종의 개혁주의와 잘 맞을 수 있다는 점을 이해하는 것이 중요하다. 예를 들면, 런던과 아테네 유럽사회포럼에서 대안 세계화 운동의 우파와 자율주의자들이 결탁한 것, 재건공산당 지도자 파우스토 베르티노티가 자신의 우경화를 감추기 위해 자율주의의 미사여구를 사용한 것이 이를 보여 준다. 이 쟁점에 대한 자세한 논의로는 Callinicos, 2004를 보시오.

4   Sabado, 2009, p 149.
5   Sabado, 2009, p 144.
6   Sabado, 2009, p 146.
7   Sabado, 2009, pp 145-146.
8   Sabado, 2009, p 146.
9   Sabado, 2009, pp 146~147.
10   'Principles Fondateurs du Nouveau Parti Anticapitaliste', February 2009, http://tinyurl.com/NPA2009
11   Sabado, 2009, p 148.
12   Sabado, 2009, p 148.
13   Sabado, 2009, p 149.
14   이 논쟁에 대한 두 가지 기여로는 Callinicos, 2006, Callinicos, 2007 참조.
15   Bensaïd, 2004, p 463.
16   Sabado, 2009, p 152.
17   Sabado, 2009, p 152.
18   Sabado, 2009, p 151.
19   Garganas, 2009, p 155.
20   이것과 관련한 하나의 사례는 혁명적공산주의자동맹 내의 국제사회주의경향 지지자들이 시작한 평론지 ≪무엇을 해야 하는가? Que faire?≫이다. 이 평론지는 반자본주의신당이 출범할 때까지 귀중한 토론 공간 노릇을 했는데, 앞으로도 모든 경향에 속한, 또는 아무 경향에도 속하지 않은 활동가들에게 개방적인 폭넓은 토론의 촉매를 자임한다면 반자본주의신당 내에서도 여전히 유용한 구실을 할 수 있다.

참고 문헌

Bensaïd, Daniel, 2004, *Une Lente Impatience*(Stock).

Callinicos, Alex, 2004, 'The Future of the Anti-Capitalist Movement', in Hannah Dee(ed), *Anti-Capitalism: Where Now?*(Bookmarks).

Callinicos, Alex, 2006, 'What Does Revolutionary Strategy Mean Today?', *International Socialist Tendency Discussion Bulletin* 7, January 2006, www.istendency.net/pdf/ISTbulletin7.pdf[이 책의 6장].

Callinicos, Alex, 2007, 'Dual Power' In Our Hands', *Socialist Worker*, 6 January 2007, www.socialistworker.co.uk/art.php?id=10387

Callinicos, Alex, 2008, 'Where is the Radical Left Going', *International Socialism* 120(autumn 2008), www.isj.org.uk/?id=484

Garganas, Panos, 2009, 'The Radical Left: A Richer Mix', *International Socialism* 121(winter 2009), www.isj.org.uk/?id=513

Sabado, François, 2009, 'Building the New Anticapitalist Party', *International Socialism* 121(winter 2009), www.isj.org.uk/?id=512